XIANGCUN ZHENXING DE MIANYANG SHIJIAN

乡村振兴的绵阳实践

何华君　王仕军　黄泽霞　张丽君　等
编著

中央党校出版集团
国家行政学院出版社
NATIONAL ACADEMY OF GOVERNANCE PRESS

图书在版编目（CIP）数据

乡村振兴的绵阳实践 / 何华君等编著. -- 北京：国家行政学院出版社，2025.4. -- ISBN 978-7-5150-3045-6

Ⅰ. F327.713

中国国家版本馆 CIP 数据核字第 2025AB8556 号

书　　名	乡村振兴的绵阳实践	
	XIANGCUN ZHENXING DE MIANYANG SHIJIAN	
作　　者	何华君　王仕军　黄泽霞　张丽君　等 编著	
统筹策划	刘韫劼	
责任编辑	曹文娟	
责任校对	许海利	
责任印制	吴　霞	
出版发行	国家行政学院出版社	
	（北京市海淀区长春桥路6号　100089）	
综 合 办	（010）68928887	
发 行 部	（010）68928866	
经　　销	新华书店	
印　　刷	中煤（北京）印务有限公司	
版　　次	2025年4月北京第1版	
印　　次	2025年4月北京第1次印刷	
开　　本	170毫米×240毫米　16开	
印　　张	20.75	
字　　数	294千字	
定　　价	98.00元	

本书如有印装质量问题，可随时调换，联系电话：（010）68929022

前言
PREFACE

乡村兴则国家兴。全面建成社会主义现代化强国，最艰巨最繁重的任务在农村，最广泛最深厚的基础在农村，最大的潜力和后劲也在农村。2017年10月，党的十九大报告首次提出乡村振兴战略，并指出："按照产业兴旺、生态宜居、乡风文明、治理有效、生活富裕的总要求，建立健全城乡融合发展体制机制和政策体系，加快推进农业农村现代化。"2020年11月，以贵州宣布最后9个深度贫困县退出贫困县序列为标志，国务院扶贫办确定的全国832个贫困县全部脱贫摘帽，"三农"工作的重心也历史性地由脱贫攻坚转向乡村振兴。

绵阳位于四川盆地西北部，既有地处青藏高原边缘的少数民族山地村落，又有位于平坝的农产品主产区，还有丘陵地貌区域。从地理区位、自然条件角度来看，乡村发展基础条件具有显著多样性特征。近年来，绵阳深入贯彻落实党中央、四川省委关于实施乡村振兴战略的决策部署，坚定不移用乡村振兴统揽新发展阶段"三农"工作，立足市情实际，尊重地域差异与特色，充分激发农村各类资源要素潜能，全面推动农业高质高效、乡村宜居宜业、农民富裕富足。

乡村振兴的号角已经全面吹响，正确把握乡村振兴战略的逻辑理路、价值意蕴、科学内涵、实践路径，是准确理解、有效促进乡村振兴的题中应有之义。为了培养造就一批政治过硬、本领过硬、作风过硬的乡村振兴干部，中共绵阳市委党校突出主题培训，及时将实施乡村振兴战略列入教学计划和干部教育培训课程，总结提炼并运用乡村振兴案例进行课堂教学，组织学员以分组讨论和集中交流相结合的方式梳理辨识乡村振兴理论前沿和实践热点；总结提炼并运用乡村振兴案例开展现场教学，组织学员以访企业、进乡村、入农户实地考察等方式近距离感受乡村振兴成果。突出实战帮带，把乡村振兴作为培养锻炼党校干部的广阔舞台，选派一批懂政策、知基层、善交流的骨干教职员工到乡村振兴一线岗位挂职锻炼，推动优秀干部在乡村振兴一线建功立业。突出理论牵引，组织专兼职教师走乡进村开展院落坝坝会，用"摆龙门阵"的方式打通乡村振兴战略宣传"最后一公里"，为乡村振兴提供源源不断的动力。

为深入研究乡村振兴面临的理论前沿问题，探索共同富裕与乡村振兴共享发展规律，提出全面推进高质量乡村振兴有价值的对策建议，中共绵阳市委党校深入践行"一线工作法"，组织专兼职教师利用寒暑假深入基层、深入群众开展集中蹲点调研，引导教职工做到"问题从实践中来，答案到一线去找"，确保所见、所思、所写、所讲皆有实据，把论文写在实践的广阔空间中，把咨政工作做到经济社会发展主战线上，把调研成果形象地展示在课堂上，紧紧围绕经济发展、科技创新、社会建设、脱贫攻坚和乡村振兴等发展重点领域深入研究、献计出力，形成了一批有价值、有分量的调研课题、分析报告和咨政建议专报，推出了一批理论研究成果，为新时代乡村振兴贡献了智慧和力量。

目录

CONTENTS

党建引领编

1. 绵阳以"四个聚焦"淬炼乡村振兴一线"尖兵" ... 003
2. 涪城区坚持党建引领农业"三化"之路 ... 012
3. 新桥镇党群合力唤醒乡村"沉睡资源" ... 021
4. 花荄镇党建引领片区发展助推乡村全面振兴 ... 028
5. 杨家社区党建引领促农旅融合发展 ... 034
6. 刘家坪村基层党建"五引领"乡村振兴"五起来" ... 040
7. 高棚村"四促四变"建强组织赋能乡村振兴 ... 048
8. 石椅村充分发挥党建优势助力乡村振兴 ... 055
9. 高村乡党建引领开辟乡村蝶变"新天地" ... 063
10. 民主村打造盆周山区乡村振兴示范样板 ... 071

产业兴旺编

11. 柯城—北川东西部协作助力产业振兴 ... 081
12. 忠兴镇土地"大托管"蹚出丘区农业发展新路 ... 089
13. 曲山镇农文旅融合绘就乡村振兴新图景 ... 097

⑭ 擂鼓镇特色产业助力乡村全面振兴　　　　　　　　104
⑮ 三清观村全力抓好"五态融合"推动乡村振兴　　　111
⑯ 白沙村土地集中统一经营走出强村富民路　　　　　118
⑰ 金花村"土地银行"为乡村振兴"蓄地赋能"　　　 125

乡风文明编

⑱ 三台县"智慧广电+"服务体系建设的全域实践　　135
⑲ 北川县以非物质文化遗产赋能乡村振兴　　　　　　142
⑳ 青莲镇深耕李白文化赋能乡村振兴　　　　　　　　148
㉑ 青片乡用特色民族文化铺就乡村振兴之路　　　　　157
㉒ 文同村以文同文化助力乡村文化振兴　　　　　　　163

人才汇聚编

㉓ 安州区人才"引育留用"并举促进乡村振兴　　　　173
㉔ 游仙区以"新乡贤+"模式赋能乡村振兴　　　　　181
㉕ 三台县综合施策激活乡村振兴"人才引擎"　　　　188
㉖ 盐亭县引育高层次人才　助推经济高质量发展　　　197
㉗ 江油市永胜镇智才双引　打造乡村人才"蓄水池"　204

生态宜居编

㉘ 三台县"4+2"基层河湖管护模式促河畅水清　　215

㉙ 三台县种养循环"产业圈"串起生态"致富链"　　221

㉚ 盐亭县以"三三"战略引领乡村绿色发展　　229

㉛ 平武县全面践行"两山"理念 推动生态经济高质量发展　　237

㉜ 梓潼县生猪粪污肥料化利用推动绿色发展　　245

㉝ 许州镇发展"蜜柚+生猪"生态循环优质产业　　254

㉞ 关坝村以"两山"理念守护"熊猫家园"　　261

专题研究编

㉟ 绵阳村级组织负责人"一肩挑"政策推进机制与运行效果　　271

㊱ 绵阳农村集体经济发展调查研究　　290

㊲ 绵阳乡村教育与乡村振兴双向赋能、融合发展研究　　306

后　记　　319

党建引领编

全面实施乡村振兴战略的深度、广度、难度都不亚于脱贫攻坚。要赢得这场持久战，必须坚持充分发挥农村基层党组织的政治功能和组织功能，以高质量农村基层党建为引领，把党建资源转化为发展资源，把组织优势转化为发展优势，为全面推动乡村振兴提供力量支撑和组织保障。

绵阳以"四个聚焦"
淬炼乡村振兴一线"尖兵"

绵阳位于四川盆地西北部、成渝西"西三角"腹心地带，面积2.02万平方公里，辖5县3区1市、122个乡镇、1582个村，农村党员人数12余万名。近年来，绵阳按照习近平总书记"必须建设一支政治过硬、本领过硬、作风过硬的乡村振兴干部队伍"的重要指示精神，扎实推进抓党建促乡村振兴，建强农村基层组织堡垒，不断增强农村基层党组织的政治功能和组织功能，走出了一条具有绵阳特色的乡村振兴路子，"五大振兴"成效显著，全市已有2个区、6个乡镇、71个村成功创建四川省乡村振兴先进县（市、区）、先进乡镇和示范村。

一 基本做法

（一）聚焦党建领航，筑牢乡村振兴坚实堡垒

1. 全面推行"党支部标准工作法"

针对一些村党组织书记不知道抓什么、怎么抓、抓成什么样的问题，市委组织部聚焦"三会一课"、党费收缴、民主评议党员等基础性工作，统一编印下发《党支部标准工作法实用手册》1.4万余册。实施基层党建绩效管理，建立健全奖惩制度，督促乡村党组织按册"施工"。制定党员发展"九必先九抓实"措施，重点发展返乡大学生、青年农民、致富能手等优秀

人才，不断提升党员整体素质。

2.深化村活动阵地"三化"建设

立足提升村活动阵地标准化亲民化规范化水平，综合考虑人口、面积等因素，分类明确200～500平方米以上建设标准。实行"6＋N"功能设置，统一设置便民服务室、党员活动室等6个基本功能区，鼓励设置农资物流超市等特色功能区，规范"三务"公开、标识标牌，积极拓展阵地功能，让群众愿意来、喜欢来。

3.探索建立乡村片区党组织

主动服务乡村国土空间规划后的新格局，鼓励各地根据产业联片发展和基层联动治理需要，因地制宜建立乡镇级片区、村级片区党组织。探索片区大事共定机制，发挥片区党组织统筹协调作用，用园区发展思维一体化谋划片区发展，推动实现组织建设共强、产业发展共兴、人才引育共抓、文明乡风共美、工作成果共促。全市已建立38个乡镇级片区党组织，343个村级片区党组织，推动跨镇村建成现代农业园区108个，其中国家级2个、省级7个。

（二）聚焦队伍建设，激发乡村振兴内生动力

1.着力解决村干部队伍建设难题

聚焦村干部怎么选拔、怎么培养、怎么激励保障等核心问题，深化健全源头培养、学历提升、养老保险等7项机制，明确统一推行养老保险政策、全额补助学历提升费用、全覆盖购买人身意外伤害保险等7项具体操作办法，集中解决了村干部队伍建设多年想解决而未解决的问题。全市已储备村级后备干部4000余名，300余名村党组织书记通过在职教育，取得大专及以上学历。

2.着力畅通村干部成长渠道

立足激发村干部干事创业激情、培养更多善做群众工作的扎根型基层干部，明确3条定向选拔路径，每年从优秀村干部中定向招录公务员、定

向招聘事业人员，每届届中开展1~2次从村党组织书记中专项招聘事业人员工作，着力解决职业天花板低等问题。近两年，全市共有30余名村干部考录（聘）为公务员、事业人员。

3.着力健全驻村帮扶干部动态调整机制

为激励第一书记和工作队发挥乡村振兴"生力军"作用，研究制定退出机制。采取"日常督导暗访＋年度考核评价"方式，多角度掌握帮扶干部履职情况。对出现年度考核"不称职（不合格）"、帮扶工作成效差等7种情形之一的，及时淘汰退出，并予以处罚，对表现突出的优先提拔使用、晋升职级，形成"奖优罚劣"良性机制。

（三）聚焦机制健全，推动集体经济提质增效

1.创新集体经济发展机制

探索创办集体经济公司、抱团协同发展、多维结对帮扶等7种集体经济发展新模式。引导村级集体经济发展深度融入县域主导产业，推进延链、补链、强链，助力三次产业融合发展。用企业经营理念推动集体经济转型升级，鼓励村级集体经济组织提供"耕、种、防、收"全链条社会化服务，持续探索解决"谁来种地"的新路子。创新"农业芯片党建"助力种业振兴，鼓励村级集体经济组织积极参与育种创新、良种繁育。

2.健全集体经济使用管理机制

健全利益分配制度，优先投入扩大生产，注重服务保障民生，让集体经济持续释放社会红利。充分发挥党组织把关作用，收益分配方案由村级研究提出后，需经乡镇党委审核同意后实施，并报县级组织、农业农村部门备案。鼓励村组干部在集体经济组织兼职兼薪，鲜明"不挣不得、多挣多得、节约奖励"导向，可按当年经营收益新增部分5%~25%提取资金作为创收奖励，激发村组干部内生动力。

3.实施"金融甘泉促振兴行动"

积极破解村级集体经济组织融资难题，创新开展"一片一行长、一镇

一经理"金融甘泉促振兴行动,为全市42个乡镇级片区各选派1名专属行长,为166个乡镇(街道)各选派1名专属经理。明确服务片区产业发展等5项职责,为全市1582个村按每个村不少于100万元的标准金融授信。现已发放村级集体经济融资贷款7492万元。

(四)聚焦创新赋能,不断提升乡村治理水平

1. 共建共享精神家园

指导村党组织每年依托中秋节、重阳节等中国传统节日,举办孝老敬亲、邻里文化等乡村文化活动,定期选树道德模范、"最美邻里"等先进典型,用身边事教育身边人。推行积分制管理,建好奖惩体系,将群众遵守村规民约、服务公益事业等情况与集体经济收益分配等切身利益挂钩,让守规者得利益、违规者受惩戒。鼓励探索村规民约"三评两审一监督"等机制,实现群众事情自己办、文明乡风共同育、和美乡村大家建。

2. 探索"三共六百"行动

开展"百个企业共富百村、百个单位共建百村、百个团队共联百村"行动,引导各方力量参与乡村振兴。重点帮助联系村壮大集体经济,完善村规民约,健全乡村治理机制。推动两新组织积极参与乡村治理,与结对村签订帮扶协议298个,32家电商直播企业销售本地农产品5000余万元。

3. 拓展乡村智慧治理路径

突出科技赋能,依托"i绵阳"建立智慧治理平台,实现党务、政务、财务和重大事项一键推送至群众。鼓励条件成熟的乡村与通信网络企业合作,统筹增设电子设备,联通数字网络,实现数字化巡山、巡火、巡洪、巡防,并自动报警。探索市县乡村四级音视频互通系统建设,构建"由市到村、由县到村"的党员教育数字化平台,建成后将覆盖全市1735个乡村党组织。

二 主要成效

（一）现代农业提档升级

1.农业产业结构不断优化

全市建成现代农业园区68个，其中，三台现代农业（生猪种业）产业园等2个园区纳入国家级培育名单，涪城蚕桑等3个园区成功创建为省星级园区，游仙蔬菜种业等8个园区纳入省级培育名单。建成国家级油菜制种基地和区域（蔬菜）良种繁育基地。

2.特色产业优势逐渐凸显

全市研发经国家和省认定的主要农作物新品种达到300余个，获得各级科研成果奖200余项，常年存栏原种猪3万头左右，数量位列全国地级市第一，三台县入选全国生猪全产业链典型县（全国共63个，四川占3个）。打造"绵州珍宝"区域公用品牌，"三品一标"农产品数量达到1006个，国家地理标志保护农产品达到28个，盐亭县成功创建首批国家级水产健康养殖和生态养殖示范区。

3.粮食生产责任夯实

认真落实粮食安全责任制，坚决遏制耕地"非农化"和防止耕地"非粮化"，划定永久基本农田储备区12.88万亩。

（二）人才振兴集聚效应

1.高层次人才引乡村

实施"科技城人才计划"和"绵州育才计划"项目，累计培养农业和基层教育卫生领域高层次领军人才15名，引进培育涉农领域创新创业人才团队11个，兑现人才发展专项资金1259万元。

2.本土人才留乡村

持续抓好优秀农民工、毕业大学生回引培养工作，建成市级返乡农民工创业园16个，国家级、省级大学生创业园14个，被评为全省农民工回引培养工作先进市。

3.高素质农民守乡村

多举措壮大有文化、懂技术、善经营、会管理的现代农业"生力军"，共培育高素质农民2.03万人，全市农村实用人才达到8.3万人。

（三）乡村文化要素丰富

1.打造文化产业载体

立足现代农业重点产业发展，挖掘打造大禹文化、嫘祖文化等农耕文化品牌，建成休闲农业景区30个、休闲农业聚集村113个、农业主题公园11个，2个传统农业文化纳入全国农业文化遗产名录。

2.打造文明创建载体

实施乡村文化振兴"百千万"工程和乡村文化振兴魅力乡镇竞演评选，大力培育文明乡风、良好家风、淳朴民风，建成全国文明村镇22个、省文明村镇29个，成功创建省级样板村镇6个，评选出省级乡村文化振兴魅力乡镇5个。

3.打造文化设施载体

开展452个市级以上文明单位结对村镇助力乡村少年宫建设，建成文明实践中心7个、实践所75个、实践站895个，搭建"5+N"综合服务平台2138个，实现乡镇综合文化站、村文化活动室、农民夜校和农家书屋全覆盖。

（四）乡村环境宜居宜业

1.强化耕地生态系统保护

建成农业标准化基地190.1万亩、林竹基地451.3万亩，新建高标准农田34.09万亩；加强农村水利基础设施建设，农村自来水普及率达到

86.54%，农村规模化供水率达到48.65%，梓潼县推进城乡"一体化"供水经验被《人民日报》、新华网等主流媒体宣传报道推广。

2. 推动农村公路建设上档升级

全市农村公路总里程超过2.3万公里，涪城区成功创建全国城乡交通运输一体化示范县。推进农村数字赋能，新建4G通信基站近500个，建成广电服务网点464个，智慧广电网络实现乡镇全联通，4G通信网络实现行政村全覆盖。

3. 抓实农村人居环境整治提升

打造高品质生活宜居地，农村户用卫生厕所普及率、生活垃圾治理率、生活污水有效治理率分别达到94.8%、99.6%、71.7%；加强农业面源污染防治，畜禽粪污综合利用率、秸秆综合利用率分别达到96.8%、96.85%；推进乡村风貌提升，完成农村土坯房改造19.7万户，全市共培育"美丽四川·宜居乡村"950个。北川县农村人居环境整治和三台县农村危房改造工作得到国务院办公厅督查激励通报表扬。

（五）基层组织治理能力持续提升

1. 抓好队伍建设

圆满完成村（社区）建制调整改革后的第一次换届。通过换届和实施"头雁提能"三年行动计划，"一肩挑"比例达95.4%，大专及以上学历村党组织书记达到812人、占比51.3%，致富带头人担任村党组织书记的达到1361人、占比86%。出台健全村干部待遇体系政策文件，差异化保障基层组织活动和公共服务运行经费。

2. 抓好全国"导师帮带制"试点

在全市9个县（市、区）选择36个乡镇（街道）、216个村（社区）进行先行试点，明晰"七帮七带"职责，遴选绵州匠心名师634名，帮带乡村年轻干部823人。吸纳返乡大学生530人、致富能手4661人进入村两委班子，优化了乡村管理人员结构。

3.抓好党建引领

将"抓党建、促振兴"工作要求落实到乡村振兴战略实施中,突出抓好乡村治理体系建设、基层党组织组织力提升等环节,增强村两委加强乡村治理的能力,自治、德治、法治相结合的乡村治理体系进一步健全。

三 经验与启示

(一)政治引领力是作用发挥的出发点

政治引领力是确保党始终总揽全局、协调各方的根本保障。农村基层党组织的政治属性决定了其在农村基层社会具有引领力和号召力,这是农村基层党组织在乡村振兴中作用发挥的出发点。农村基层党组织肩负着领导和团结农村党员干部、农民群众和各类社会组织,将党的政策落实到位的重要职责。绵阳实践证明,在事关乡村发展大局和重大问题上,通过农村基层党组织有效的政治传导,将党中央的方针、政策和路线及时向农村准确有效传递,保证乡村治理体系有条不紊推进。

(二)资源整合是作用发挥的途径

农村基层党组织作为连接国家与农村基层社会的核心纽带,有效地整合资源、高效统筹、汇聚合力是其作用发挥的途径。绵阳充分发挥农村基层党组织在促进上级扶持资源下沉,内部资源和外部资源的沟通和整合利用等方面的作用。国家的各项优惠政策,通过政治、经济、文化等效应助力乡村振兴,这是乡村振兴重要外部资源。农村的自然生态、特色产业、乡土文化、人文资源等是农村的内生特色资源。绵阳实践证明,农村基层党组织在掌握农村资源优势和劣势的基础上,能够充分挖掘利用当地资源,通过资金、技术和人才等外部资源优势激发和调动,带动当地农民学习技术和管理等知识,发展种植养殖等,将当地的特色农牧业产品、手工艺品等以产业化的方式推向市场。

（三）共同参与是获得认同的基础

在乡村社会治理中，群众的参与是调动乡村社会发展内生力量和资源的重要手段，也只有通过参与，本地内生力量和资源才能在外界刺激下开花结果，成为发展之源。因此，农村基层党组织不仅要作为引领者，更要作为服务者，让群众参与其中，由传统的"替民做主"向"让民做主"转变。绵阳立足于当地实际情况发挥农村基层党组织在乡村振兴中的作用，以民众为核心参与力量，融合多元主体共同参与。实践中，比较有效的参与模式有"公司＋合作社＋农户"的模式等，这些模式把村民与村庄、企业组成了利益共同体，增加农业生产效益。这些做法充分体现了农村基层党组织和农民共建共治共享的基本价值理念。村民主动参与到村级事务中，实现了自我服务、自我管理、自我教育，在主动参与的过程中，由于自身的利益得到了满足，逐渐形成了一种正向的反馈机制，加深了对自我身份的认同，进而深化为对基层党组织的认同、对党的领导的认同。

（四）群众认同是作用发挥的持续动力

群众的认同和支持是推进乡村振兴最坚实的力量基础。获得农民的认同，是农村基层党组织作用发挥的持续精神动力。绵阳实践证明，农村基层党组织在作用发挥的过程中，通过助力乡村经济社会发展和进行乡村治理，培育了致富带头人、增加了农民收入、改善了人居环境等，渗透到农民生活的方方面面，作用辐射范围越来越广，对群众的带动效应越来越强。因此，农民在切身感受到生活水平提高的同时，激活了自身的职业认同、身份认同和文化认同，认同一经产生就会迸发出持久的生命力，起到凝聚民心的作用。

案例来源：绵阳市委组织部

执笔人：中共绵阳市委党校　闫　博

涪城区坚持党建引领农业"三化"之路

涪城古称"涪县",因地近涪水而得名,位于四川盆地西北部,是绵阳市经济、科教、文化、金融、政务服务中心。辖区面积554平方公里,辖6个镇、65个村。近年来,涪城区紧紧围绕现代都市休闲农业的发展定位,以"农业产业化、产业园区化、园区公园化"为发展路径,以产业发展为核心要务,高端化、精品化谋篇布局现代农业发展,着力推动产业、人才、文化、生态、组织全面振兴,全力巩固乡村振兴先进区创建成果。先后获评全省县域经济发展强区、全省服务业强区、全省实施乡村振兴战略工作先进区等称号。赛迪顾问研究中心发布《2024赛迪百强区》榜单,绵阳市涪城区由2023年的全国第59位升至第57位。

一 基本做法

(一)完善机制、固化措施,坚持和加强党的全面领导

涪城区坚持全面从严治党,以高质量党建引领高质量发展,确保各项事业把准航向、行稳致远。

1. 发挥农村基层党组织战斗堡垒作用

举办"新时代治蜀兴川执政骨干递进培养计划"乡村振兴专题培训,实施基层党组织"雁阵培育"计划。持续深化村(社区)书记"早餐汇""牵手提能"行动,锻造素质过硬基层治理头雁队伍。深化"筑基行

动"，巩固拓展"一镇街一特色"示范党建创建成果。加强对村常职干部的监督管理，持续抓好后进村党组织整顿。将贯彻落实"三农"重大政策措施情况纳入审计监督。深入开展乡村振兴领域不正之风和腐败问题专项整治。

2. 全面推进乡村振兴责任落地落实

坚持区、镇、村三级书记抓乡村振兴，当好"一线总指挥"。区委、区政府主要负责人常态化开展乡村振兴调研工作，定点联系1个以上行政村，原则上任期内基本走遍所有行政村。镇（涉农街道）党（工）委和政府（办事处）主要负责人常态化、制度化进村入户开展调研，原则上任期内走遍辖区所有自然村组。村党组织书记常态化入户走访农民群众，原则上每年走遍或者联系本村所有农户，及时协调解决农民群众生产生活实际问题。充分发挥乡村振兴考核"指挥棒"作用，开展镇（涉农街道）党政和区直部门（单位）领导班子推进乡村振兴战略实绩考核。

3. 强化乡村振兴要素保障

坚持一般公共预算优先保障农业农村发展，持续增加公共财政对乡村振兴的投入。落实土地出让收入用于农业农村的资金占比不低于7%的要求，集中支持乡村振兴重点任务。深化"科技特派员"项目，开展高素质农民培训。有序引导大学毕业生到乡、能人回乡、农民工返乡、企业家入乡干事创业。

（二）科学谋划、系统发展，逐步提高乡村振兴整体性协同性

涪城区以"农业产业化、产业园区化、园区公园化"为发展路径系统谋划，着力打造"产业兴旺、生态宜居、乡风文明、治理有效、生活富裕"的美丽乡村。

1. 以"三品"为引领，做强主导特色产业

推进精品蚕桑、优质果蔬等主导产业提质增效，保持在精品桑园面积3.5万亩左右、优质蔬菜面积17万亩以上、优质水果产量1.8万吨以上。推

动芦笋、油牡丹等种植规模突破5000亩。鼓励发展中医药特色产业，培育绞股蓝、牡丹皮、芦笋、冬桑叶等中药材品种。实施"品种改良"工程，聚焦蚕桑、芦笋、稻田虾、花椒、葡萄、柑橘等特色优势产业，推进产业基地新品种、新技术的研发引进、试验示范和推广应用。实施"品质提升"工程，持续开展食用农产品"治违禁、控药残、促提升"三年行动，加强农产品质量安全风险监测和监督抽查，强化农产品承诺达标合格证和追溯体系推广应用。实施"品牌打造"工程，加大"涪字号"农产品品牌培育力度，提升地理标志品牌"涪城蚕茧""涪城芦笋"知名度、美誉度；积极申报全国名特优新农产品、四川省农业品牌目录，积极参与"绵品出川"、农博会等展示展销活动，推进涪城区域公用品牌申报工作。

2. 加快产业转型升级，做精现代农业园区

涪城区蚕桑现代农业园区建于2015年，涉及杨家镇、丰谷镇、吴家镇、新皂镇4个镇，面积23平方公里，建成高标准桑园1.15万亩，辐射带动发展桑园3.5万亩，形成以"蚕桑产业为基础、茧丝加工为载体、蚕桑文化为拓展、科技创新为动力、利益联结为纽带"的全产业发展链条，总产值5.67亿元，2022年获评"省四星级现代农业园区"。丰谷镇"猪+菜"生态循环现代农业园区以芦笋、青花椒等优质蔬菜和生猪为主导产业，面积47.08平方公里，主导产业发展迅速，生产方式绿色高效，农业基础设施完善，产品销售体系健全，总产值达3.63亿元，2020年获评"市三星级现代农业园区"。涪城区稻渔综合种养现代农业园区辐射面积约32平方公里，涉及吴家镇、新皂镇、杨家镇3个镇10个村（社区），发展"稻+渔"产业，园区建成高标准农田面积近8739亩，建成稻渔基地面积5568亩，实现综合产值2.81亿元。

3. 推进三大农业主题公园高质量融合发展

按照"三年三园三步走"战略，梯次建设"千鹤桑田""湖光山色""蔬香绿野"三大农业主题公园，以三大农业主题公园为平台，构建起"1+2+3"现代农业体系，推动农科文旅商"五态融合"，助力乡村全面振兴。

同时，持续提升三大农业主题公园运营质效，突出农科文旅商深度融合发展，促进生态涵养功能加快转化、休闲体验功能高端拓展、文化传承功能有形延伸。坚持市场机制，鼓励各镇招引第三方专业运营公司参与农业主题公园市场化运营，鼓励农业主题公园内各类社会主体或致富带头人带动村集体经济发展。鼓励宣传引流，支持运营主体、市场主体与新媒体营销平台合作，支持"网红""推荐官"等宣传推介农业主题公园，开展"网红达人"、精美"微视频"评选活动。鼓励文旅能人、非遗传承人、艺术家、网红达人等在主题公园内设立工作室。支持新皂镇加快建设"古道雄狮"林蔬农业主题公园。

（三）统筹推进、一体落实，持续增强责任感使命感

涪城区高度重视巩固拓展脱贫攻坚成果工作，提高政治站位、落实政治任务、压实政治责任，全面构筑起上下一体、齐抓共管的责任体系和工作机制。

1.领导小组牵头负责

坚持区委、区政府主要负责同志"双组长"制，建立区委农村工作领导小组牵头抓总、巩固拓展脱贫攻坚成果领导小组统筹部署、乡村振兴服务中心具体负责的工作机制。多次召开农村工作领导小组会议，传达学习有关"三农"和巩固拓展脱贫攻坚成果重要讲话和会议精神，研究重大事项、部署重点工作。印发《关于高质量做好2022年"三农"工作全面推进乡村振兴的意见》《涪城区2022年巩固拓展脱贫攻坚成果同乡村振兴有效衔接工作要点》等各类文件，专题研究防止返贫风险监测对象认定、衔接资金项目安排，全面统筹巩固拓展脱贫攻坚成果同乡村振兴衔接工作。

2.各级干部狠抓落实

区委、区政府主要负责同志在区委常委会、区政府常务会定期传达学习有关重要讲话和会议精神，专题听取、部署重点工作，全覆盖走访有脱贫户和监测户的5个镇、2个涉农街道，入户调研脱贫户、监测户防返贫监

测情况和增收情况。区级分管负责同志全覆盖走访有脱贫户和监测户的行政村和农业社区，专题研究防返贫监测和帮扶、项目资金管理和实施等工作。相关镇街党政主要负责人定期研究、定期走访、定期督导，推动巩固拓展脱贫攻坚成果各项工作在基层落实、在一线见效。

（四）靶向发力、精准施策，全面提升群众获得感幸福感

涪城区坚持把"两不愁三保障"作为底线任务，将持续稳定增加农民收入作为核心目标，不断优化巩固脱贫攻坚成果"1+27"项政策，全力确保学有所教、劳有所得、病有所医、老有所养、住有所居。

1."两不愁三保障"全面覆盖

一是聚力"义务教育有保障"。全面落实义务教育各项政策，全区义务教育阶段入学率、巩固率、完成率均达到100%。二是聚力"基本医疗有保障"。特困人员、重点优抚对象、重度残疾人员个人缴费部分由政府全额代缴，监测户、已稳定脱贫人口个人缴费部分按最低75%进行补助，确保脱贫户和监测户参保率达到100%。此外，涪城区还创新实施"润康"医疗行动，通过多种帮扶措施将城镇困难群众就医个人自付比例控制在10%左右。三是聚力"住房安全有保障"。对全区1106户已脱贫户、监测户住房安全情况进行全面的"回头看"排查。

2.稳定增加脱贫群众收入

一是发展产业增收。聚焦蚕桑、芦笋、稻田虾等特色优势产业，实施品种改良、品质提升、品牌打造的"三品"提升行动，推进农业主导产业提质增效。持续以龙头企业、农民专业合作社、家庭农场等新型经营主体为载体，辐射带动农户发展产业。二是劳动就业促收。开展线上线下招聘活动，举办直播带岗招聘，组织"春风行动""重点企业招聘季"等招聘会提供就业岗位。充分发挥职业中介、劳务输出带头人等作用，向区内外转移就业，进行公益性岗位过渡安置就业，落实补贴资金。开展"送培训下乡"活动，培训脱贫户和农村劳动者。三是政策兜底保收。严格落实好低

保边缘家庭重病重残人员"单人保"、刚性支出、就业成本扣减等政策，用好用活低保救助、特困人员供养、临时救助等社会救助政策。

二 主要成效

（一）以产业兴夯乡村振兴之"基"

产业振兴是乡村振兴的重中之重。涪城区坚持壮大农业产业规模，落实粮食安全主体责任，大力发展精品粮油，圆满完成粮食播种面积20.7万亩、产量8.7万吨的目标任务，累计建成高标准农田16.07万亩，高标准桑园、蔬菜、鱼虾基地19.6万亩，村级集体经济组织年收入均超过10万元。"千鹤桑田""湖光山色""蔬香绿野"三大农业主题公园2023年全年接待游客51万人次、带动消费3800万元，涪城区农科文旅商"五态"深度融合发展，绵阳城市后花园、乡村旅游目的地加速成势。借势"绵品出川"等行动，做响产品品牌，"涪城蚕茧"成为国家地理标志产品。杨家镇被认定为全国"一村一品"示范镇。

（二）以人才聚育乡村振兴之"根"

人才振兴是乡村振兴的关键要素。涪城区坚持制定《绵阳市涪城区乡村人才振兴五年行动实施方案（2021—2025年）》，完善农村干部队伍培育、配备、管理和使用机制。选派急需紧缺选调生到村任职，挖掘返乡创业年轻人、大学毕业生作为村社后备干部。聚拢生产经营人才，开展深化家庭农场和农民合作社带头人职业化试点，遴选培育试点人员；吸引农民工、高校毕业生、退役军人领办农民合作社、家庭农场等各类新型农业经营主体，带动就业1500余人。建立"涪城高层次人才库"，吸引优秀外出人才和农民工返乡创业，推动专家教师、全科医生向乡镇流动，在全市率先组建乡村规划师队伍参与镇村规划编制。

（三）以文化兴铸乡村振兴之"魂"

文化振兴是乡村振兴的动力源泉。涪城区坚持依托新时代文明中心（所、站）、乡村复兴少年宫等，推动党的二十大精神、习近平新时代中国特色社会主义思想和中央、省、市决策部署进千家万户，丰谷镇文明实践所等6个乡镇所（站）被列入市级新时代文明示范所（站）建设名单。为弘扬传统文化，丰富乡村居民的文化生活，组织乡村文化能人参与魅力竞演大赛，大力推广"涪城剪纸""炳林毛笔"等非遗项目，打造"金峰雄狮""天青苑川剧"等乡村文化品牌；常态开展戏曲下乡、村晚等活动，推动雄狮舞起来、川剧唱起来、秧歌扭起来、电影看起来、非遗热起来。

（四）以生态优美乡村振兴之"颜"

生态振兴是乡村振兴的重要支撑。涪城区坚定贯彻绿色发展理念，严守生态保护红线，受污染耕地安全利用率超过91%，规模养殖粪污资源化利用率达98%，农村生活垃圾有效治理全覆盖，乡镇污水处理率100%，农村户用卫生厕所普及率达98.77%。每季度开展"九佳""九差"村（社区）评比活动，加快打造美丽宜居乡村。构建"一纵两横一环"的发达交通网络，城市公交线路覆盖所有镇、行政村，"半小时城乡交通圈"不断优化；连院入户硬化道路覆盖率达98%，农村公路成网成环、通村达组、联通城乡，获评全国首批城乡交通运输一体化示范区。

（五）以组织强提乡村振兴之"能"

组织振兴是乡村振兴的根本保障。涪城区聚合各类党建资源要素和各方力量，跨区域、跨行业组建联合党委，在农民专业合作社、新型经营主体中新建党组织。提能村社干部，打造基层党校，挖掘"土专家""田秀才"充实师资力量，开展农村党员培训。开展村（社区）书记"早餐汇"，问题化解率达近94%，"早餐汇"经验被《改革内参》刊载。创新乡村治理，完善村民公约、集体经济组织管理办法等制度，建立乡村治理协会、应急处突队伍等自治组织，将老党员、返乡企业家培育为治理骨干。

三 经验与启示

（一）坚持党的领导是乡村振兴的基本前提

基层党组织作为强化和巩固党的治理能力的坚强战斗堡垒，起着至关重要的作用。中共中央和国务院明确以"建立起党组织统一领导、政府依法履责、各类组织积极协同、群众广泛参与，自治、法治、德治相结合的基层治理体系"为目标，力争建立更加全面、完善的党建引领基层治理机制，提高基层治理能力现代化水平，充分展现出中国特色社会主义制度的优越性。涪城区以联建组织、联抓项目、联促发展、联推治理"四联"为统领，打造了坚强的基层党员干部队伍，新建基层党组织，村社干部能力得到了提升，干群关系更加紧密。

（二）系统全面推进城乡融合发展是乡村振兴的有力保障

美丽乡村，人人向往。乡村振兴，事关全局，只有坚持系统观念，把握好全局和局部、当前和长远的关系，才能不断提高战略思维、系统思维，整体全面地推进农村工作。涪城区坚守蓝天、碧水、净土，扎实推进城乡环境综合提质三年行动，系统实施村社"五清"、场镇"四定"、城区"四化"工程，城乡面貌焕然一新；注重融合互动、协调发展，以构建现代化产业体系为核心，加快发展现代特色农业，着力促进城乡融合发展，扎实推动了乡村产业、人才、文化、生态、组织全方面的振兴。

（三）丰富乡村经济业态是乡村振兴的有效路径

《国务院办公厅关于推进农村一二三产业融合发展的指导意见》指出，

农村产业融合发展是"拓宽农民增收渠道、构建现代农业产业体系的重要举措，同时也是加快转变农业发展方式、探索中国特色农业现代化道路的必然要求"。涪城区在深入推进农业现代化示范区建设、打造优势农产品产业带的基础上，推进农村一二三产业的融合发展，延长了农业产业链条，促进农业经营增效。

（四）让农民分享增值收益是乡村振兴的现实要求

习近平总书记在党的二十大报告中强调，要坚持以人民为中心的发展思想。维护人民根本利益，增进民生福祉，"不断实现发展为了人民、发展依靠人民、发展成果由人民共享，让现代化建设成果更多更公平惠及全体人民"。涪城区的乡村特色产业联农带农效果显著，农民打通了务农收入、务工收入、经营收入、入股分红等多种增收渠道，致富前景广阔，有力地保障了农村群众持续稳定增收。

案例来源：涪城区农业农村局、涪城区乡村振兴服务中心

执笔人：中共涪城区委党校　刘小丽

新桥镇党群合力唤醒乡村"沉睡资源"

游仙区新桥镇地处城市近郊,辖区面积89.75平方公里,辖14个村、4个社区,总人口4.43万人,农民人均年纯收入19369元。全镇共有农房1.21万栋,其中闲置农房3021栋,可腾退闲置宅基地789宗、511亩,已整理闲置集体建设用地263宗、65.88亩。近年来,该镇聚焦农村闲置宅基地处置难、产业发展用地难、村级集体经济发展壮大难等问题,先行先试,探索实施农村宅基地"三权分置"改革,通过清理腾退闲置宅基地,归并规划集体建设用地,探索盘活闲置土地模式,实现农民收入有增长、集体经济有突破、产业发展有保障、土地利用质效有提升的四大目标,先后获评"四川省文明村镇""四川省乡村振兴战略先进镇"。

一 基本做法

(一)党委领导、多元共治,打造乡村振兴"动力引擎"

1.坚持党建引领

成立以党组织书记为组长的"三权分置"改革领导小组,建立镇村组干部包户责任制,创新推行党员联户"1+3+N"(1名村党支部小组长+3名党员+N户群众)模式,形成"镇党委—网格党支部—党员中心户"的三级党建网格体系,推动闲置宅基地、一户多宅等信息要素全部入网入格。建立农业农村、自然资源等部门联动机制,重点做好闲置宅基地整理的指导、复垦和验收等工作。摸清闲置宅基地底数，精准掌握面积超占、一户多宅农户信息，建立263宗闲置宅基地台账。加大政策宣传力度，通过召开村组干部会、群众大会、拆除户工作会等，宣传土地管理法、土地承包法等法律法规，提升群众对一户一宅和使用面积等相关规定知晓率，从政策层面赢得群众支持。

2.坚持集体主体

把镇、村、组集体经济组织作为盘活利用闲置宅基地项目的实施主体，全镇已建立78个组级集体股份经济合作社、9个村级集体股份经济联合社、1个镇级集体股份经济联合总社，并全部完成登记赋码颁证。制定闲置宅基地拆除方案，明确拆除的范围、对象、标准和要求；加大项目实施过程中矛盾纠纷的研判和处置，共预判可能发生的问题19个，实际解决各类矛盾纠纷26起。建立利益分配机制，村集体经济组织按每亩集体建设用地指标使用费20万元（40年期限）标准收取使用费，主要构成为：指标整理成本14万元，村社集体利润6万元，利润由村集体股份经济联合社收取，依据贡献大小，村、组按照1∶2比例进行支配。

3.坚持群众首位

坚持把维护好农民群众居住权益放在首位，按照"依法公平取得、节约集约使用、自愿有偿退出"的要求，加大宅基地权益保障、宅基地有偿使用和自愿有偿退出等方面探索力度，明确闲置宅基地整理中农民群众合法权益保障事项，在镇域范围内新建安置点3处，可安置470户，"一户一宅"且自愿腾退宅基地的农户保留到新建安置点建房的资格权；已进城置业农户自愿腾退宅基地的，村集体经济组织给予6万元/亩的一次性货币化补助，真正让改革红利惠及广大人民群众。

（二）创新模式、多措并举，唤醒乡村振兴"沉睡变量"

1.探索合作经营模式

推行集体经济组织与企业合作经营，集体经济组织主要保障发展用地，企业主要负责产业发展。建立集体建设用地使用权价格与农地租金相分离的核算机制，集体建设用地按市值确定价格，农地租金按照原流转合同约定价格执行，村集体经济组织将84.5亩集体建设用地，按每亩集体建设用地指标使用费20万元（40年期限）与申山农业科技有限公司、月畔湾旅游开发有限公司等企业开展合作经营，种植苗木、花卉，发展休闲、农家乐等民宿经济，全镇年实现一、三产业产值8.2亿元，镇村组三级集体经济组织可获得一次性指标收益1690万元。同时，新桥镇6个村集体经济组织已与海上海经科庄园、禾康农业开发有限责任公司等7家企业达成集体建设用地指标合作经营协议，收取预付款422.5万元。

2.探索指标出租模式

村集体经济组织根据群众意愿，将部分闲置宅基地出租给龙头企业等新型经营主体，引导有实力、有意愿、有责任的企业发展休闲农业、乡村旅游、餐饮民宿、文化体验等新产业新业态。新桥镇胜利村集体经济组织将30.5亩闲置宅基地节余指标，采取阶段性租借的方式，以年租金20万元出租给仙龙向山科技有限公司，公司采取"康养＋度假（休闲）"的发展模式，打造乡愁浓郁、环境优美、服务优质的康养示范基地，发展具有地域特色的养生、养老、养心"三养"结合的高品质休闲康养产业。

3.探索土地入股模式

采取"集体经济组织＋企业"的方式，将部分闲置宅基地节余指标由村集体经济组织、经营主体协商议定入股价格，发展农产品冷链、初加工、仓储等一二三产业融合发展项目，通过核算定期分红的方式实现共享建设用地红利。王家坝村集体经济组织将7亩集体建设用地折价42万元入股蓝港农业开发有限公司，发展泥鳅、小龙虾等水产养殖和清洗、烘干、包装等农产品初加工，共建速冻食品加工基地，企业实现年产值500万元以上，村集体经济组织每年可获得土地入股收益7万元。

（三）搭建平台、强化协商，激活乡村振兴"一池春水"

新桥镇围绕"村合、事合、心合"理念，将"基层协商"贯穿村级各项事务。成立基层协商议事会，把群众关心的村级发展、民生实事等纳入协商范围，在鼓励群众参与村级发展中，统一思想、凝聚力量。以建设"电管家"试点为契机，建立村级电、路、水、气、网、邮、农、文"八员管家"服务模式，将便民服务事项及网协员联系方式制成便民服务卡发放到每家每户，真正实现"您的事情我来办，您打电话我跑腿"的农村要素服务保障工作格局。常态化开放"童伴之家"，每月开展3~4次团体活动，开展1次全覆盖家访活动，加大对留守儿童关爱力度。结合人居环境整治工作，通过党员宣讲、召开村民大会、发放宣传资料等方式提升群众环保意识；组织老党员、老干部、新乡贤共同起草村规民约，每月开展人居环境治理评比活动。通过做实"基层协商""八员管家""童伴之家""人居环境治理"等，进一步提升了镇村服务能级和人居环境，大大吸引了致富能手返乡创业、企业入驻投资，为发展壮大村集体经济夯实了基础。

二 主要成效

（一）耕地占补平衡实现量质双平衡

通过试点，加强了农村村民建房用地管理，落实了节约集约用地政策，切实保障了耕地面积不减少，全镇共盘活闲置宅基地202亩，并在项目区配套进行农田水利建设，增加耕地数量，提高耕地质量，整理复垦耕地面积通过自然资源和农业农村部门验收，镇域范围内实现了"农民住房有保障、耕地总量不减少、耕地质量不降低"三大目标。

（二）农民增收致富渠道全方位拓宽

通过盘活利用闲置宅基地，群众获得多方收益：通过发展乡村旅游、民宿、康养等产业，给农民提供了大量就近务工机会，农民每月可获得就近务工收入2000余元；通过腾退闲置宅基地，每户农户获得一次性奖励资金500元；通过腾退的闲置宅基地整理复垦后交还农户耕种，每年每亩可获得种植收益2000余元；通过村组集体经济组织分配宅基地节余指标出租、入股、合作经营可得到相应收益。据统计，新桥镇开展闲置宅基地整理复垦的村，户均可增加年收入2万余元。

（三）农村集体经济持续发展壮大

盘活利用闲置宅基地指标122亩，按照村集体股份经济联合社与企业达成的合作协议，全镇集体经济可收益720万元。其中600万元再入股合作公司，村集体按照5%的年息固定分红，每年获取稳定分红收益30万元，彻底打破了以往集体经济空壳村的窘迫局面。

（四）乡村新产业新业态竞相涌现

通过整理闲置宅基地腾退的集体建设用地指标，突破了企业的用地瓶颈问题，解决了企业发展的后顾之忧。全镇已建成绵阳国际兰花公园、富乐花乡现代农业产业园区等一批知名乡村旅游和农产品初加工、深加工企业，2023年新桥镇实现乡村旅游收入8.5亿元。

三 经验与启示

（一）党建引领是"定心丸"

发展村集体经济必须发挥好村级党组织带头作用，坚持党的领导不动摇，坚持规划先行不蛮干，坚持群众齐心共同干。新桥镇在探索完善新型村级集体经济发展的过程中，一是充分发挥上下一体领导组织作用，成立了以镇党委书记为组长、镇长为副组长的领导小组牵头抓总作用，建立镇村组干部包户责任制，按照月通报、季度分析工作制，定期通报研究盘活闲置资源工作，有力地推动了村集体经济做强做大。二是充分发挥公开透明集体组织作用，以镇村组三级88个登记赋码颁证的集体经济组织为实施主体，依法依规落实了集体经济组织对闲置资源依法享有的占有、使用、收益和处分等权利，促进多元主体之间的利益均衡，助力乡村全面振兴。三是充分摸清辖区闲置资源，在镇级集体股份经济联合总社的统筹下，始终坚持发挥好三级党建网格体系作用，完善村集体"三资"管理台账，推动闲置资源信息要素全部入网入格，做到盘活资源"心中有数"。

（二）创新思路是"动力源"

发展壮大集体经济，需要立足现有资源，盘活集体经济闲置资产，把可以利用的资源充分运用起来，不断探索发展集体经济的新模式、新路径、新方法，拓宽增收渠道。新桥镇通过创新盘活集体经济闲置资产的利用模式，拓宽了乡村多业态发展路径。一是针对群众外出务工导致耕地闲置、塘库堰利用不充分等问题，着力发展高质高效农业，严格执行国家土地政策，按照"规划"要求由村集体经济组织回购已流转或是"出售"的田地、塘库堰等资源，综合统筹发展现代农业，着力破解农业发展难题。二是充分发挥合作总社的驱动作用，依托"芙蓉花溪"旅游环线周边业态布局，按照"一点一特色"理念布局产业发展，避免"同质化"竞争，并形成全域链接旅游特色。依托乡村旅游环线，深化农旅、文旅、水旅融合，加大旅游环线周边资源、资金使用整合力度，鼓励支持项目投产落地，全面助力旅游环线业态发展，实现村集体经济壮大，破解农旅融合产业发展难题。三是针对两项改革后，镇、村级部分办公场所、日间照料中心等公共资源闲置，小微企业无处开办等问题，由镇集体股份经济联合总社统筹综合考虑，并充分结合本地发展需求，通过招标承包、招商引资、使用权出让、租赁经营等多种方式引进小微企业进行经营性开发，促使集体资产保值增值，着力破解小微企业开办落地难题。

（三）群众参与是"稳定器"

面对新时代农村集体经济工作的情况复杂性和问题多样性，要广泛依靠农民群众、教育引导农民群众、组织带动农民群众，激发广大农民群众发展农村集体经济积极性、主动性和创造性，投身发展农村集体经济事业。新桥镇党委在摸清辖区闲置资源和发展需求的基础上，一是科学编制各类规划，按照"产业发展，规划先行"理念，积极向上汇报争取，以极端负责任的态度，加快启动镇级国土空间规划编制工作。在现有村规划的基础上，有序推进村规划的编制，进一步拓展了发展空间，释放了规划效益，助推了产业兴旺。二是实施抱团发展合作模式，创新围绕"小组团、小集约、小整合""大联盟、大联合、大融合"的发展思路，在新桥镇集体股份经济联合总社统筹下，实现了全镇资源、资产利益最大化。三是坚持"群众自治"共商共谋发展，以18个"新语心愿"基层协商议事会为支点，以精准议事、有效协商、共解难题为宗旨，紧扣乡村振兴、镇村建设、民生问题等群众关心关注的主题，将盘活闲置资源相关问题纳入议事范围，鼓励群众敞开述意愿、自觉想办法、主动提点子，共商共谋盘活闲置资源方向、途径，形成村级发展由党员群众共同监督、多元主体共同解决的社会治理新格局。

案例来源：游仙区新桥镇

执笔人：中共游仙区委党校　敬谢林

花荄镇党建引领片区发展助推乡村全面振兴

花荄镇位于中国科技城新区核心区,是安州区政府驻地乡镇,辖区面积127平方公里,辖10个社区、11个行政村,户籍人口7.3万人,常住人口12.3万人,有村(社区)党委10个、党总支部10个、党支部83个、党员2513人,现有耕地保有量80207亩,基本农田保护面积67590亩。先后被评为全省乡村旅游示范镇、省级乡村治理示范镇、省级生态镇、省级法治示范镇,探索形成的"1＋N＋1"("大党委"领导下"多个组织＋创服公司")村级片区发展模式2022年被《人民日报》专题报道。

一 基本做法

(一)建立片区"大党委",增强发展"引领力"

1. 完善体系

探索片区"大党委"组织、领导、服务三大体系,按照地缘相近、业缘互补、有利统筹的思路,将全镇21个村(社区)党组织、9个"两新"党组织,整合设立现代城市核心、花城果乡乡村振兴统筹发展、红花源休闲观光农业发展、现代农业精品4个片区"大党委",片区"大党委"隶属镇党委管理,由镇正科级领导干部兼任书记,镇副科级领导兼任副书记,镇党委设立"大党委"联络服务办公室,片区设立片区"大党委"办公室,构建统一领导、区域协调、顺畅高效的扁平组织体系,实现片区工作思路始终同各级党委决策部署对标对表。

2. 健全机制

规范片区"大党委"调度、报告和议事三大机制，建立片区大党委"月安排、季调度"，镇党委"半年总结、年度述职"制度，构建片区内党组织、片区"大党委"和镇党委三级报告机制，涉及区域性产业发展、项目推进和基础设施建设等重大事项，根据事务大小、轻重缓急等，明确请示报告程序；制定片区"大党委"党委会议事决策制度，细化议事规则，原则上每月召开一次，遇重大事项可随时召开，有效凝聚村、社区、非公企业等多方面力量，推动片区"大党委"程序化、规范化、高效化运转。

3. 划清边界

印发《关于片区"大党委"实体化运行的通知》，明确片区"大党委"职责权力和边界范围，赋予党的建设、经济发展、社会治理三大职能职责：明确"大党委"党建工作职能职责，抓好片区内组织建设，统筹镇党校片区分校建设，设立片区特色课程，统筹片区人才培养；明确"大党委"经济发展职能职责，统筹片区生产要素，摸清资源禀赋，立足片区实际，科学制定片区产业发展规划，为片区发展提供顶层设计，激活片区资源要素，形成发展合力；明确"大党委"社会治理职能职责，统筹片区组织、职能和人才等优势要素，领导片区内各党组织，处置涉及片区间和片区内部的重特大事务，指导片区内村级组织完善村规民约，推进乡风文明建设。

（二）统筹片区多重要素，增强发展"聚合力"

1. 统筹资源

采取"村＋村""村＋村＋企"等模式，以片区内村党组织为基础，以辖区内龙头企业、大型合作社为共建对象，指导村集体经济组织搭建农村经济发展论坛，建设产品展示中心，举办产品展销会，邀请片区合作社、家庭农场、乡村旅游企业等各类经济组织参会参展，聚合产业相近、类型趋同的专业合作社成立合作联社，形成抱团发展态势，全镇已有8家合作社成立合作联社2家。

2.统筹资产

开展村组集体资产资源专项排查，将沟渠、道路、山林、土地、房屋等集体资产分类建立台账。在统筹使用村集体资产的基础上，采取反包倒租、入股分红等形式，将组级资产、闲置农房和低效建设用地等流转至村集体经济组织，进行统一管理、统一使用、统一包装，由创服公司统一经营，采取作价入股、租赁经营、资产托管或自主开发等多种经营模式与社会资本合作，让闲置资产资源有效发挥作用、实现最大效益。

3.统筹人才

结合农村综合性改革试点试验，投入资金400万元，实施"安州英才计划"和社会化组织培育项目，建立片区人才库和村级人才驿站，将农村致富带头人、专业技术人才、村级后备力量、退伍军人和大学生等群体纳入台账管理，搭建人才交流平台，实施"导师帮带制"，探索"选育聘用留"五步工作法，鼓励村干部到创业服务公司交叉任职、挂职锻炼，培育管理精英、技能人才和产业工人，为乡村振兴、城乡融合发展提供人才保障。

（三）建立片区创服公司，增强发展"驱动力"

1.联建创业服务公司

在花城果乡乡村振兴统筹发展片区试点，组织九合、红武、联丰3个村集体经济组织联合成立美丽花城创业服务公司，设立产业服务部、市场营销部等5个内设机构，同步设立公司党支部，由中心村集体经济组织负责人担任公司法人和党支部书记，组建公司董事会、监事会，各村集体经济组织协商确定名额分配，通过民主推选产生公司董事长、董事、监事长和监事，完善公司组织构架和领导体系，明确公司21个一般项目、27个许可项目，推动公司合法合规经营。

2.推行职业经理人制度

制定《职业经理人聘用管理办法》，划定权力边界，从龙头企业负责人、产业大户等人才中公开招聘职业经理人，担任创服公司总经理，负责公司日常管理、发展规划和项目建设等工作，明确重大事项需报请片区大党委研究同意后方可实施，特别重大事项需报请镇党委同意；细化《职业经理人考核办法》，由片区"大党委"组织实施，片区内村级组织参与，采取"年度＋平时""实绩＋测评"的方式，考评职业经理人业绩，纳入绩效管理；构建职业经理人薪酬体系，采取"底薪＋绩效＋分红"的形式保障职业经理人经济待遇，原则上不超过区级国有企业同级职员经济待遇。

3. 建立利益分配机制

建立公司利益分配机制，片区村按照集体经济组织成员在所有村集体经济组织成员的占比分红；明确年利润不足20万元或年度亏损未弥补前，不进行收益分配；年利润超出20万元，留存超出部分的30%用于公司扩大经营范围；剩余70%用于分红，由各村集体经济组织自行支配。

二 主要成效

（一）壮大了村集体经济

花荄镇通过国土空间与产业布局紧密结合，以项目为抓手，以片区为单元，编制镇、村国土空间规划，谋划储备项目50余个，清理批而未供土地344.96亩、土地"挖潜"477亩，初步形成了"两带四园"的发展体系；通过片区集体经济发展新模式，形成了"大党委"领导下的"N个组织人才资源＋1个村集体联合创业公司"的"1＋N＋1"片区化发展全新模式，2022年花荄镇11个村集体经济收入175万余元，同比增长35%。2023年，11个村集体经济收入超过330万元，同比增长88%。

（二）培育了特色产业

通过开展各村组集体资产资源专项排查，花荄镇已盘活闲置资产12处，改造低效林种植柑橘1.2万亩，实现年产量2500万斤以上、产值突破亿元；柑橘、水稻制种、优质粮油特色优势产业不断壮大。培育出国家级示范合作社2家、省市级龙头企业8家，建成1.5万亩市级四星级柑橘现代农业园区，建成国家AAA级景区2个、星级农家乐20家，成立片区集体经济公司2个、社区企业2个，推动柑橘种植示范基地（乡村振兴工厂）、农资服务中心、育苗基地等6个项目落地，提供本地就业岗位300余个。2023年，花荄镇11个村集体实现农业总产值9.89亿元、旅游总收入31亿元。结合绵阳市开展的乡镇抓经济发展激励试点，已在11个村招引文旅、农业等领域项目7个，特色产业将不断发展壮大。

（三）带动了人才聚集

通过实施"安州英才计划"和社会化组织培育项目，建立片区人才库和村级人才驿站，花荄镇在各村建立专家工作站共引进高校、科研院所和农业部门签约专家9名，培育柑橘种植、油菜种植、土鸡养殖等农村实用人才400余名。通过选派15名村干部到片区村集体经济公司任职，聚集了一大批乡村产业发展的实用型人才。以九合村为例，通过土地承包流转，引进杂柑种植专业户19户，培养本地种养殖专业户20余户。本地"土专家""田秀才"队伍不断发展壮大，为乡村振兴提供了坚实的实用人才保障。

三 经验与启示

从"民亦劳止，汔可小康"到"矜寡孤独废疾者皆有所养"，建设富饶幸福美丽乡村，千百年来一直是中国人民的良好夙愿。花荄镇以过硬的基层党建引领乡村振兴和城乡融合发展的做法，值得学习借鉴。

（一）乡村要振兴，须充分发挥党建统筹引领作用

乡村振兴是一项长期的、复杂的系统工程，涉及多个方面、多个层级，必须强化党建引领、强化要素集成。花荄镇党委以实干兴业，树立党建业务"一盘棋"思想，党建发展两手抓，让党建工作为经济发展引领方向、激发动力、提供保障，构建起"党委带支部、支部带联社、联社带群众"的党建引领产业发展组织体系，变"要我干"为"我要干"，从"小户单干"到"抱团取暖"，才有了党建引领乡村发展的新局面。

（二）乡村要振兴，须强化人才资金机制推动作用

产业发展，人才是关键，资金是基础，机制是保障。花荄镇聚焦产业增值和群众增收两个着力点，建立健全人才引进培养、资金资产整合和利益联结三项驱动机制，把人才引进培养作为筑牢产业发展的关键一招，积极构建政府、社会、村集体相结合的多元投入机制，在各村建立产村、产民利益联结机制，进而放大了"地"的效益，破解了"钱"的瓶颈，挖掘了"人"的潜能，从而推动了乡村发展、农民增收。

（三）乡村要振兴，须激活乡村内生发展动力

乡村内生发展的关键在于调动包括农民、村集体等多层级的内生发展主体力量，激活其发展的自主性。花荄镇通过深挖资源禀赋、统筹优质资源、发展优势产业、拓展增收项目，花荄镇党委和各村一起深究细研各村全域产业发展现状，按照"立足资源禀赋、面向市场需求、坚持长短结合"原则，助推农业产业集约集聚发展，农村产业发展的内生动力被全面激活。

案例来源：安州区花荄镇

执笔人：中共安州区委党校　张钰婉

杨家社区党建引领促农旅融合发展

杨家社区位于涪城区杨家镇中心地带，由原杨家社区、兴隆村、场镇社区合并而成，面积4.48平方公里，下辖14个村（居）民小组，人口1410户、3252人。社区党委下设4个支部，8个党小组，共141名党员。近年来，社区党委聚焦乡村振兴，创新党建引领发展的工作机制，坚持在组织链、发展链和利益链上把群众聚起来，提升群众组织化程度，建强社区党委战斗堡垒，社区先后荣获"全国乡村旅游重点村""四川省乡村振兴示范村""四川省乡村治理示范村"等称号。

一 基本做法

（一）以聚民为导向建强组织链

1.建强党委堡垒聚民心

创新实行党员分类管理，根据党员的年龄结构、文化程度、能力素质、专业特长及服务意向等因素，建立乡村旅游、创新创业、文明新风、夕阳红四个功能型支部。坚持党的工作全覆盖，将党小组设在最前沿，确保社区党委始终处于一切事务决策的第一环，突出社区党委的领导核心作用。推进"两提一定一挂钩"联系服务群众模式，镇党委、政府提要求，党员、群众提意愿，通过"421"决策程序制定"民情晴雨表"，承诺践诺与两委考核相挂钩。

2. 发挥党员先锋连民心

实行党委联系支部、支部联系社组、支委联系党员、党员联系群众的"四联"机制，开展党员"五星"评议、模范岗位"夺旗行动"和"4个1"党员"亮评比作为"，通过五星一升一降、一插一去动态管理，强化党员荣誉感和责任感，增强社区党委在群众中的核心地位。

3. 转变干部作风赢民心

从"正气塑形"入手，响亮提出"五有"型干部，制定社区干部行为规范"十不准"，推行"做合格干部""不合格干部辞职"两承诺，建立党员群众半年测评两委成员制度，实行末位淘汰制，进一步拉近了党群、干群关系。

（二）以富民为导向抓实发展链

1. 产业聚合，农田变"花海"

社区党委以农旅融合为主线，排除万难，拆迁农户467户，规模流转土地2500余亩，大力发展都市农业、乡村旅游，引进原香民业科技有限公司、欢乐碗水乡文化有限公司，投资3亿余元建成集香草种植、游乐场、5D玻璃吊桥、婚纱摄影基地等于一体的原香国际香草园，投资9000余万元建成集餐饮、会议、婚宴、住宿等于一体的标准四星级乡村酒店，投资3亿余元建成川西北最大的水上乐园。

2. 创新改革，农民变"股民"

社区党委在群众自愿的基础上，引导农户将承包土地委托村集体以土地入股的方式参与到部分项目建设和经营中，村集体按亩收取管理服务费，农户收入从原来单一收入变成了入股分红、就近务工和经营收益"三份收入"，307户村民变成了"股民"，2023年底实现分红495万元。

3. 蓄势发力，农村变"景区"

社区党委在原有产业基础上，以芳香小镇为载体，成功引进九洲集团投资13亿元开发建设占地1000余亩的康养旅游项目，以都市农业、乡村旅游、健康养老等为核心的新产业、新业态在这里逐渐成形。

（三）以惠民为导向做优利益链

1. 满足需求聚民力

社区党委发起设立香草劳务合作社，建立香民党小组，推动党的建设和工作向产业链覆盖，构建起"党支部＋专合组织＋公司＋农户"模式，搭建好利益链接机制，提高群众的组织化程度，推动党建与发展同频共振。2023年，社区集体经营性收入92万元。

2. "三个优先"保民利

社区党委牵线搭桥，成立新杨旅游公司，集体资产占股51%，居民占股49%，承接辖区内的一些简单工程；在农户与企业之间建立起"同等条件下，务工优先录用、经营优先选择、红利优先分配"的"三个优先"保障机制，提供就业岗位400余个；规范引导农户开设商店、农家乐等新业态。

3. 整合资源惠民生

社区党委整合各类资金4000余万元，在紧邻场镇的地方建成占地120余亩的新农村小区聚居点，让村民住上小洋楼、用上天然气、喝上自来水、开上小汽车、做上小生意，杨家社区成为远近闻名的省市级"四好村"。

二 主要成效

（一）组织建设强起来

杨家社区通过建好组织链，发挥基层党组织在领导团结动员群众、推动改革发展中的战斗堡垒等的作用，不断提升党组织政治功能和组织功能，为乡村振兴提供了坚强的政治和组织保障。通过一系列惠民服务措施，先后打造了"人大代表联络站""退役军人服务站""便民服务大厅""刘三姐谈心室"等服务平台，在党组织和群众之间搭建起了连心桥，群众信任度和满意度不断攀升，"刘三姐谈心室"自成立以来，共参与调解各类矛盾纠纷45起，调解成功率达98%。

（二）产业发展兴起来

杨家社区通过抓实发展链，利用得天独厚的地理优势和产业基础优势，大力发展"农业＋"产业，将农业与旅游、文化、康养、教育等产业深度融合，形成了"以农促旅、以旅兴农、农旅融合"的乡村振兴新发展模式，实现了生态美、产业兴、百姓富的美好愿望，年旅游人数突破百万人次。2023年，杨家社区实现集体经济收入52.5万元。杨家社区党委书记黄耀说："我们一直把壮大集体经济、增加居民收入作为实施乡村振兴战略的'牛鼻子'工程来抓。"

（三）群众腰包鼓起来

杨家社区通过做优利益链，让广大农民分享更多产业链增值收益，村民的幸福感、获得感、满意度不断提升，也激发了干部群众干事创业的积极性。闲暇之余，村民还可以就地务工，在家门口做小生意等。截至2023年底，村民分红36万元，村民人均纯收入达3.95万元。村民们纷纷感叹："以前在外务工一年到头也挣不了多少钱，还时常担心家里的老人、小孩，现在在家门口做点小生意每年增收3万元左右。"

三 经验与启示

基层党组织作为党在基层的战斗堡垒，作为连接国家与基层社会的核心纽带，在促进国家资源下沉、整合乡村社会资源等方面发挥着不可替代的作用。杨家社区充分发挥基层党组织的战斗堡垒作用，积极探索新形势下乡村产业振兴的路径和方法，构建起文明和谐、充满活力、规范有序、良性互动的乡村发展新格局，为基层党组织如何推进乡村振兴提供了借鉴和参考。

（一）基层党组织是实施乡村振兴的"主心骨"

"火车跑得快，全靠车头带。"农村工作千头万绪，乡村振兴任务艰巨。农村基层党组织是实施乡村振兴战略的"主心骨"，农村基层党组织坚强有力，乡村振兴就蹄疾步稳。杨家社区根据新形势下的发展需要，通过优化党组织设置，把党的基层组织建到乡村振兴项目一线、产业链条一线、龙头企业一线，为整合各类有效资源、增强产业链整体实力和核心竞争力提供了组织保障，不仅实现了基层党组织"全覆盖"，也使得党建工作与产业发展深度融合；通过加大"头雁"队伍建设，选优配强基层党组织负责人，发挥了在乡村振兴中的引领作用；通过充分发挥农村党员先锋模范作用、转变干部作风等方式，使得群众的信任度和满意度不断攀升，从而激发了干部群众干事创业的热情，才使得乡村发展有了内生动力。

（二）基层党组织是乡村产业振兴的"引路人"

乡村要振兴，产业必振兴。乡村产业发展是一个系统性整体，其本质内涵在于：以乡村主体性价值为基础、通过多元力量的合作促进乡村产业资源优化配置。它需要一个整合式的资源集中调配系统，并按照一定的组织结构、权责关系、沟通机制等，实现多方主体、各类资源以及不同领域的协同运作。杨家社区抓住党建引领产业振兴这个重要引擎，切实把基层党组织的政治优势、组织优势转化为推动产业振兴的发展优势。通过统筹整合政策、项目、资金、人才等资源，积极延伸和拓展农业产业链，培育发展农村新产业新业态。杨家社区的实践再次证明：党建引领已成为促进乡村产业发展的重要抓手与保障，基层党组织是乡村产业振兴的"引路人"。

（三）基层党组织是农民利益的"保护者"

《中国共产党农村基层组织工作条例》指出，"党的农村基层组织应当因地制宜推动发展壮大集体经济，领导和支持集体经济组织管理集体资产，协调利益关系，组织生产服务和集体资源合理开发，确保集体资产保值增值，确保农民受益"。在乡村发展过程中，杨家社区两委注重集体资源的合理开发，注重农民利益的保护。从搭建好利益链接机制入手，在发展壮大集体经济的同时，也保护了农民的利益；从"三个优先"入手，在保护农民利益的同时，增加了农民收入；从规范引导农户开设商店、农家乐等新业态入手，把小农户带到了乡村发展的大舞台。

案例来源：涪城区杨家镇杨家社区

执笔人：中共涪城区委党校 李懿 刘小丽

刘家坪村基层党建"五引领"乡村振兴"五起来"

刘家坪村位于绵阳市涪城区新皂镇,是绵阳市远近闻名的堡垒强、民风正、产业兴、环境美、依法管的典范村。全村现有16个村民小组,面积8.5平方公里,人口1049户、3138人;村党委下设2个支部,15个党小组,共123名党员。近年来,该村在全面推进乡村振兴中,着力基层党建"五引领五起来",建成乡村振兴示范村,先后获得四川省卫生村、四川省四好村、四川省"六无"平安村、四川省乡村振兴战略工作示范村、全国乡村治理示范村、全国民主法治示范村等20余项荣誉称号。

一 基本做法

(一)组织引领村民"跟起来"

严格执行"三会一课"制度,坚持每月至少召开一次村党委、党小组和村民小组会议,每季度召开一次党员大会和全体村民大会。村民大会成为一种常态和习惯,若不如期召开,村民就要"催开",并从1990年开始到现在,每次村民大会前奏唱国歌,强化村民的爱国爱党意识。凡是村里的大事都公开,不搞"一言堂",不是个人说了算;凡是党组织定了的事,不讲客观条件,不在困难和阻力面前退缩;凡是遇到急难险重任务时,党员冲锋在前,带头作表率;凡是利民惠民的工作,件件有回应,事事有落实。坚持当天能办的事不过夜、当月能做的事不跨月、当年能干的事不翻年，没有发动不了的群众、没有落实不了的工作、没有干不好的事情。说了就算、定了就干、干就干好成为该村作风过硬的写照。刘家坪村党组织在党员干部和群众中威信高、作风实、行动快，在村里做到了令行禁止。在新冠疫情期间，村党委第一时间把村干部、村民小组长、党小组组长和党员"一个不漏"组织起来，实行村干部包片、村民小组长包组、党小组组长包院、党员包户，带动107名中青年群众参与其中，通过天天走访、宣传防控、轮流值班、杀菌消毒、设卡查守、代购代办等有效措施，做到全村"零感染"。同时村民自觉取消春节团聚宴、婚宴和寿宴等，党员向疫区捐款近万元。村民感慨道："党组织把老百姓的生命和健康看得比天大！"

（二）好事引领村风"淳起来"

按照乡村振兴战略20字方针抓"乡风文明"时，刘家坪村规定"村内党员每年要带头做一至三件好事""党小组每年要做四件好事""党委每年要做一至两件好事"，变"要我做好事"为"我要做好事"。在实施过程中，积极发挥党员干部的先锋模范作用，党员干部带头执行村规民约。每季度由党员个人在党员大会上"讲述好事"，大家相互分享"评出好事"，在村阵地办起图文并茂专栏"张贴好事"，利用"红黑"榜动态管理机制，营造村民们以"红榜"题名为荣，以"黑榜"有名为耻的舆论氛围。采取一年一评比、一年一清零、一年一奖励方式进行，涌现出书记为民驾车寻亲、八旬党员帮助邻里半夜找牛等好人好事。通过党员带动，出现邻里互帮、农忙助耕和困难捐助等村民做好事。同时村民在好事中得到滋养和净化，村风逐渐淳朴了起来。很多年来，该村没有出现过纠纷打架、邻里吵架和家庭闹架等现象。值得一提的是，刘家坪村从改革开放包产到户到现在40多年来，坚持村民投义工做集体公益事项。按照"投义工不投钱、不投义工就投钱"的村规，村民自觉遵守和执行，刘家坪村没有出现过一起集体侵占个人、个人拖欠集体的经济或事务纠纷。

（三）富民引领村业"兴起来"

在解决如何富民、如何引领、如何兴业三大问题中，刘家坪村按照"党员干部带好头、群众看到有搞头、大家感受有干头"的思路，党员干部带头走出去转变观念、带头拿出田地先试先种、带头学当技术员管理员，做到了引领村民"组织找路子、党员做样子、群众跑趟子"。先后引进企业走出"党组织＋企业＋村民"模式、利用边坡山地开展退耕还林和间种核桃、依托龙头公司土地流转"反租倒包"栽桑养蚕等，把"小康不小康，关键看老乡"落到了实处，富民产业在全村兴了起来。原来全村大春种水稻，小春种小麦、油菜，耕种背朝天、吃饭靠着天、收成望着天。现在种（养）殖多样化，变成一个以蚕桑、核桃及小家禽养殖等产业为主的典型农业村，形成守住粮油红线增产增收、还山还林生态创收、土地流转倒包稳收的多样化发展格局，全村农民人均年纯收入达2.8万余元，60%以上的家庭年收入超过10万元。

（四）治理引领村庄"美起来"

刘家坪村从2015年开始建立清洁卫生互助机制，采取"镇上补一点、集体出一点、村民筹一点"的方式筹集资金，在全市率先推行垃圾费用分担机制。分小组设立公益性岗位，聘请贫困户担任保洁员，负责公共区域清扫和垃圾收纳，形成了"户分类、组集中、村转运"的运行模式。在环境治理中，由村支两委制定统一标准，实行季度普查、半年抽查、年终奖励。每季度由村民小组组织"户出一人"参与，全覆盖量化评比普查，并张榜公示；每半年由村组织"全村村民小组组长、部分村民代表、先进户和落后户"参加，进行交叉抽查，促进相互提高；每年底由村支两委按照全年各户量化累计总分，从原来评"卫生示范户"到现在评"卫生光荣户"，在全体村民大会上进行表彰奖励、颁发奖牌，并在村"红黑榜"中贴出获奖户和各村民小组后三名。同时，加大投入，全村100%硬化道路入组入院入户、100%农户卫生厕所改造、100%通自来水、100%通天然气，实现严控砍伐山美、提升绿化路美、无乱搭乱建房美、建起栅栏篱笆院美、干净整洁农户家美。村民说："美丽村落是我家，农村不比城里差。"如今，越来越多的城里人慕名来村里采摘和"村游"。

（五）法治引领村规"管起来"

不以规矩，不成方圆。刘家坪村广泛听取意见、反复讨论修改，前后召开了8次村民大会，发动村民进行"大讨论·广献策"，形成了针对性强、实用易行，涵盖了指导思想、土地管理、社会治安、村风民俗、婚姻家庭、环境卫生及公共设施管理、实施乡村振兴战略和附则八大方面的《刘家坪村村规民约》。2012年，《刘家坪村村规民约》经全体党员及800多名村民代表商讨签字通过、共同监督履行。为把村规民约落实好、执行好、坚持好，村社（组）干部、志愿者通过"线上讨论＋线下实地宣讲＋村社广播＋问答竞赛"方式，面向村民进行广泛宣传，同时注重与群众看得见、摸得着、感受得到的人和事相结合。一是与树正气相结合。凡是违反村规民约、未及时改正的人和事，一次点事、二次点组、三次点名，严肃了村规。二是与抓风气相结合。把村规民约与争取到的项目结合起来，执行"项目投放看社风"条款，改变了两个村民小组曾一度不积极支持村上工作的状况。三是与家和气相结合。敢于较真、敢于碰硬、敢于破难，把村规民约变成了促进家和万事兴的硬杠子。刘家坪村相关负责人表示："村规民约成为刘家坪村立良俗、破陋习、扬正气的有力抓手。大家有了统一的行为准则，心平气和协商解决，大事化小、小事化了，大家的幸福感更强了。"

二 主要成效

(一)"听党话、跟党走"上更加坚定

通过着力基层党建"五引领五起来",村党委的威信更高了,党群干群关系更密切了,工作落实更顺畅了。村干部说,"党委就是我们凝心聚力的核心";党员说,"我们就是群众的标杆";群众说,"我们照着党员样子干"。特别是在村上一干就是30多年的村党委书记,村民一致认为他是给村里带来温暖的书记。在村级建制调整时,村民们说:"我们不担心合并问题,担心的是把干部换走了。"多年来,村民们有的给镇党委写去表扬信,有的将党员干部好人好事编成快板,还有的主动要求加入党组织等。

(二)"获得感、幸福感"上更加全面

通过着力基层党建"五引领五起来",村里的基础设施改善了、老百姓生活殷实了、交通出行方便了、环境变得美丽了、邻里关系融洽了,群众看在眼里、记在心里、夸在嘴里。老年人说,"原来进城走半天,现在公交出门赶";中年人说,"原来仅靠一亩三分田,现在栽种果树又养蚕";青年人说,"三个月种田,七个月挣现钱"。尤其是在大家生活有保障后,村民对旅游深有感触地说:"过去旅游靠翻山,这家走到那家串,看了农房又看田;现在日子好起来,大江南北美景观,省外国外也去玩。"

(三)"爱家乡、树新风"上更加担责

通过着力基层党建"五引领五起来",特别是通过好事引领村风"纯起来",从"要我做好事"变为"我要做好事",村里的大事小事都有人问、有人管、有人帮,形成了"人人都在参与中、人人都在享受中、人人都在奉献中"的新风尚。2018年3月,该村第一村民小组自发为患肝病的村民

捐款7400元。这位村民在治病中得到关爱，反思感恩，还治好了曾经懒惰、爱喝酒的毛病，出院后跟变了一个人似的，不但勤快了，而且义务投工投劳做公益。2020年6月第八村民小组一位村民，自己出资3000元并投工修复了一座年久失修的老桥。大家说："这座桥，修复的是倡导文明新风的'心桥'。"像这样的事，在刘家坪村不胜枚举。

（四）"崇法治、守规矩"上更加自觉

通过着力党建引领"五引领五起来"，大家的法治意识、规矩意识、自治意识增强了。村里出现"几浓厚几没有"：遵纪守法的氛围浓厚，违法乱纪的现象没有；互帮互助的氛围浓厚，因鸡毛蒜皮搞摩擦的纠纷没有；孝敬父母的氛围浓厚，婆媳关系不好的家庭没有；等等。长期驾驶从城里到刘家坪村的30路专线公交车司机说："只要车子开到刘家坪村，感受都不一样，这里的村民素质高、有礼貌、不拥挤、不抢座，相互还争着让座和付车钱。"

三 经验与启示

（一）始终坚持抓好基层党组织建设

从刘家坪村的实践来看，基层党组织就是带动和引领一个地方的引擎和航标。刘家坪村党组织之所以"一呼百应"，之所以组织引领村民"跟起来"，之所以落实各项工作无梗阻，就是因为该村党组织具有很强的战斗力。习近平总书记指出，乡村要振兴，关键是把基层党组织建好、建强。基层党组织要成为群众致富的领路人，确保党的惠民政策落地见效，真正成为战斗堡垒。所以，要始终坚持抓好基层党组织建设。一要建强班子，把基层党组织的战斗堡垒建强，充分发挥政治引领作用。二要选好书记，"火车跑得快，全靠车头带"，选出政治过硬、心中有民、敢于担当、清正

廉洁的"头雁"。三要带好队伍，严肃党内政治生活，建立健全教育管理制度。

（二）始终注重发挥党员带头作用

面对农村党员年龄普遍偏大、文化程度较低和一些人认为先锋作用难发挥、模范带头作用难体现的现实，刘家坪村给出了答案：从党员带头做好事，引领带动村民做好事；每月雷打不动至少召开一次党小组会议，发挥党小组的作用；党员时时牢记身份，处处带领群众等。这些都有力证实农村党员的先锋模范作用是能够发挥起来的。因此，要始终注重发挥党员带头作用。一要立足实际，找到发挥党员先锋模范作用的突破口，让党员能做会做做得好。二要落实制度，把党内政治生活制度坚持下来，不让制度流于形式而成为空架子。三要加强党性教育，经常给党员提出要求，强化党员的党性和责任意识。

（三）始终带着真情实感为民干事

抓民生要抓住人民最关心最直接最现实的利益问题，抓住最需要关心的人群，一件事情接着一件事情办、一年接着一年干，锲而不舍向前走。从实践来看，刘家坪村村民年人均纯收入一直居于全镇农业村榜首，产业发展领跑周边农业村，村民的获得感幸福感增强等，根本原因是为民有情怀。所以，要始终带着真情实感为民干事。一要贯彻落实好以人民为中心的理念，坚持民生为本、民生为大、民生为重，想人民所想、急人民所急、富人民所富。二要关心群众疾苦，解决生产生活中的实际困难，让人民群众自觉在"幸福是奋斗出来的"中创造自己的美好生活。三要两手抓，既要抓老百姓的钱包和口袋鼓起来的问题，又要抓不断满足人民群众对美好生活向往的全面性问题。

（四）始终践行依法管村治村

刘家坪村鲜明特点在于村民生活有保障和环境美起来，长期坚持抓村风和民风，同步实现村风正和民风好。这不是一朝一夕抓起来的，而是靠依法管村治村统筹兼顾抓起来的。因此，要践行依法管村治村。一要强化法治观念，经常利用各种手段宣传法律法规，使大家知法懂法守法用法。二要严格执法，不在法律面前讲人情，不在遵法上面"和稀泥"。三要守住法治底线，不用"摆平"代法、不用"抹平"弱法、不用"摺平"乱法，坚持依法治村。四要推进村民自治，不仅要让村民过上好日子、住上好房子，而且要让村民养成好习惯、形成好风气。

案例来源：涪城区农业农村局、涪城区乡村振兴服务中心

执笔人：中共绵阳市委党校　李　慧

高棚村"四促四变"建强组织赋能乡村振兴

高棚村隶属三台县立新镇,东邻芦溪镇五柏村,南邻凉泉村,西邻香林村,北与涪城区丰谷镇相连。面积6.37平方公里,现有12个村民小组,1467户、3358人,劳动力人口2936人。村两委班子成员5人,党员125人。近年来,该村以党建为抓手,不断夯实农村基层党组织根基,发挥农村基层党组织在乡村事业发展中的领导核心作用,为乡村振兴提供坚强的组织保障。先后被评为"四川省先进基层党组织""四好新村""四川省乡村治理示范村""绵阳市基层党建'3+2'书记项目AAAA示范党组织"。

一 基本做法

(一)锤炼"领头雁",示范带动促振兴

注重基层党建工作,强化组织队伍战斗力、凝聚力,示范带动乡村振兴工作稳步发展。抓住全市实施"源头培养"工程契机,选优配强基层党组织"领头雁",实行"一肩挑",在产业发展、凝心聚力、环境改善等工作中发挥"带头人"作用;按照"德才兼备、以德为先、致富能力强"的用人标准,注重从大学毕业生、致富能手、退役军人等群体中,通过"两推一选"等方式充实到村干部队伍中。全村两委平均年龄43.8岁,班子成员均为大专及以上学历,村两委班子战斗力显著增强;注重加强党员干部教育管理,坚持"三会一课"等党内组织生活制度,坚持"引进来"与"送

出去"相结合,不断提升党员党性修养,使他们在乡村振兴和凝心聚力等方面大显身手。

(二)锻造"主阵地",筑牢堡垒促振兴

以组织阵地建设为重点,对标标准化规范化建设,将村级活动阵地建在居民聚集点上,依托村级活动阵地建设"党群红色家园""廉政家园",密切干群关系,集聚发展活力。统筹推进高棚村"党群红色家园"中的办公室、党群活动室、老年人服务站、文体活动室、便民服务室、法律咨询室、广播室等功能室的规范化建设;充分发挥阵地保障作用,专门设置"党员议事厅",专供党员们商议集体经济收支情况和解决纠纷矛盾等事宜;以"红色党建"为基调,打造独具特色的党建文化阶梯,设置道德模范公示栏、组织建设公示栏、村级三务公开栏,让阵地的"空白墙"变"党建墙""红色墙",营造"处处是红色,时时受教育"的浓厚氛围;统筹利用"农科院所、农技推广机构、农民夜校"等力量,开展农产种植新方法、新技术的培训推广,大力培育与二三产业从业人员类同的新型职业农民。

(三)填满"能量仓",党建赋能促振兴

村两委坚持把发展壮大村级集体经济作为关键。一是变"废"为"宝"。盘活村级闲置资产,利用原新景村闲置村级办公场所,新建500平方米蔬菜田间交易市场、1000平方米蔬菜分拣中心和700吨气调库,把"资源变资产"的巨大潜力挖掘出来。二是主动争取。利用区位优势和政策机遇,于2014年争取到以高棚村为核心的省级城乡统筹示范区项目。落地实施了"大地飞歌·田园文旅综合体"项目,建起狂欢小镇、冒险岛水世界、我的王国童话森林公园等文旅项目,实施"三变"改革,通过"村集体+企业+农户"的利益链接方式,农民手里的土地转变成资产,村集体资金转变成股金,农户转变成股东。三是合理分配。探索以"摊位租赁+管理金"方式为集体经济创收。利用村级建制调整改革契机,选优配强两委班子,

牵头成立蔬菜农民专业合作社，探索实施"六统一分"机制（统一规划、统一农资、统一标准、统一监测、统一品牌、统一销售，分户生产），引进社会资本，构建集体经济组织、社会资本、成员"622"分红模式。

（四）优化"服务网"，牢记宗旨促振兴

以规章制度为抓手，先后制定《便民服务限时办结制度》《规范化服务制度》《便民服务一次性告知制度》等，推进便民服务标准化、规范化。以"便民、高效、廉洁、规范"为宗旨，发挥党员的模范带头作用，融合志愿服务，着力打造出一支"高效、暖心、标准"的便民服务队伍。为及时、准确、全面了解村民的需求，工作人员定期入户摸排，坚持每月走访全村"三类"人员（低保人员、病重人员、伤残人员），及时记录村民的困难和需求，并将相关人员纳入低保、特困人员救助名单。针对村民的实际情况，积极宣讲党的惠民政策，普及就业、医保、养老、征兵、生育等各项政策，让党和国家政策更加深入人心。深入实施文化惠民工程，切实发挥文化设施便民服务作用，以群众需求为导向，创新思路，多措并举，积极开展党的二十大精神宣讲、民法典课堂、民俗展演、文艺会演等活动，不断满足人民群众的精神文化需求，切实提升群众文化生活获得感、满意度。

二、主要成效

（一）组织建设深化，"游击兵"渐变"先锋队"

通过选优配强班子力量，高棚村切实发挥基层党组织的凝心聚力作用，建起党群共用的"党群红色家园"。更重要的是，通过"领头雁"作用的发挥，高棚村逐步探索出乡村发展的新路子，带领村民在高棚这方热土上绘就了一幅崭新的画卷，用看得见的成绩将绵阳市"源头培养"工程落到实处。2021年，高棚村党委被四川省委评为"四川省先进基层党组织"；高棚

村党组织书记崔兴江除当选为四川省第十四届人大代表外，还先后被评为全国优秀社区工作者、四川省级乡村振兴担当作为好支书、全国农业农村劳动模范、四川省第二批返乡入乡创业明星。

（二）活动阵地实化，"小阵地"嬗变"大磁场"

通过强有力的措施切实提升村级活动阵地，不仅激发了高棚村党员干部干事创业的热情，也提高了群众参与民主管理的积极性。党建文化元素的增添提升了党建工作的文化内涵，增强了党建工作的直观性、教育性和指导性。从活动阵地打造以来，高棚村在"党群红色家园"开展学习贯彻党的二十大精神等主题宣讲30余次，迎接省内省外调研、参观、学习多达700余次，为其他地区党群一体共建提供了"高棚经验"。

（三）集体经济强化，"穷一时"蝶变"富一世"

高棚村两委特别注重转变思维、更新观念，着力在产业融合上想办法、找路子，在闲置资产利用、集体经济壮大、创新工作机制上下功夫。不断优化产业布局，做强产业规模，将原高棚村、新景村、石梯村各具特色的蔬菜特色产业、农旅融合体验农业、旅游发展产业相互渗透，融合发展。将家庭剩余劳动力转移到旅游发展产业上，留住了地方产业，也让村民在家门口就实现了腰包鼓起来。原三个村的融合度大大提升，产业发展进一步增强，集体经济进一步壮大。2023年高棚村的集体经济收益达到88.68万元。

（四）为民服务细化，"面对面"蜕变"点对点"

高棚村更加注重为民服务的精细度，通过村民代表大会、组织生活会、电话访问、入户走访、微信联系等，多渠道收集群众反映的急难愁盼问题。变"等着上门"为"主动上门"，深入小组、深入地头、深入农户，以通俗易懂的话语与群众拉家常、办业务、记需求、听建议，通过村两委的努力，建立村级产业发展、民生项目等多方面需求和建议台账，为特殊户（有需求、有困难）也建立了档案。自台账和档案建立以来，共为村民解决民生实事1000余件，村民满意度高达100%。由于为民服务到位，高棚村近5年来实现"零信访"。

三 经验与启示

（一）选优配强队伍，握牢振兴之"舵"

乡村振兴各项政策，最终要靠农村基层党组织来落实，要靠一支敢做善为的强有力干部队伍来抓。乡村振兴干部队伍是乡村振兴工作的直接推动者、组织者、实践者，是推动党的"三农"政策落地生根的中坚力量。高棚村振兴的密码之一无疑在于选了一位好书记，建了一支好队伍，以村党组织书记致富领头人的"头雁效应"，联动建立起一系列选人用人育人机制，优化干部队伍年龄、经验、学历结构，强化党员干部教育管理，激发党员干部齐心协力谋发展的示范引领活力，营造了"头雁带飞、群雁协同"的浓厚氛围，以党建引领凝聚起强大合力，真正做到选优配强了一支懂农业、爱农村、爱农民的"一懂两爱"工作队伍，牢牢把稳了高棚村奔赴振兴之路的"方向舵"。

（二）发挥阵地效能，把好振兴之"楫"

村级阵地建设是基层党建工作的重要平台和载体，是凝聚党员、联系群众的主窗口，直接影响着基层党组织的吸引力和影响力。高棚村围绕"党建阵地、服务平台、活动中心、红色文化、民主协商"等中心功能，将党群活动、廉政教育、议事协商、服务群众等融为一体，打造出一批特色鲜明的党建工作和服务平台，实现党建引领全覆盖，为组织活动的开展提供更加规范的组织阵地和业务指导条件。高棚村抓党建、搭平台，围绕村党支部这一核心阵地,聚焦党建工作,坚持建管并重、管用结合,不断深化农村基层党组织外延,拓展了一系列阵地功能,让村级活动场所"活"起来、阵地建设"强"起来,从而有效推进基层党建工作落实落细,为乡村振兴赋能增效。

(三)聚焦党建赋能,扬起振兴之"帆"

乡村振兴战略的实施离不开党的领导,必须深刻领会乡村振兴战略的重大现实意义,坚持把党建引领作为推动乡村振兴的"红色引擎"。高棚村两委充分发挥基层党组织的引领示范作用,将发展壮大村级集体经济作为党建引领发展的重要任务,从建强领导班子、带好党员队伍、加强纪律约束入手,因势利导,带头挖掘本土资源发展"潜能",在充分发挥基层党组织的领导核心作用基础上,不断培育壮大村级集体经济主导产业,带领群众找到了一条致富路。通过发展特色种养、搞土地流转、成立合作社、探索农文旅融合发展路径等一系列举措,构建起党建引领乡村振兴新模式。推动乡村振兴,必须坚持党支部在乡村振兴中的主导地位,发挥党支部的领导作用。高棚村的发展壮大,得益于村党支部强有力的领导,受益于党员干部队伍的示范带动,这成为所有高棚人的共识。

(四)建好服务体系,蓄稳振兴之"水"

实施乡村振兴战略的根本目的就在于更好地为人民群众服务,乡村振兴的出发点是为民,落脚点也是为民,人民群众是乡村振兴的主体,要始终坚持以人民为中心的根本立场,紧扣民生福祉,防返贫、强帮扶、抓发展、促振兴,着力提升乡村振兴的"温度",进一步增强基层群众实实在在的获得感。高棚村充分践行了以人民为中心的振兴理念,以抓党建、促发展为行动思路,将乡村振兴与乡村治理紧密结合,围绕便民服务、理论教育、厚植文化等方面织密为民服务的网格,党员干部主动深入乡村田间地头,及时解决人民群众急难愁盼问题。通过党建引领、党员示范,高棚村构建起了党组织领导的乡村服务治理体系,让农村既充满活力又稳定有序。高棚村的实践成果充分论证了,只有以人民为中心,才能不断提升人民的获得感、幸福感,才能在乡村振兴的征程上开创美好的未来。

案例来源:三台县立新镇高棚村

执笔人:中共三台县委党校 赖 秀 戴 强

石椅村充分发挥党建优势助力乡村振兴

　　石椅村又称石椅羌寨，因境内有一把天然石椅而得名，位于北川县曲山镇的高山之上，被誉为"云朵上的羌寨"。全村面积3.5平方公里，辖3个村民小组、104户、351人，羌族人口占比60%。近年来，该村充分发挥支部引领、党员示范作用，深植群众需要、深挖文化内涵、深耕特色产业、深化发展成果，开发羌族民俗体验、水果采摘、茶文化研学等7类旅游项目，形成了集观光、体验、康养于一体的农文旅融合的民族村寨发展模式，成功摆脱了过去"通信基本靠吼，交通基本靠走，闲钱基本没有"的贫困局面，走出了一条党建领村、发展强村、文化兴村、产业富村的乡村振兴之路。先后获得"全国一村一品示范村""全国文明村""四川省首批乡村治理示范村"等国家级荣誉9项、省级荣誉19项。2023年1月18日，习近平总书记视频连线慰问石椅村干部群众，肯定了石椅村乡村振兴的成果，并称赞道，"新时代的乡村振兴，要把特色农产品和乡村旅游搞好，你们是一个很好的样子"。

一　基本做法

（一）坚持支部引领，彰显为民本色

　　石椅村党支部始终围绕群众现实需要，一届领着一届干、一届接着一届干，充分发挥党支部的"领头羊"作用，不断凝聚思想合力、增强带动

能力、汇聚发展效力。21世纪初期，为解决群众出行难、农产品"走"不出去等问题，村党支部带领群众靠肩挑背扛在悬崖绝壁上开辟出一条3公里的通村路，石椅村"抬头看得见，抬脚走半天""有女莫嫁石椅山，天晴下雨路不干"的历史被改写。"5·12"汶川特大地震灾后重建期间，为保障群众基本生活，支部党员干部冒着余震危险带领群众查找水源、抢通道路，迅速开展灾后重建，通过政府补助、群众投工投劳筹资、企业投资等多渠道发力，完善5公里村道建设、104户农房提升、600米游步道建设等项目，为产业发展奠定了良好的基础设施保障。在村党支部的坚强领导下，石椅村逐步实现了从先富带动后富，从单打独斗到抱团发展，从提高群众物质生活水平到物质文明与精神文明共同发展的历史跨越。进入新时代，为不断满足群众对美好生活的向往，村党支部借力茶果品质优势、羌族文化特色优势，自发组成志愿服务队，免费提供高山水果种植技术、组织群众外出考察乡村旅游新业态；成立民宿党支部，让支部引领"农家乐"转型升级；邀请专家对特色产品进行包装、销售指导；积极提供贷款、税收等政策信息，让石椅村乡村振兴的思路更清晰、理念更科学、道路更畅通。

（二）坚持党员先行，擦亮忠诚成色

基层党组织是群众致富领路人，村社书记、第一书记和农村工作指导员则是基层党组织的领头雁。20世纪90年代，为解决群众增收需要，村党支部大胆引入李子、枇杷、茶叶等适合高山环境的经济作物，支部委员带头种植，从而打消了群众的疑虑。进入新时代，石椅村坚持党员先行，党员率先种植经济作物、率先开办"农家乐"、率先引入现代管理理念，并通过坝坝会议、集中培训、上门服务等方式示范带动群众由作壁上观的场边观众转变为披挂上阵的场上队员。坚持抱团发展，成立水果专业合作社，引入职业经理人来打造、包装、运营，统一技术指导、统一宣传、统一销售、统一盈利分红。坚持五事联办，着力营造大事共议、实事共办、要事共决、急事共商、难事共解的治理格局，推动了产业发展由"分"到"合"、

资源配置由"散"到"聚"的转变，形成了"人人关心乡村振兴、人人支持乡村振兴、人人参与乡村振兴"的发展局面。此外，通过开展"生产互助、困难互帮、文化互学"活动，形成"比、学、赶、超"的发展氛围；通过门前"五包"、"星级文明户"评选、公示栏曝光等方式，树立文明乡风民俗；通过农民夜校、法律讲座、法治电影、法治文艺表演等方式提高群众法治意识；通过自编感恩教材，定期开展"最美身边人""做兰辉式好干部，做兰辉式北川人"等活动，培养群众"知恩感恩报恩"情怀，将感恩之心内化为道德品质，转化为发展动力。

（三）坚持文化筑基，彰显乡村底色

以"厚植乡土文明、传承羌族文化"为载体，加强对羌族文化的保护和利用、非遗文化的传承和转化、特色文化的打造和升级。在羌族文化保护和利用方面，石椅村仍完整保留着羌族传统寨门、碉楼、祭祀台等羌族特色物态，村民们也保持了着羌服、唱羌歌、跳羌舞、献羌红、喝咂酒、敲皮鼓、庆羌年等民族习俗。此外还通过开展羌族体育"古斯都"竞技展示、瓦尔俄足节等22个民俗活动，推出《石椅传说》《羌山情歌》等一批文艺作品为游客提供丰富的羌族文化体验。在非遗文化传承和转化方面，积极探索"非遗＋"多元融合的发展路径，引进国家级"羌绣"传承人陈云珍、省级"羌年"传承人母广元、市级草编传承人黄强等民间艺人在村内开办工作室，常态化开展非遗技艺培训，研究、展示、传播羌族文化，推广、宣传非遗产品。在特色文化打造和升级方面，村党支部充分发挥群众主观能动性，激发留守妇女、文艺爱好者的"才华"，将感恩文化、家风文化等特色文化融入自编歌舞剧、小品、相声等节目中，不但挖掘和宣传了石椅特色文化，也丰富了游客的文化体验。

（四）坚持农旅融合，突出产业特色

充分利用高海拔农特产品错峰上市的价格优势，大力发展水果、茶叶

种植，建成特色枇杷、苔子茶、桐子李等基地2000余亩。采取"专业合作社＋农户"模式，严格遵守无公害作物种植规范，注册"羌山绿宝"商标，形成品牌效应，农产品年销售量达4.5万吨，年收益达500余万元。通过成立拿巴日格旅游专业合作社，做优"生态农业＋旅游"，做强"非遗展示＋旅游"，做活"文化活动＋旅游"。定期开展茶桑、果蔬采摘活动，打造出梅花节、枇杷节、李子节、年猪节等10个农旅品牌，提高农产品附加值，增强乡村旅游体验感；引进炒茶、羌绣、羌族草编、羌族水磨漆、古羌果酒等业态，通过开放生产车间，向游客提供羌文化体验，增强乡村旅游的趣味性；围绕羌绣、羌族草编等开发出4大类25种文创产品，延长文化产业链条，传播推广羌族文化；开发出"进羌寨、住羌居、品羌宴、赏羌舞"等旅游产品，常态化开展舞龙巡寨民俗展演、羌族祭山会等文化活动，将自然生态、民俗文化和旅游开发有机结合起来，推动休闲、康养等产业与文旅深度融合，增强乡村旅游的附加值。

二 主要成效

（一）支部凝聚力战斗力显著提升

石椅村党支部几十年如一日坚守初心使命，肩负"拔穷根、摘穷帽、变穷貌"的使命，一届干给一届看，一届接着一届干，促进了班子和睦、干群和谐，形成了强大的组织合力、思想合力、发展合力。村党支部多次荣获"优秀基层党组织"称号，5名共产党员先后受到中央及省、市表彰。在村党支部的带动引领下，石椅村逐渐从"有女莫嫁"蝶变成"全国最美"，从传统落后的农业村蜕变为独具特色的农文旅融合发展村，群众的幸福感、获得感、安全感不断提升，群众对支部的领导更加拥护，对支部的决策更加支持。

（二）羌民族文化名片擦得更亮

通过引进"羌年"省级非遗传承人母广元对羌族文化进行抢救，先后收集、编著了《羌山情歌》《大山深处鸣羌音》《漫游羌山探石椅》等作品，用诗歌、说唱、舞蹈等游客喜闻乐见的形式传播羌族文化，有力助推了石椅村旅游发展。通过大力推动"羌绣""羌笛"申报国家级非遗代表性项目名录，发展各级非遗代表性传承人6名，成功申报"羌绣"（国家级）、"羌笛"（国家级）等非遗项目3项。2023年，石椅村非遗产品销售突破1万件，羌族文化得到了进一步挖掘、宣传和推广。游客通过参与进寨仪式、吃羌宴、喝咂酒、跳萨朗等娱乐节目及体验羌绣、草编等非遗项目，领略羌族文化，而群众通过羌族文化增收致富，更加坚定文化自信，由此，形成了挖掘、传播、利用羌族文化的良性循环。

（三）农旅融合发展模式日益成熟

石椅村平均每户拥有近15亩优质果园，并全部通过了省无公害水果生产示范基地认证，品种优良的李子、枇杷等水果深受市场欢迎。而多姿多彩的羌族文化为石椅村增加了更多核心竞争力。当果茶成熟或逢年过节的时候，人们会不约而同来到这里尝鲜赏景、体验羌族文化，石椅村为越来越多的人所熟悉、所认可。2023年，石椅村游客量达到40多万人次，旅游收入超过5000万元，石椅村民在家门口实现了就业增收。事实已经证明，石椅村找到了一条符合实际的农文旅融合发展模式，这种模式也将继续指引石椅村今后的发展。

（四）示范带动作用更加凸显

为打破村域壁垒，实现相邻地域的产业相辅、优势互补，在曲山镇党委的指导下，成立了"以石椅村为核心，周边六村一社区为重点"的乡村振兴党总支，由曲山镇领导班子成员兼任总支书记，下设农业产业支部、民宿产业支部、在外人才支部、人居环境支部、羌文化支部，组建发展联盟，建立议事协调机制，成立片区建设执行专班，制定、落实片区发展规划，周边地区共享石椅村乡村振兴发展成果正在成为现实。

三 经验与启示

（一）党的坚强领导是乡村振兴的前提

"火车跑得快，全靠车头带。"远在深山的石椅村成为远近闻名的网红打卡地，实现了脱贫攻坚"华丽转身"，正从乡村振兴"蓄势待发"向共同富裕"先行样板"阔步迈进。可以说，石椅村翻天覆地的变化是全国乡村发展的一个缩影，这一切都得益于党的坚强领导。党的基层组织作为党联系群众的桥梁和纽带，是党的全部工作和战斗力的基础，必须选好配强政治过硬、业务精湛、敢于担当、作风正派的村党支部书记和委员。石椅村的"逆袭"让更多贫困山村看到了希望，也从石椅村的"蝶变"得出重要启示——要高度重视、充分发挥基层党组织的"红色引擎"作用，这种作用体现在支部委员会成员的选择、配备、培养和使用上；体现在贯彻执行党的路线方针政策、组织群众、宣传群众、凝聚群众、服务群众等能力上；体现在对本村人口、资源、文化等多方面的了解，对发展的优势与不足的洞察，结合本地实际的发展远见上；体现在村党支部"敢扛事，愿做事，能干事"的引领带动作用上；体现在村党支部善于用发展的思路和有效的办法来解决乡村振兴的痛点难点堵点上。一届又一届石椅村党支部带领群众依靠对羌族文化和青山绿水的科学开发，依靠石椅人的自强不息、艰苦奋斗，依靠有效整合各方力量走上了乡村振兴的快车道。

（二）文化铸魂是乡村振兴的根基

随着物质生活条件的不断提升，村党支部与时俱进地看到群众已经不再满足于基本的生存条件和物质需求，他们开始追求更加舒适、和谐的人居环境，更加科学、多元的增收途径，致富奔小康的想法愈发强烈。村党支部创造性地把群众对美好生活的向往与"羌族文化"资源和农产品资源的开发相结合，坚持用文化建设带动产业发展，用文化建设提升村民素质，提升乡村振兴成效。他们注重挖掘羌族文化，加强羌歌羌舞、羌绣羌语等羌族传统文化的研习，这是传承羌族文化的必然选择，也是打造特色乡村旅游的必由之路。他们注重弘扬感恩文化，通过感恩教育，让"知恩感恩报恩"情怀扎根全体村民思想中，内化为道德品质，转化为发展动力。他们还构建了特有的石椅文化，通过村党支部战斗堡垒作用的发挥，形成"人心齐，泰山移"的思想氛围；村民利用农闲时间共同学习经济、文化、法律等知识，提升综合素质。村党支部始终坚持用文化吸引人、用文化感染人、用文化带动人、用文化凝聚人，从而最大限度地发挥人的主观能动作用。

（三）产业兴旺是乡村振兴的关键

有资源不代表有产品，有产品不代表有产业，有产业不代表能产生效益。因此，把资源转化成经济效益，需要经历特色资源转化为特色产品、特色产品形成特色优势产业、特色优势产业转化成经济效益等多重环节。石椅村依托优美生态环境、厚重民俗文化和茶叶果蔬基地因地制宜，大力实施农文旅结合战略，加强旅游与林业（花果）、休闲等相关产业的联动。突出了旅游业与农业、林业、文化的有机融合，在产业结合处找到了突破点，提升了农副产品附加值。引进专业文化旅游公司开发乡村旅游，村党支部牵头组建以农民为主体的旅游专业合作社和水果专业合作社，采取"公司＋合作社＋农户"的模式进行市场化运作，壮大了实体经济，有效降低了单打独斗的市场风险，调动了农民投资兴业的积极性。

（四）生活美好是乡村振兴的目标

让农业更强、农村更美、农民更富是乡村振兴的美好愿景。石椅村党支部始终坚持以人民为中心的发展思想，聚焦群众急难愁盼问题精准施策，坚持规划先行，一张蓝图绘到底，充分发挥村党支部战斗堡垒作用和党员先锋模范作用，坚持"人民对美好生活的向往就是我们的奋斗目标"，通过支部领路、党员带头、干部示范，形成了"心往一处想，劲往一处使"的发展局面，建成了"人人有责、人人尽责、人人享有"的乡村振兴共同体。值得注意的是，基层党组织要团结带领群众积极投身家园建设，形成推动乡村振兴的强大合力，但是带领不等于包办、抓总不等于包揽、统筹不等于代替。基层党组织要领悟好、宣传好、实施好党的政策，但也要听取群众合理的意见建议，及时解答群众的疑难困惑；党员干部要在乡村振兴中发挥主导作用，但也要充分尊重和发挥群众的主体作用，人民群众是历史的创造者，要始终坚持"一切为了群众、一切依靠群众，从群众中来、到群众中去"的群众路线，充分调动群众的积极性、主动性和创造性，激发群众发展的内生动力，有效提升乡村振兴的成效。

案例来源：北川县曲山镇石椅村

执笔人：中共绵阳市委党校　张丽君

高村乡党建引领开辟乡村蝶变"新天地"

高村乡地处平武县东部，面积181.3平方公里，辖5个行政村、1个居民小组，有30个村民小组、2150户、6116人，素有平武"鱼米之乡""平武粮仓"之称。近年来，该乡依托自身独特生态资源优势，在建强组织堡垒、强化基层自治、创新产业融合等方面齐驱并进，立足"一村一品质、一村一产业"，深耕乡村振兴"试验田"，开辟了乡村发展蝶变"新天地"。先后荣获"第五届四川省文明乡镇""绵阳市实施乡村振兴战略先进乡镇""四川省首批省级乡村文化振兴样板村镇""2023年度四川省乡村振兴先进乡镇"等称号。全乡已有大兴、福寿、民主3个村荣获"四川省乡村振兴示范村"称号。

一 基本做法

（一）聚焦强基固本，厚培乡村振兴牵引力

1.建强组织堡垒，增强引领能力

一是抓严抓实党支部建设。每个党组织都实行"党建＋网格"模式，由村支部书记为群主建立"村党员工作交流"微信群，建立"网上例会"制度，支部书记每周通过微信群与全体党员开展线上交流，及时掌握思想学习情况，拓宽党建工作网络阵地。二是抓严抓实干部队伍建设。坚持调查摸底先行，成立6个研判组，对村（社区）两委班子运行及成员现实表现

等情况进行综合研判；严格开展村（社区）干部经济责任审计，确保村（社区）实现书记、主任"一肩挑"比例100%。三是规范党群服务中心。规范实行1个乡（镇）级、6个村（社区）级党群服务中心亲民化改造，撤并村全部建立党群服务分中心；建立村级代办点"全岗通"服务机制，鼓励推行坐班值班、预约上门等服务。强化运用QQ、微信等信息化手段拓展服务方式，持续提升服务党群和群众的能力。

2.多维培育提能，激发内生动力

一是强化学习教育。充分运用基层党校、农民夜校、远程教育，深入推进学习教育常态化制度化，持续加强干部队伍思想政治建设，把牢正确政治方向。二是抓严抓实党员教育管理。依托微信、微博、"学习强国"等新媒体平台，加强党员教育培训，制定村（社区）党组织"全面达标＋示范引领"双驱动工作机制，落实党员积分制，实行党内外"双评议"机制，对民主评议不合格以及党员积分低于50分的，设置6个月"整改期"，提高党员队伍的整体素质和服务群众的本领。三是建立帮带机制。建立"1＋N"（"1"代表党员，"N"代表联系农户）党员联户制度，每月至少入户走访联系群众1次，实现直接联系党员群众、收集整理社情民意、及时反馈合理诉求、协调解决矛盾纠纷、推动精神文明建设、团结带领党员群众。

3.突出问题导向，补齐发展短板

一是整治非公企业党组织"空转"问题。针对一些"两新"组织牌子空挂、机构空设、人员空缺、工作空转的现象，采取指派1名党委班子成员为党建指导员、1名中层干部为"第一书记"联系指导党建工作，提高全乡"两新"党组织党建工作水平。二是整治部分村组干部不作为问题。建立村（社区）党组织底线管理制度，每月进行底线考评，在党员大会上通报，并在党务公开栏、"红黑榜"上公布；探索考评结果与干部薪酬绩效挂钩，提高村组干部干事创业的积极性。三是整治村务监督"流于形式"问题。制定《村务监督委员会建设工作办法》，重点明确监督职责、监督环节、工作制度、年终考核等内容，推进村务监督委员会法治化、制度化和规范化。

（二）筑牢善治之基，激活乡村振兴驱动力

1. 推动公示公开，创建"阳光乡村"

一是全面完善制度基石。严格落实"三务"公开时间、形式、内容、程序、监督五位一体，强化乡党委班子成员包片、驻村干部包村、各站办指导，做到村级事务底数清、情况明，确保"三务"公开工作取得实效。对村（社区）干部进行任期和离任经济责任审计，进一步提高基层干部依法用权、阳光用权意识。二是全面规范公开内容。充分把握"三务"公开内容针对性、时效性，及时公开村（社区）干部经责审计结果、为民办理服务事项等涉及村民切身利益的重大事项。创新结合运用QQ、微信、公开栏、公开墙，突破传统公示地域、时空限制，提升公开覆盖面。三是全面完善监督体系。建立乡党委和政府、村两委、党员代表、群众多方参与监督体系，定期和不定期抽查"三务"公开情况，做到底数清、情况明、透明化，切实保障村居党员群众权利。

2. 厘清待办事项，构建"便民乡村"

一是统一代办事项。按照党员服务、社会服务、农村经济、综合治理4种类型分类融合村级代办事项27项，明确村代办点工作任务，及时公开公示，做到对群众有求必应。乡镇业务股室定期开展低保、大病救助、养老保险、涉农保险等专项培训，提高代办员业务能力。二是统一阵地制度。落实被合并村原村委会驻地为村级代办点，悬挂门牌，设置电话，做到让群众"有处可找"。严格执行首问责任制和"一次性"告知原则。落实代办点流动值班制度、代办员轮流坐班制度，与村干部绩效工资、评先评优、年终考核奖励挂钩兑现奖惩。三是统一服务流程。统一优化设置受理、承办、反馈、建档4个代办服务流程，做到有章可循，规范代办。对于在村级代办点能办结的事项即时办结，一时无法办结的事项协办转办，并跟踪转办事项进程。创新开展"集中＋上门"代办服务，实行"上门代办"工作制度，铺实乡村善治之路。

3.搭建微信平台，共建"和谐乡村"

一是构建信息共享机制。按照"一村一群""一户一人"的原则，分村（社区）建立"村（居）民自治微信群"，形成"网络大家庭"，村（社区）党支部书记、主任担任"家长"，乡镇包片领导、驻村干部、驻村农技员等实名入群。依托微信打破时空限制，采取"及时＋定期"方式，将村发生的大事、要事，群众较为关心、涉及群众切身利益的相关事项在群内公告，有效推动干群共治共享。二是健全民主协商机制。通过群公告提前将村需议事宜放至微信，让群众有充分时间进行线上实时和延时商议，商议结果在群内进行公告，充分保障群众对村级事务的参与权、知情权，广开思路、建言献策，形成共识。三是建立限时办结机制。各村建立微信群工作台账，"家长"及时根据群众微信诉求，在线办理或转交上报。乡政府适时进行办结情况督查。村（居）民微信群已经成为群众了解政策、监督村务、信访举报的重要平台，基层自治的良好模式逐渐形成。

（三）赋能业态创新，积蓄乡村振兴爆发力

1.打造"研学教育"生态体验新基地

一是打造生态线路。开发生态体验线路7条。联合桃花源基金会，开展自然教育生态导赏员试点，宣传讲述保护大熊猫故事，传播国家公园的核心理念。二是打造实践基地。针对学生、亲子游等群体分级分类研发"二十四节气·诗意农耕"等自然教育课程，启动大熊猫国家公园访客中心二期生态体验项目。拟建设半程马拉松赛道、攀岩基地、山地户外营地。三是打造中药体系。联动成都中医药大学、四川医专等中医药高校和机构，开展平武道地药材种植培育、中医药药材种植管理研学、中医药材研发应用等活动。

2.创新"民宿＋产业"融合发展新模式

一是带活产品销售。推进"民宿＋餐饮＋采摘""民宿＋景区"等多种发展模式，探索"民宿＋绿色订单农业"模式，带动本地农副产品销售。

培育支持弘安农业、润生众品、福兴石材等本土品牌，将精品车厘子、黄金木耳等纳入区域公共品牌旗下，结合果小酒生产运营，形成老河沟三产联动新格局。二是用活乡村经济。以民宿"点"带动全村"面"的整体提升，探索"未来乡村"建设。连续5年举办车厘子采摘节和首届农民运动会，建设2处"熊猫田园"主题微农场，1处融入熊猫元素、融合地方特色的美食手作坊和约12公里的熊猫主题互动式体验型步道，开展熊猫稻田打卡、稻田抓鱼农事体验、村民文化表演等活动。三是激活就业热情。探索"1＋1＋N"联农致富模式，利用民宿带动群众改造乡宿。首创组建生态导赏员队伍，采取"持证上岗＋订单服务＋积分管理"模式管理和使用生态导赏员队伍。举办"明星厨校＋家政业务"技能、民宿管家主题等系列培训班，带动周边群众就地就近务工。

3. 探索"三区共建"乡村发展新模式

一是建设产业园区。依托地方资源优势和高速通车区位优势，打造中药材、车厘子、"大红公鸡＋雷竹"等产业园，形成"一村一品、一村一园"发展格局。二是建设田园景区。融入自然打造项目参观体验，结合大地景观、老河沟AAA级景区等建设田园景区，不断丰富田园景区内容，建设稻花鱼田、熊猫生态步道等特色游玩设施。三是建设新型社区。依托信息技术、5G通信、物联网等新技术新应用，布局乡村智慧管理、智慧农业、智慧体验、基础设施数字化转型等项目，提升改造大熊猫导视系统，通过"民宿＋"立体产业带动未来乡村同步发展，助推民主、福寿未来乡村建设示范区融入大熊猫国家公园入口社区建设。

二 主要成效

（一）基层党组织的凝聚力、向心力、战斗力得到极大增强

通过规范阵地、强化学习、实施帮带等举措，立足党支部建设、强化

干部队伍、抓牢党员教育等基础，创新开展突出问题整治等，帮助党员群众在思想上解惑、精神上解忧、文化上解渴、心理上解压，实现了把党员组织起来、把人才凝聚起来、把群众动员起来、把思想和行动统一起来，以真诚赢得了干部群众的信任，党群服务中心成了服务群众的主阵地，基层党组织书记成了群众的贴心人，使得乡党委与政府干部、村社干部和群众之间相互理解、相互信任、相互支持、关系紧密，凝聚了乡村振兴的强大合力，激活了群众发展的内生动力。

（二）乡村治理的阳光度、便民度、和谐度得到极大提升

通过抓好"三务"公开、推行为民待办、建立微信平台等措施，不但有效发挥了群众的监督作用，而且增强了党务、村务、财务的透明度，让基层组织的工作在透明、阳光下运行得更加有效。大兴村党委书记寇明清讲："通过'三务'公开信息，村民们不光看到自己家的相关信息，还能看到其他农户家的信息，一个村子的村民，老王家5亩地补贴多少钱，老张家10亩地补贴多少钱，一目了然，做到了公开公平。""传统的公开方式，我们村民要走到村委会公开栏前才能看到公开信息，很不方便，有时也没有办法及时跟进，而且风吹日晒容易脱落，"五一村村民王开华说道，"相比传统的'橱窗式'公开形式，微信群看起来方便多了，随时都可以打开手机微信查看。"

（三）产业发展的认同感、幸福感、获得感得到极大呈现

在保护开发过程中，高村乡以生态理念进行资源整合规划，立足老河沟生态自然资源优势，以民宿产业带发展为中心，因地制宜以村发展特色产业，实现了高村乡老河沟流域生态种养定制、原种农业订单、道地中药材育种、高山有机水果采摘"四位一体"，产业融合、产业联动，5个村形成了"一村一品、一村一园"的产业发展格局。现已建成300余亩苹果产业园、800余亩车厘子产业园、包含300亩雷竹与2万羽红鸡的"大红公

鸡＋雷竹"产业园，"花间·伴山"等9个精品民宿运营见效，并成功举办四川省第三届自然教育周。"民宿走红后，吸纳了很多本村农民来当管家、服务员。"高村乡相关负责人介绍道。随着游客纷至沓来，原本在外打工的村民也积极回归，好风景成就了"好钱景"。2023年，高村乡实现地区生产总值1.75亿元，城镇常住居民人均可支配收入实现27431元，农村常住居民人均可支配收入实现14610元，群众的认同感、幸福感、获得感满满。

三 经验与启示

（一）农村基层党组织是推动乡村振兴的"定盘星"

推动乡村振兴，必须建强基层党组织，发挥基层党组织战斗堡垒和党员先锋模范作用。高村乡通过党建引领乡村振兴，用好党建考核"指挥棒"，纳入党支部书记述职评议考核，汇聚了群众的力量、解决了群众的难题，提升了群众获得感、幸福感、安全感，不断拓宽强村富民的发展路子。

（二）农民主体是推动实现乡村振兴的"主力军"

农民是乡村振兴的主要参与者和受益者，必须坚持把农民放在推动乡村振兴的"主力军"位置。高村乡多举措动员农民、组织农民，采纳民情、聚集民智、尊重民意，把农民满意度作为第一追求，工作受农民监督、成效由农民检验，让广大农民共享乡村振兴成果，让农民真切感受到乡村振兴所带来的实惠和好处，不断激活乡村振兴内生动力。

（三）改革创新是推动乡村振兴的"动力源"

改革创新是乡村全面振兴的重要支撑。推动乡村全面振兴关键在于改革创新，用好创新这把金钥匙，着力破解乡村振兴中的重点难点问题。高村乡通过大力推广"改革＋创新"模式，在产业融合发展过程中，破除体制机制弊端，激发农村各类要素的潜能和各类主体的活力，解决发展民宿用地"后顾之忧"，为高质量打造"研学教育"生态体验新基地，实现"民宿＋产业"融合发展，促进农村全面进步、乡村宜居宜业、农民富裕富足提供了"动力源"。

案例来源：平武县高村乡

执笔人：中共平武县委党校　罗进华

民主村打造盆周山区乡村振兴示范样板

平武县高村乡民主村，属平武县高村乡所辖，位于县城东部，距县城35公里。全村有4个村民小组，面积1931公顷，现有耕地1776亩、林地19950亩，现有农户282户、人口873人、劳动人口507人，有党员29人，村集体现有固定资产600余万元、农特产品产业收入42万元，村民人均可支配收入达2.42万元。近年来，该村围绕农村老龄化不断加快、田地无人耕种，一家一户分散耕种、农业种植效益低下，村集体无收入、基层党员凝聚力和战斗力不强等问题，创新工作思路举措，深入推行"农村土地资本股份制改革"试点，探索"党建＋村集体经济＋农户"模式，蹚出了一条盘活土地资源、做好生态文章、发展绿色财富、助力乡村振兴的新路子，打造了盆周山区乡村振兴示范样板。先后获"四川省四好村""绵阳市乡村振兴示范村""四川省乡村振兴示范村""四川省乡村治理示范村""全国民主法治示范村""2021年度绵阳市先进村党组织（AAAA）""四川省文明村镇"等荣誉称号。

一 基本做法

（一）实行村投融资，让资源"聚"起来

1. 成立村投企业聚资源

村党支部按照"资源变资本、资本化股本、三权变股权、农民变股民"

发展理念，立足农村发展实际，坚持以农民为主体、股份合作为纽带，大力探索村级投资企业发展模式，试点将耕地经营权入股产业合作社，创新整合土地资源搞产业的集体经济发展之路。2018年，村两委组织党员代表、村民代表商讨，成立了民主村"原乡原种农业专业合作社"，负责整合资源、组织生产、对接市场，由村集体流转村民1700余亩土地，走"村社一体，抱团发展"的道路。合作社成立后，民主村进一步整合村域资源，成立了村级投资企业，搭建投融平台、强化资产管理，实现金融互助、推动产业运营。

2. 健全治理机构聚人才

由党支部书记担任村投企业董事长和法定代表人。实行职业经理人制度，选聘4名有闯劲、善经营的年轻党员和优秀农民工党员负责经营管理，优化基层组织结构，提升公司管理团队专业素养。实行"党员联户""党员交叉定责"制度，发挥村党组织和企业互补优势，形成"本地党员懂产业、企业党员知民情"的良性互动，促进党建引领与产业富民深度融合。

3. 实现组织互联聚力量

民主村两委立足本地社会发展需要，由村投企业主动伸出橄榄枝，建立本地村民和外来企业、社会组织共同发展的融合共建机制，村两委团结带领入驻企业，发挥组织作用。在原民主村基础上，吸纳辖区内的西部自然基金会、北京绿十字生态文化传播中心、桃花源基金会等社会组织，实行企业与村集体、农户合作联营，构建起"公司＋合作社＋农户"利益联盟机制，发挥企业和村集体资源优势互补，增强村集体经济发展动力。

（二）确权量化入股，让土地"活"起来

1. 明晰资产权属

在以党组织为核心的"一核三会"（村党支部领导为核心，村民议事会决策、村民委员会执行、村务监督委员会监督）组织架构领导下，开展

"清资金、清资产、清资源"集中行动，盘清村集体经济发展"家底"，分类登记经营性资产、非经营性资产和资源性资产，为全村282户村民进行资产核查登记，以户为单位颁发集体经济组织成员证书。实行集体经济组织一个出口整合资源、一个平台统一经营、一个基金保障运作的发展模式，进一步实现集体经济集约化发展。

2. 土地入股经营

资产权属清晰后，村投公司对全村生产资源按照600元/股进行"股权量化"，村民以土地经营权入股（其中水田每亩1股、坡地每亩0.5股、撂荒地每亩0.25股），实现全村98%的土地资源入股"村投公司"。村投公司经营收益首先用于支付股民（村民）每年600元/股的保底收益，剩余收益部分的50%作为入股村民分红、村干部集体经济奖励，20%用于村上公共事务开销，10%作为管理运营经费，10%作为农资预留，10%存入老年协会互助资金进行分配。同时将部分土地资源集中流转给龙头企业或"返包"给懂技术、有能力的村民经营，进一步降低经营成本、增强市场竞争力。

3. 村民多重获利

村投公司成立以来，越来越多的村民自愿将土地经营权入股到村投企业经营，在获得600元/股保底收益的同时，还能以股东身份获得每年土地产出溢价红利分红，土地经营权入股的村民还可以到村投企业务工挣钱，实现"三次收益"。截至2024年，村投公司已与4家企业开展合作，建设五彩稻基地150亩、车厘子基地800亩，建设了蔬菜、中药材产业基地，累计为群众发放土地流转收益、经营分红、岗位工资等250余万元。入股了8亩土地的村民"股东"苏正银介绍说："每年可以拿到4800元的保底收益，今天又分到了480元的分红，平时还能去产业基地挣些务工费，在家门口就能赚到钱！"

（三）立足生态定制，让产品"亮"起来

1. 做优生态定制产品

村投公司依靠生态资源优势，推出健康、安全、无公害的农产品，为村集体经济增收拓宽了道路。发展原种定制订单农业示范基地2000亩，形成山脚河谷桑田原种有机农业、半山缓坡药园果园蜂园的立体农业产业带，精选培育蜂蜜、生猪、天麻、核桃、野菜等14类生态农业产品，积极打造"原种平武·桑田高村"生态品牌。利用"熊猫公社"订单农业计划、"淘实惠"农村电商、抖音、微信等新媒体传播平台，通过"定制＋电商"模式，在互联网上闯出了一条销路，找到了一批固定优质客户。截至2024年，村投公司已与桃花源基金会、北京"绿十字"等多家外地企业和个人用户签订生态种养订单，82户村民因此获利，年收益达150万元。

2. 推动村企抱团发展

打破村建制区域壁垒，采用跨村联建发展新模式，与集体经济体量小、资产少的福寿村建立"抱团发展"议事协调联席会机制，推动区域协调发展。引进省外专业技术人才党员汤庆安作为村两委后备干部参加换届选举，支持其成立平武县弘安农业有限公司，流转600亩土地建设有机生态车厘子产业园，引进福晨、福星、萨米特、美早等优质品种，年产量达5万斤，年产值近200万元。建立"企业＋村投＋基地"利益联结模式，争取中央、省级财政扶持壮大村集体经济项目，村投公司占股49%，弘安公司占股51%，有望实现集体经济收入突破1000万元、人均增收达到2万元，实现产业规模和村民收益最大化。

3. 深化农文旅产业融合

民主村两委请来专业机构量身定制了乡村旅游规划，将全村划分成了农业观光区、采摘体验区、民宿度假区和自然教育生态科普区，制定了民主村乡村振兴作战图。积极整合闲置宅基地、盘活集体建设用地等资源，引进全乡第一家精品民宿"花间·伴山"。随后"龙盘丫·溪语""桃花

驿""逸森麓野""柿子树""易曼·高村"等多家投资百万元千万元的精品民宿项目陆续落户，民主村成为新晋乡村旅游"网红打卡地"。2020年，村投公司把握商机、顺势而为，积极打造村集体经济自主经营的民宿品牌，投融资600余万元建成"农家河坝"精品民宿，预计年接待游客3000人次，收益达80万元，将成为村集体经济收入新的增长极。截至2024年底，民主村已建成8家精品民宿正式投入运营，"花间·伴山"已成为绵阳市唯一入选的"天府旅游名宿"。依托大熊猫国家公园建设，建成大熊猫国家公园访客中心和老河沟生态国际营地，组建专业教育团队开展各类人群自然教育，推行全域农文旅融合，形成多产融合和业态互补，建立多元生态价值转化新机制。

二 主要成效

（一）村容村貌变了模样，实现了"村美人和"

昔日的民主村，地处大山深处，沟壑纵横，交通闭塞，村民大多依靠传统种养业养家糊口，一直守着绿水青山受穷，低矮的小平房、崎岖的道路促使村里的年轻人纷纷外出打工讨生活，剩下几十个老弱妇孺留守大山，村子愈加凋敝，土地大面积撂荒。如今的民主村，宽阔的道路四通八达，基础设施得到极大改观，公共服务能力得到提升，座座楼房宽敞明亮，农户庭院漂亮美观，村庄整洁干净美丽，党群干群关系更密切了，党员村民之间更互助了，工作落实更顺畅了，人居环境更得以改善，乡风民风更加淳朴。行进在民主村，一个个产业基地里人声鼎沸，一幢幢精品民宿掩映在青山绿水间，一串串发展音符跃动在乡间田野上，越来越多的城里人前来感受山野田园的慢生活，"乡间慢生活"成了民主村的新名片，穷山窝摇身变成了乡村旅游"网红打卡地"，成了城里人心中向往的"诗和远方"。

（二）资源资产变废为宝，实现了"业兴家富"

如何才能甩掉"穷帽子"？这一直是摆在民主村村两委面前的难题。在村党支部带领下，村两委积极学习和深入思考，终于找到了盘活"沉睡"的土地资源正是村子发展的破题之策。村两委成立专业合作社和村投公司，整合村域资源，强力推进"资源变资本、资本化股本、三权变股权、农民变股民"的"四变"改革，探索整合土地资源发展村集体经济。通过推行农村土地资源资产整合和土地资本股份制改革，村投公司带动村民土地入股，让无劳动力村民的撂荒地900余亩得到了复耕，盘活了土地资源，实现了规模化、产业化经营，为村民提供了土地流转收益、经营分红、岗位工资等多种收入来源，拓宽了村民的增收渠道。引进企业提升改造农房和发展精品民宿，让村民的7亩闲置宅基地和7户农户废旧房屋资产得到了充分利用，增加了村民的经济收入，荒地里也能长出"摇钱树"，村民们的钱袋子鼓起来了，幸福指数大幅提升起来了，村民家家致富增收，实现了村集体经济从"无"到"有"再到"强"的华丽转变。

（三）绿色产业从有到壮，实现了"硕果满枝"

民主村转变了过去"靠山吃山、靠水吃水"的单一生存模式，依托自然资源和生态优势，通过建立"企业＋村投＋基地"利益联结模式，发展生态绿色农产品定制、乡村生态游旅等特色产业，推动村企抱团发展。平武县弘安农业有限公司总经理汤庆安说："车厘子产业基地已经吸纳了周边村社400多人到基地务工，车厘子预计3年后全部挂果，届时能够带动2000多名村民务工增加收入。"村党支部书记、村主任王先勇高兴地说："民主村绿色天然的土特产品也搭上'信息快车'，远销全国各地。""民主村精品民宿的建成，乡村旅游发展也更火热了，我们力争为游客提供游购娱学一条龙服务，把乡村旅游品牌做大做强！"大熊猫国家公园访客中心余营营讲道："老河沟生态国际营地建成，是中小学生体验'沉浸式自然教育'的绝佳课堂，前来进行自然教育的人越来越多，给当地带来了人气和更多经济收入。"恰逢自然教育的蓬勃发展，2023年3月16日，民主村迎来了党的二十大以来四川省自然领域首个全省性活动——2023四川自然教育工作推进会暨四川省第三届"自然教育周"启动仪式，活动更进一步推动了自然教育产业发展。看着村子发展越来越好，村里已有3人返乡创业，未来还会有更多的年轻人返乡创业。经过近年来的生态农特产品定制、乡村生态旅游、精品民宿集群发展、自然教育创办等，绿色产业发展从无到有，从有到不断壮大，民主村逐步实现了村集体经济壮大、群众持续增收的双赢新局面。

三 经验与启示

民主村以农村土地资本股份制改革为抓手，将村民手中的闲散土地入股合作社集中起来经营，实行"村投融资、确权量化、生态定制"的做法，探索出了一条农业稳定发展、产业走向生态、农民持续增收、集体经济增资的乡村振兴路，为破解"谁来种地、地怎么种，谁来护绿、绿怎么转"的难题提供了有益借鉴。

（一）必须坚持"党建引领、党员带动"

"农村要发展，农民要致富，关键靠支部。"从民主村的实践来看，村党组织的战斗堡垒筑得牢不牢，党员先锋作用发挥得好不好，直接关系全面推进乡村振兴能否在农村落地落实。民主村之所以农业专业合作社和村投公司能由村党支部领导创办，之所以村民的闲散土地能集中起来规模化经营并推行土地资本股份制改革顺利实现，之所以党员干部能获得村民的信任和认同、村民能积极参与到乡村日常事务中去，充分说明该村始终坚持以党建引领的推动力，村党组织具有极强的凝聚力和战斗力，实行"党员联户"，党员带头作表率发挥巨大作用。

（二）必须坚持"农民主体、人才第一"

农民是乡村振兴的中坚力量，人才是乡村振兴的关键。近年来，民主村在农村改革和产业发展中，始终坚持"农民主体、人才第一"，不仅激发农民参与的积极性、主动性、创造性，让农民成为主体，充分发挥蕴藏在农民群众中的创造伟力，而且激励各类人才大施所能、大展才华、大显身手，优化组织结构，选优配强专业化人才队伍，聘请省市农业农村局专业技术人员为种养殖技术顾问，积极与科研院所专家团队合作协同，与懂科技、善经营的社会组织合作联营，形成资源优势互补，加快科技信息成果转化，为农村改革和生态特色产业发展奠定了坚实基础。

（三）必须坚持"产业融合、持续增收"

农民增收既是千家万户的"小钱袋"，更是国计民生的大体现、发展水平的硬指标。近年来，民主村正是立足自身资源禀赋，以拓展农业多重功能，推动农业与休闲旅游、农事体验、饮食民俗、文化传承、健康养生等产业的嫁接融合，以树立绿色发展导向，推动精品民宿集群发展，推进"民宿+餐饮+采摘""民宿+景区+自然教育""民宿+绿色订单农业"等多种发展模式，形成"民宿+产业"深度融合，以做好"融合"文章来促进一二三产业提质增效，实现了农民持续致富增收、村集体经济持续发展壮大的华丽蝶变。民主村华丽蝶变的背后，正是从"靠山吃山"到"护山养山"的生动实践，探索之路充分证明：生态越美丽、产业越兴旺、村民越幸福，绿水青山就是老百姓脱贫奔小康的"坚实靠山"。

案例来源：平武县委组织部、平武县高村乡民主村

执笔人：中共平武县委党校　罗进华

产业兴旺编

习近平总书记在2022年中央农村工作会议上强调，产业振兴是乡村振兴的重中之重。2023年中央一号文件在部署全面推进乡村振兴重点任务中，突出强调产业振兴是乡村振兴重中之重，要落实产业帮扶政策。2024年中央一号文件鼓励各地因地制宜大力发展特色产业，支持打造乡土特色品牌。2025年中央一号文件强调着力壮大乡村富民产业，发展乡村特色产业，拓宽农民增收渠道。这些重大部署，深刻指明了新征程上抓好产业振兴的战略性和重要性，明确了全面推进乡村振兴的重点，意义重大。

柯城—北川东西部协作助力产业振兴

北川古名"石泉",位于四川盆地西北部,是华夏始祖大禹的诞生地、全国唯一的羌族自治县。全县总面积3083平方公里,辖9镇10乡,其中民族乡1个。有行政村202个,社区33个,总人口22.9万人。北川全境皆山,加上气候温和,雨量充沛,昼夜温差大,是茶叶、中羌药材和高山水果蔬菜的理想产区。但农特产品规模小、布局分散,产业链条短,加工流通能力不足,竞争优势不明显等长期制约着北川发展。2018年初,在国家东西部扶贫协作政策指引下,浙江省衢州市柯城区与北川按下了东西部协作的"启动键",同心共谱"山海情",通过"输血"与"造血"结合,"内生、外引、共销"并举,打通北川农特产品"生产、加工、销售"环节,推动北川农业产业"接二连三",打造了东西部协作助力山区乡村产业振兴新样板。结对以来,两地共同谋划全产业链发展,不仅在全省率先启动建设柯城—北川东西部协作产业园,获批国家首批以工代赈示范项目,还率先试点创建全国首个东西部"村播基地"。2019年,《牵产业"牛鼻子"打三产"组合拳"——北川—柯城探索全产业链扶贫协作新模式》入选"全国携手奔康行动会议案例";2020年,《"衢鲜森牵手羌妹子"——柯城—北川打造"共享+村播计划"赋能增收》入选"全国电商精准扶贫典型案例";2023年,《以工代赈+产业项目"跑"出乡村振兴加速度——四川省北川羌族自治县蓝莓产业示范园案例》入选"第四届全球减贫案例"。

一 基本做法

（一）产业链上游：规模化推动"一产"

为解决北川农特产品种植规模小而分散的问题，两地把"扩大种植规模、转变生产观念"作为破解北川农业产业转型升级的源头工程。

1. 因地制宜，补齐产业发展薄弱点

2018年以来，累计投入6.5亿元专项资金，实施特色产业基地建设、改造扩大项目，不断扩大北川茶叶、中羌药材、高山果蔬种植规模，扩大北川白山羊和生态牛养殖范围。

2. 以莓为媒，培育产业发展增长点

依托柯城—北川东西部协作项目，借助北川地理气候条件和柯城产业资金、技术优势，由浙川供销部门免费指导、优惠供苗、保证收购、保底收购，投入扶贫协作资金5600万元，在漩坪、永昌两镇新建蓝莓种植示范园；与杭州奕米生态科技有限公司合作，总投资3.6亿元，全力打造永昌镇福田村"福田里"蓝莓产业示范园，把"小蓝莓"做成乡村振兴"大产业"。

3. 培训赋能，找准产业发展发力点

采取定期开展农用技术培训、致富带头人培训，联合中职教育、组织劳务输出等措施，转变北川干部群众产业发展观念，提升产业发展能力；在项目实施过程中，创新性建立"五金带农益农"机制，项目实施村农户与公司签订土地流转合同"收租金"，农户根据生产需要在基地务工"挣薪金"，农户通过从公司手中回包蓝莓生产管理"得酬金"，村企合作将项目补助投入量化为股权帮助农户"分红金"，当地群众通过种植盆栽蓝莓、发展庭院经济、经营农家乐等"赚现金"。

（二）产业链中游：精细化撬动"二产"

为改变北川农户主要以生产、销售初级农特产品为主的产业发展困境，柯城区把"拓展农产品初加工、发展精细化综合加工"作为拓展北川农特产品供应链、提高价值链的头号工程。

1.出台指导性文件，推动实施农特产品产地初加工惠民工程

支持北川园区农业企业、农民合作社、家庭农场开展农特产品产地初加工，加强初加工关键技术和管理培训，建设储藏保鲜、筛选分级、清洗烘干、包装贴牌等初加工设施，开展就地就近整理、分级、清洗、冷藏、烘干、包装等商品化处理，实现农产品就地加工转化增值。

2.双方共建产业园，开展农特产品精深加工

抢抓产业转移政策机遇，以"政府主导、市场引入、资源整合、园区共建"为原则，整合北川资源优势及柯城区资金、技术、信息优势，总投资1.37亿元（其中东西部协作资金4800万元），在全省率先启动建设柯城—北川东西部协作共建产业园区，打造产加销一体的全产业链集群，对北川茶叶、中羌药材、农特产品、林木制品等进行精深加工。

3.帮助北川构建农村冷链物流设施设备

两地协作制定《北川县推进冷链物流高质量发展实施方案》，以实现鲜活农产品全程冷链物流为目标，在特色产业园区、产业基地所在乡（镇）和交通节点，配置以冷藏冷冻保鲜、农特产品集货分销等功能为主的北川乡村农特产品产地仓储保鲜冷链设施和配送中心。

（三）产业链下游：全链条推动"三产融合"

为解决北川农业产业质效不高、农民增收难等问题，柯城区提出"一二三融合、产加销一体"的农业经营理念。

1.助推农商融合

牵线搭桥，整合"余杭—柯城—北川"电商圈、柯城创客孵化园、阿

里跨境电商柯城中心等优质资源,实施"个十百千万"电商工程,推动北川线下"特产馆"、线上"直播馆"落地柯城;在全市率先建立"南柯北川、东成西就,衢鲜森牵手羌妹子"电商品牌,组织"衢州有礼"之"北川有李"、"南柯北川"展销会和北川农特产品上行峰会等网销活动,依托淘宝直播"村播计划",借助直播模式以红人经济带动北川农特产品实现"生产在北川、销售在全国"。

2.深化农旅融合

以产业基地为基础,以创意农业为手段,以农耕文化为灵魂,在保持北川原有的乡村风味、原生态环境基础上,将"旅游+文化+体验+康养"融入各产业种植基地,开发包装具有乡土性更浓、参与性更强、季节性更全面的北川特色乡村旅游产品,共同推动"农文旅"深度融合。

3.推进产学研用融合

委托浙江农业大学、四川农业大学等国内4所农业大学、科研机构合作,开展实用技术攻关,助推科研成果就地转化,产品化应用推广,形成"三足鼎立、递进应用"的研发体系,充分发挥产学研用在提升北川特色农产品附加值方面的增量作用;针对北川中羌药材发展实际,安排东西部协作资金110万元,积极开展中羌药材溯源体系建设,全力支持"康养健",开展化妆品产业研发,不断延伸中羌药产业链条,提高产品附加值。同时,积极引进国家级非物质文化遗产杨继洲针灸传承工作室在北川挂牌成立,推动两地中羌医深度合作。

二 主要成效

(一)农业产业规模不断扩大

柯城—北川实施东西部协作6年多来,双方在北川共同改造茶叶种植基地3万余亩;在小坝、桃龙、青片、片口等15个乡(镇)建设厚朴、黄连、大黄、重楼、红豆杉等中羌药材种植基地10万余亩；在永昌、永安、通泉、坝底4个乡（镇）建设高山果蔬基地2万余亩；在漩坪、永昌建设蓝莓产业示范基地、蓝莓种植示范园3处，面积1万余亩；推动北川中小养殖场发展标准化养殖，实施由分散、粗放养殖向集约化、标准化养殖转变，建设肉牛生态养殖基地1个、白山羊养殖基地1个。双方共同打造永昌镇福田村"福田里"蓝莓产业示范园，已完成项目投资6800万元，完成土地流转2300余亩，种植面积1500余亩，蓝莓50万株，实现蓝莓销售165万元，苗木销售30万元。2023年5月，省委主要领导到永昌镇福田村"福田里"蓝莓产业示范园调研，对"浙川协作"助推产业振兴的做法予以高度肯定；2023年6月，中央电视台13频道《新闻直播间》直播连线柯城—北川东西部协作"福田里"蓝莓产业示范园。

（二）农产品附加值显著提升

在双方共同努力之下，打通了生产、流通、销售各环节中制约消费助农的痛点、难点、堵点，将北川各个乡（镇）的农特产品供应"连点成链"，打破了北川深山农特产品"优质难优价"的发展瓶颈，使北川农业产业质效和农产品附加值显著提升。双方共建的农特产品加工产业园一期所有厂房已全部入驻，入驻企业共3家：四川百食好食品有限公司，主要从事牛肉制品加工，已完成投资约2800万元；四川康养健生物医药公司，主要从事中医药加工、医美产品生产，已完成投资约6000万元；北川莫朵格依茶厂，主要从事茶叶生产加工，已完成投资约1700万元。2023年，该园区实现年产值超3亿元，解决了300多人就业；预计企业全部投产后，年产值可达5亿元，每年可解决800多人就业。与此同时，柯城区在北川茶叶基地、蓝莓种植基地、红豆杉种植基地等打造的，集种植、观光、采摘、精深加工、休闲旅游、特色民宿、康养度假等于一体的"三产融合"示范区，不仅推动了北川现代精品农业高质量发展，也带动了北川乡村旅游发展。

（三）农民收入显著增加

柯城区通过"线上＋线下"的方式，已帮助销售北川农特产品8001.12万元；从柯城区植入的"村播"经验，不仅带动了北川青年创新创业，也帮助了他们增收致富。2023年，"直播带货"助力实现北川农特产品销售800余万元，带动300余户农村青少年家庭稳定增收。同时，培育出以"羌妹李静静""百果园李辉""身残志坚妇女再就业榜样王兴碧"等为榜样的电商优秀新农人达人主播。与此同时，以"福田里"为代表的"东西部协作"项目在实施过程中所建立的"五金带农益农"机制，不仅实现了公司有发展、集体有收益，还实现了群众有增收。自2020年项目实施以来，提供就业岗位800多个，带动群众增收600万元，村集体经济组织增收35.7万元。该项目不仅获批"国家以工代赈试点项目"，还入选"第四届全球减贫案例"。

山海结盟，山乡巨变。短短6年时间，柯城区已落实扶贫协作资金6.5亿元，实施东西部协作项目43个，在北川形成了有种养基地、有龙头带动、有加工园区、有市场前景的"一二三产业融合"全产业链条，乡村产业链、供应链、价值链现代化水平明显提升。2023年，北川特色产业总产值达到110亿元，农村人均可支配收入已达2.4万元。

三 经验与启示

乡村振兴，产业振兴是基础。农业全产业链是农业产业化发展的高级形态，是乡村产业发展的"升级版"，也是促进乡村产业振兴和农民持续增收的重要路径。在东西部协作过程中，柯城区通过帮助北川构建农业全产业链，推动农业产业"接二连三"，打造了东西部协作助力山区乡村产业振兴新样板，值得学习借鉴。

（一）乡村产业振兴，政策保障是前提

"不谋全局者，不足以谋一域；不谋长远者，不足以谋一时。"对于如何解决地区之间发展的不平衡，改革开放的总设计师邓小平同志提出了"两个大局"思想。在这一思想指引下，国家相继实施了一系列对口支援和东西部（扶贫）协作政策。这一政策实施20多年来，对先富带后富、解决区域发展不平衡问题作出了重大贡献。当前，基于乡村振兴的东西部协作，也充分体现了央地治理逻辑：旨在利用东西部地区的资源禀赋和现有条件，通过优势互补，促进西部地区产业振兴的实现。位于大山深处、处于产业链低端的北川，如果没有政策的支持，没有外部的支援，要延长农业产业链条、构建农业全产业链条，谈何容易。近年来，正是在东西部协作政策的指引下，在柯城区的全力帮助与支援下，才使得以茶叶、中羌药材等特色农产品为主的农业全产业链在北川得以建立，北川的产业振兴因此有了动力和支撑。

（二）乡村产业振兴，延长产业链是关键

基于乡村振兴的东西部协作形成的产业合作链条，主要集中于东西部地区具有比较优势的产业园区，以农业种养殖业和旅游产业为主。建立东西部协作产业协作示范园和产业基地，旨在实现双方优势互补、带动产业发展，即充分发挥西部地区的区位、资源、劳动力等资源优势，推动东部地区的资金、技术、人才等要素向结对帮扶市县集聚。在产业协作过程中，推动西部地区单一种养环节向生产、流通、销售等全产业链转变，提升农业全产业价值链的附加值。柯城—北川在东西部协作过程中，立足北川资源条件，充分发挥柯城区资金、技术、信息优势，因地制宜共建产业园区、发展种养殖基地，帮助北川逐步建立起农业全产业链，从而实现了农特产品附加值提升、农民收入增加和乡村产业振兴。

（三）乡村产业振兴，因地制宜是基础

乡村产业兴旺，因地制宜是关键。我国幅员辽阔，不同地区在资源禀赋、区位优势、经济基础等方面存在差异，不同地区的社会环境也千差万别。在实施乡村振兴过程中，必须尊重不同地区的实际情况，统筹区域资源，因地制宜培育地方特色产业，为乡村振兴提供充足的经济动能。柯城与北川之间的东西部协作，正是因地制宜实现产业兴旺的生动实践。在协作过程中，双方充分针对民族地区农业发展特点，深挖北川本土产业优势，因地制宜发展种养殖基地，共建产业园区，才使得北川的农业全产业链逐步建立。

（四）乡村产业振兴，联农带农是根本

柯城—北川在实施东西部协作过程中创新性实施的"五金带农益农"利益联结机制，从激发群众发展产业内生动力出发，让老百姓就地就近"收租金、挣薪金、得酬金、分红金、赚现金"，把产业链主体留在了农村，留给了农民，让农民更多分享了产业增值收益，使北川的产业振兴有了深厚基础。2023年春节前夕，习近平总书记连线石椅村时强调，"新时代的乡村振兴，要把特色农产品和乡村旅游搞好"。这是北川未来产业发展的方向。当前，柯城与北川所开展的东西部协作，所打造的农业全产业链条，也正朝着这一方向努力。

案例来源：北川县乡村振兴局

执笔人：中共北川县委党校　黄泽霞　谢小光

忠兴镇土地"大托管"蹚出丘区农业发展新路

忠兴镇位于游仙区东北部,面积140.1平方公里,下辖15个行政村、3个社区,农业人口14190户、4.09万人,现有耕地总面积68876亩,是非常典型的农业大镇。近年来,忠兴镇以土地整理和撂荒地复耕为契机,以群众需求为导向,以推进农村土地产权制度改革为抓手,以实现农村共同富裕为目标,结合前期实践经验,借助平台公司,引入金融资金,成立镇集体经济联合总社统筹开展土地大托管,在全镇范围内推行土地大托管工作,将过去各村各户单打独斗式的粮油生产方式转变为跨区域、规模化、机械化的现代粮油生产模式,促进农业提质增效、农民增收致富、村集体发展壮大,有效保障了粮食安全和耕地保护。忠兴镇"大托管"的经验做法入选"2020年全国第二批农业社会化服务典型案例"和"2021年四川省农业生产社会化服务工作典型案例",并于2022年在《四川改革专报》《绵阳改革动态》刊发。

一 基本做法

(一)创新"政府主导+三方联动"合作模式,明确土地托管责任主体

针对农村劳动力不足、传统土地流转或托管模式风险较高等问题,创

新"政府主导＋三方联动"模式，将村集体经济组织作为土地大托管的重要参与者，并引入平台公司与金融机构，着力以社会资本盘活闲置土地，坚决守住耕地红线。

1. 建强集体经济组织，明确实施主体

全面完成15个村集体经济组织融合并进行登记赋码，联合成立镇集体经济联合总社，将其作为土地大托管实施主体，打造土地托管中心，指导各村"清资产、定成员、量股权"，将集体资产按股量化到村集体经济组织成员，实现"确权确股到人"，夯实土地大托管工作组织基础。

2. 签订两级托管协议，引导群众参与

在不改变承包权、所有权等权利前提下，坚持"自愿、合法、有偿"原则，各村集体经济组织引导区域内承包农户参与土地托管，签订一级土地经营权托管协议，明确托管内容、利益分配比例等内容，"一户一册"建立土地托管面积台账，打消群众对"失去土地"的顾虑。各村整理汇总土地经营权托管协议和台账后，与镇集体经济联合总社签订二级托管协议，总社监事会负责全面审核监督，确保群众权益不受损。截至2024年，已与15个村10035户农户签订托管协议，托管土地43743亩。

3. 积极引入社会资本，增强发展保障

加强政府与社会资本合作，引入区级国有平台公司作为托管服务主体，通过平台公司与农发行等金融机构开展资本合作，并与镇集体经济联合总社签订具体托管协议，构建起"农户＋集体经济组织＋平台公司＋金融机构"的利益链条，进一步增强资金保障。通过国有平台公司向省农业发展银行进行项目融资贷款3.3亿元。

（二）创新"保底收益＋溢价分成"分配模式，完善土地托管权益关系

针对传统土地流转方式下农户无法享受土地增值收益、传统土地托管后发生减产损害农民利益等问题，创新推出"保底收益＋溢价分成"分配

模式，既保障了农户权益，又壮大了集体经济。

1.合理开展初次分配，保证农户集体收益

构建"农户＋集体经济组织＋平台公司＋政府"多方联席会议制度，研究制定托管三方利益分配方案，与农户签订保底协议，确定保底收益按照农户30%、平台公司和镇级经济合作联合总社共占70%的比例进行分红，既保证了农户的保底收益，又提高了集体经济组织的收益水平。预计通过土地托管，村集体经济平均增收2.6万元。

2.探索实行二次分配，增加农户溢价收益

坚持让利于民原则，对超出保底产量部分，按照农户70%、平台公司和镇级经济合作联合总社共30%的比例，最大限度保障农民利益。按照集体经济组织章程，集体经济组织积累到一定资金量，每年提取公积公益金后，向全体成员（农户）进行收益二次分红，充分调动农户参与土地大托管的积极性。

3.完善退出保障机制，保障农户基本权益

土地托管过程中，因农户自身原因不愿继续进行托管的，在不影响整体托管效果的前提下，由村集体经济组织与农户协商，为农户重新合理划分地块，视情况可适当大于原托管面积，最大限度尊重农户意愿，保障农户自主耕种权益。

（三）创新"全过程＋全链条"服务模式，提升土地生产经营效益

针对丘区小农户多、农资成本高、技术水平低等现状，创新推出"全过程＋全链条"服务模式，为农户提供全方位、"一站式"的贴心服务，有效破解了农村耕地无人种、不会种的问题。

1.制定"五个统一"标准，提升托管服务效能

以"农机、农技、农资"服务为核心，制定"作物统一机械收种、生产资料统一购买配送、种植技术统一指导、生产标准统一规范、种植产品

统一外销"的"五个统一"标准，着力为被托管农户提供从种到收的全程社会化服务，推动实现种粮成本降低、农资用量降低、机械化成本降低、设施投入降低和粮食产量增加、经济收入增加。被托管土地的农资成本较托管前下降30%，农作物亩均产量较托管前提高约85斤。

2.建强专业服务队伍，保证托管服务质量

坚持"让专业的人干专业的事"，聘请5名专业农技专家组建专业指导组，对粮食生产过程中的重大问题进行指导，聘请80多名种田能手组建机械、种植技术、病虫害防治、生产物资保障4支专业化服务队伍，可调度支配大型旋耕机、收割机、植保无人机等农业机械192台（套）。同时主动吸纳农技服务组织、村两委干部、本地能人、返乡年轻人等群体加入托管服务队伍，进一步增强服务力量。

3.探索多样托管方式，拓宽托管服务途径

针对被托管农户不同意愿，探索全托和半托两类定制化托管服务方式，全托提供"耕、种、防、收、销、管"全链条、一站式全程托管服务；半托提供农资、机械、技术等多环节订单式服务。经测算，通过统一采购农资、统一耕作管理，1亩地可节约成本200元左右，全托预计可实现户均增收986元，半托预计可实现户均增收611元。

（四）创新"土地整理＋产业园区"发展模式，推动土地适度规模经营

针对丘区耕地碎片化严重、撂荒土地较多、产业发展规模小等问题，创新"土地整理＋产业园区"发展模式，既提高了耕地总量，又促进了产业协同，推动农业规模化、集约化、品牌化发展。

1.统一组织复耕，解决土地撂荒问题

对零散小块撂荒地，引导承包户将承包地委托给村集体组织统一整治后进行代耕代种，并约定3～5年内不支付相关费用，确保村集体经济稳定增收。对集中连片、流转后经营不善和种植效益低的土地，与农户签订

土地托管协议，由镇集体经济联合总社统一管理经营。全镇共整理撂荒地2251亩，其中10亩及以上连片撂荒的1871亩由总社进行统一复耕复种。

2. 实施土地整理，改善农业基础条件

平台公司与镇集体经济联合总社合作实施土地精细整理，新建塘堰、提灌站、沟渠、产业道路、配套节水灌溉设施、水肥一体化设施、部分农用大棚等，推动小田变大田、坡地变梯田，全镇通过土地整理预计可新增耕地2000余亩。

3. 编制片区规划，打造特色产业园区

以乡村国土空间规划编制为契机，与相邻的新桥镇、沉抗镇共同组成芙蓉溪三产融合发展片区。其中，忠兴镇域内划分4个村级片区，设置中心村5个，大力推动优质粮油、生猪养殖、特色果蔬、水产养殖等特色产业集中连片发展。2020年以来，建成循环农业生态园、道地中药材产业园等现代农业园区2个，建成家庭农场14个，新增三品一标农产品2个。

二 主要成效

在农户兼业化、村庄空心化、农村老龄化的背景下，忠兴镇创新土地大托管模式，解决了农村劳动力短缺、生产效率低下和耕地抛荒撂荒等问题，实现了劳动力在打工和种地之间的优化配置，通过整合零散撂荒耕地，发展优质粮油等特色种植业，确保了农民土地权益和土地收益，同时科学化、规模化种植推动农业绿色发展，实现了经济效益、社会效益和生态效益三丰收。

（一）经济效益明显，实现多方共赢

一是通过实施土地整理，将小田变大田、坡地改梯田，可实现耕地面积扩大5%~8%，新增的耕地指标入市可有效推动当地财政和项目建设。同时土地整理后，因地块平整、沟渠、塘堰、作业道路等设施完善，土地

流转价格可提升20%~30%。二是按照土地托管经营的两次分配，托管农户除获得生产环节利润30%的固定收益外，还能分配粮食产量价格保底后溢量、溢价70%的收入，年平均增收达986元。同时农民作为集体经济组织成员享受分红收益，并可就近转移就业，进一步增加农民收入。三是以土地大托管为纽带，镇村两级集体经济组织建立利益共生关系，村集体经济组织作为镇联合总社的成员，通过土地整理后经营权流转的溢价、多出的耕地面积、社会化服务托管和农资产品统购统销利润的分红可最大限度地增加集体经济收益，调动集体经济发展动力，形成长期稳固多元的集体经济收入来源体系。

（二）社会效益凸显，推动生产方式转变

一是通过金融资金注入，对托管土地进行精细化管理，同时配套建设相应的沟渠塘堰、作业道路，较好解决了"土地细碎化、耕地撂荒"的问题。二是通过农业生产全过程社会化服务体系，实现了农业科学化、标准化、规模化，践行了"藏粮于地""藏粮于技"战略，化解了"非粮化"甚至"非农化"问题，保障了粮食安全。三是通过土地大托管能将农民群众和集体经济组织进行深入联系，既解决了日趋严重的土地无人耕种问题，又从经济上将集体组织与农民群众紧密相连，从而拓宽了乡村治理的广度和深度，达到群众有盼头、干部有干劲、政府有威信。

（三）生态效益显著，推动农业绿色发展

通过托管服务，忠兴镇的土地闲置率由36%降至7.8%，土地产出效益显著提升。同时全面推广适应性强、品质优良的水稻品种，广泛应用秸秆还田、测土配方施肥、植保飞防、稻谷低温烘干等技术，减轻农业面源污染，着力实现土壤生态与产量效益双提高，实现从化肥农业向绿色农业的转折，在农业生产全过程中，农药、化肥品质得到保障，施用量得到控制并减少，降低农业面源污染风险，确保土壤及水体环境得到保护。农产品

区域公用品牌辨识度和影响力不断提升，绿色有机生产能力稳步提升，有效提高了农产品产量和品质，推动农业生产走上高产高效、优质环保的可持续发展道路，实现农业绿色发展。

三 经验与启示

（一）坚持发展新型集体经济，实现共同富裕

忠兴镇通过稳定土地承包关系，有序推进农业适度规模经营，发展新型农村集体经济，不仅丰富了乡村经济业态，还能有效促进土地规模经营，实现连片发展，从而降低生产成本，提高生产效益和效率，最终实现农资成本、农资用量、机械化成本降低。通过选育优质优良品种，推广标准化、精细化农业种植、管理技术，提升粮油产品附加值。通过建立粮油产品加工、物流、仓储、销售全产业链条，增加粮油产品附加收入，最终可实现每亩盈利500~3000元。

（二）坚持抓好服务平台建设，实现整合一体化

产业振兴需要土地资源的有序流动和农村基础设施的不断完善，而将土地整治作为一种平台恰恰具备了支持农村产业振兴的潜力，是乡村振兴的有力抓手。忠兴镇通过组建土地大托管服务中心这一平台，制定完成中心的运行构建，确定相关制度、工作流程、管理考核办法，直接对接供销联社签订了农资供应协议，组建生产社会化服务队伍等，完成了中心运营田地的种植生产全环节，实现了对农业产业发展各个环节的有效整合。

（三）坚决利用好土地资源，实现农民效益最大化

忠兴镇通过土地大托管模式，已将生产托管服务覆盖农业生产各环节，把农村劳动力从家庭式农业生产经营中完全解放出来，拓展了农民增收空

间，增加农民收入：农民除获得生产环节利润30%的固定收益外，还能分配粮食产量价格保底后溢量、溢价70%的收入；农民作为集体经济组织成员享受分红收益，并可就近转移就业。同时，通过实施土地整理，将小田变大田、坡地改梯田，打破了"土地撂荒"趋势，让万亩土地重焕生机。土地整理后，通过地块平整、沟渠、塘堰、作业道路的改善，可提高土地亩产收益20%~30%。

案例来源：游仙区忠兴镇

执笔人：中共游仙区委党校　彭树青　张　怀

曲山镇农文旅融合绘就乡村振兴新图景

曲山镇位于北川羌族自治县中南部,系原北川老县城所在地,东与江油市接壤,东南与通口镇毗邻,西南与擂鼓镇相连,北与漩坪乡相接,东北邻陈家坝镇。近年来,曲山镇紧扣省、市、县发展思路,立足区域特色,整合农文旅资源优势,加强农村基础设施建设,推进特色农业产业转型升级,改善农村人居环境,带动群众增收致富,乡村振兴战略稳步推进,成功创建省级乡村振兴先进镇和2个省级示范村、2个市级示范村和6个县级示范村,其中2个省级示范村成功入选"四川省乡村振兴示范村"名单。该镇以石椅片区高质量发展为引领,以农文旅特色产业为抓手,积极探索经济社会加速发展之路,以农文旅产业发展辐射带动镇域经济提速增效,持续巩固拓展脱贫攻坚成果同乡村振兴的有效衔接,逐步描绘出一幅美丽的乡村振兴新画卷。

一 基本做法

(一)凝聚农文旅产业发展要素合力

1. 坚持规划引领

聘请中国城市规划设计研究院(以下简称中规院)统筹国土空间、基础设施、文化旅游、建筑风貌等专项规划,以茶果现代特色农业园和羌韵康养文化旅游园"两园"建设统揽全局,编制完成以石椅村为核心,辐射带动周边玉皇山村、任家坪村、海元村、曹安村、沙坝村、唐家村和邓家社区"七村一社区"的村级片区规划，构建"一核、三带、三片、多点"的国土空间总体格局。

2. 注重政策激励

依托乡镇抓经济发展激励资金、建立专项激励"资金池"，支持招商引资、产业发展、市场主体提升改造、村社招引落地、国有资产资源盘活等方面，有效激发镇村干部抓经济、促发展的积极性。

3. 强化主体培育

以多做增量、优化存量、壮大体量、提升质量为目标导向，抓好家庭农场、合作社等新型经营主体培育，逐渐形成大企业"顶天立地"、小微企业"铺天盖地"、个体工商户"枝繁叶茂"的生动局面。

（二）促进农文旅产业效能提档升级

1. 开展园区提质行动

依托已有的茶、果园种植基地，采取"企业＋基地＋合作社＋农户"园区发展模式，由农文旅企业牵头规划运营、家庭农场示范带动、基地规模化种植、政府全过程指导，引导农户参与苔子茶、枇杷、高山桐子李、高山蔬菜等茶果园经济，建成标准化茶果园区5300余亩。

2. 采取融合发展模式

与省文旅集团开展旅游规划、景区开发、投资营运等战略合作，采取农文旅融合发展模式，创新开发进羌寨、住羌居、品羌宴、跳羌舞等系列文旅产品，开发茶叶研学、果园采摘、一米茶园等农旅产品，推动农文旅融合发展。

3. 着力品牌营销宣传

注册"石椅子"全品类商标，采取"线上＋线下"的方式，先后组织10多户经营主体参加"绵品出川"等系列展销活动，推介苔子茶等农特产品。每年三月三转山会、六月六大禹祭祀日以及枇杷节、李子节、瓦尔俄足节、年猪节等节日到来，村民们都会聚在一起，开展丰富多彩的羌族民俗文化活动，吸引众多来自重庆、成都、西安等周边地区游客前来休闲、避暑、购物等。

（三）释放农文旅产业发展保障活力

1. 做好跟踪服务保障

建立镇党委班子成员联系农文旅经营主体制度，采取保姆式跟踪服务企业方式，协调禹泉文旅、禹羌投资、民间投资等项目建设，及时解决企业难题。在石椅羌寨设立金融综合服务站，协调农信联社将贷款利率由5.5%优惠至3.65%，为部分有资金需求的经营主体发放低息借贷，切实减轻实体经济负担。

2. 严格激励资金监管

成立以书记、镇长为双组长，分管纪检监察、项目建设、工业经济、农业产业、文旅产业、招商引资等领域的班子成员为副组长，金融办、财政办、经发办、农民工服务中心主要负责同志为成员的专项小组，建立"一年一分配，使用必审核"制度，对激励资金使用进行专题研究，确保激励资金专款专用。

3. 狠抓工作责任落实

成立镇落实激励乡镇抓经济试点工作领导小组，每月研究抓经济试点工作，以"清单制＋责任制＋督考制＋销号制"倒逼推动工作落实。

二 主要成效

（一）农文旅产业发展实力增强

1. 多规合一明目标

按照"专群结合""多规合一"原则，聘请中规院编制以石椅村为核心，辐射周边"七村一社区"的村级片区规划，明确"四个一"目标，加快推进各项重点任务。市委对石椅片区制定的3年9个方面70项重点任务，2023年底已完成52项。引进浙江安吉县团队运营石椅片区，围绕片区统一策划、统一运营，推动"两山"理念在石椅片区落地生根。

2.资金整合提内涵

通过抓实抓好经济发展激励资金、建立专项激励"资金池"试点工作，成功将1处废弃闲置村活动室盘活改为村党史馆，新建民宿4家，提档升级农家乐8家，建成非物质文化遗产一条街，成功打造羌绣、草编、羌山野茶制作、石磨豆花4处非遗院落，有效提升了农文旅融合发展内涵。

3.主体培育见实效

全镇共有国家AAAAA级景区1个、文旅企业4户、乡村旅游经营户42户、新型农业经营主体117个，其中，新培育15户，3户入围"市级家庭农场"，振兴茶叶种植合作社获评"国家级合作社示范社"。2023年，全镇农村人均可支配收入达到2.6万元，同比增长30%。

（二）突出特色产业上档升级

1.园区建设提质效

已建成的茶园、果园和蔬菜基地等实施品种改良工程，引进"春花1号"枇杷，大球盖菇等试种成功并逐步推广，推进优质果蔬、茶叶等主导产业提质增效，有效助推了北川农业产业园区建设，成功获评"省级三星级茶叶现代农业园"。

2.农旅融合展新颜

以提升农产品质量为抓手，因地制宜发展特色农产品和乡村旅游业，取得了良好效果。截至2024年，发展民宿和乡村旅游接待企业50余家，储备林海石缘等项目6个，投资9700余万元，农文旅产值超过1亿元。2023年以来石椅村片区苔子茶销售额同比增长15.56%，实现旅游综合收入同比增长110.5%。农特产品、乡村旅游均成为富民产业，带动户均增收4000余元。

3. 市场营销上台阶

通过线上、线下等品牌营销方式，结合当地民俗文化活动展示展销，吸引四川电视台、中央广播电视总台等各大媒体关注。2023年上半年，全镇苔子茶、高山水果销售分别达到260万元、1490万元，同比分别增长15.5%、9.2%。全国各地前来科考、参观、休闲、避暑的游客络绎不绝，石椅村成功入选全国"秋季春晚"示范展示名单，被中央广播电视总台《山水间的家》专题推介。

（三）保障到位释放产业发展活力

1. 建章立制增活力

建立镇党委班子成员联系农文旅经营主体制度，采取保姆式跟踪服务企业，切实为企业解决了项目推动、资金需求等方面的很多具体难题，为企业的有序有效推进增添了活力。2023年以来，北川农信联社已为石椅村片区19户经营户发放贷款565.8万元，共计让利10余万元。

2. 资金监管出实招

成立以书记、镇长为双组长的激励资金专项小组，建立资金使用分配制度。各村建"敢评敢督敢为"的村级监督队伍，由群众推选3~5名普通党员群众组成村监督委员会，在村域长期设立举报箱，对干部工作进行监督，始终做到公开公平公正，让群众对干部信任。保障群众知情权、参与权、表达权、监督权,广泛发动群众共同决策、共谋发展,协商解决发展中遇到的问题,切实增强了资金监管和日常事务管理的科学性和实效性，充分调动了群众的积极性。

3. 项目推进创新高

采取倒逼工作推进机制，各项农文旅产业项目发展取得明显效果。2023年，全镇共完成农文旅产业项目投资7854万元，同比增长394%，其中文化旅游类项目完成3244万元，同比增长314.8%，全镇地区生产总值增幅达9%，该镇的项目建设再创新高。

三 经验与启示

（一）农文旅融合发展夯实了乡村振兴基础

曲山镇作为"5·12"汶川特大地震受灾极为严重的区域，道路交通、房屋建筑、设施设备均受到毁灭性损失，再加上本身不够健全的水、电、气、网等各项基础设施和公共服务设施滞后，对全镇乡村的生产、生活、出行和对外联络造成各种阻碍。但通过近年来党和国家的持续关心关注，经历了灾后重建、脱贫攻坚和乡村振兴等几个阶段的发展建设，已经在该区域内先后成功创建国家AAAA级景区和国家AAAAA级景区，星罗棋布的乡村旅游接待点、茶园、果园、特色高山蔬菜基地也在日益增多，逐步形成了农文旅融合发展的浓厚氛围。随着农文旅融合发展理念的形成，村庄统筹规划、基础设施建设、风貌改造以及公共服务设施不断完善，为全镇的和美乡村建设奠定了良好基础。

（二）农文旅融合发展激发了乡村振兴活力

按照乡村振兴中产业振兴发展思路，试点开发了各类农文旅产业发展项目，通过农家乐升级改造、茶园建设、果园采摘、民宿增设、民俗文化街打造、老屋老宅乡愁记忆保留、闲置资产改造、羌族文化传承、特色乡村旅游品牌塑造等项目开发，这些项目均以农业资源为基础，将文化旅游产业融入其中，打造农文旅融合发展体系带动农文旅市场发展。项目与项目之间相互依存，相互促进，为广大的研学者、科考者和旅游观光者提供新奇独特、参与感强的文化、生活体验，不断满足人们对乡村生活求新求异的个性化需求。各种资源的整合与有效利用为乡村振兴发展注入了新的强劲动力，使传统的乡村经济发展模式得到了有效转变。

（三）农文旅融合发展壮大了乡村振兴实力

通过农文旅产业融合发展，曲山镇持续拓宽就业渠道，不断壮大镇域农民经济实力。截至2023年底，全镇累计建成枇杷、青脆李、高山蔬菜、苔子茶等特色产业基地2.5万亩，建成规模化养殖基地8个，培育农业新型经营主体47个，建成高端民宿8家、农家乐15家，成功创建天府旅游名村和省级乡村旅游重点村各1个，形成了以石椅村为核心的农旅融合发展示范区。扎实稳岗就业，全年新增就业岗位120余个，全年外出务工2400人，本地就业800人，工资性收入达12960万元。全年接待游客80万人次，实现旅游综合收入8000万元。全镇在乡村振兴发展道路上迈出了坚实的步伐。

（四）农文旅政策落实加快了乡村振兴速度

优选市、县帮扶干部组成驻村工作队，对唐家山村开展重点帮扶，争取移民后扶项目资金，新建村道及安防设施，惠及脱贫人口41户105人。用好用活农业产业扶持周转金，鼓励农户发展种养小微企业，全村建成茶叶、高山蔬菜基地约1600亩，培育国家级茶叶专业合作社1个，构建"合作社＋基地＋农户"的利益联结机制，带动农户持续增收。常态化开展"三保障"及饮水安全回头看，全面落实免费义务教育、雨露计划、金秋助学、基本医疗保险、大病医疗救助、危房改造等政策。认真落实政策性农业保险，为农业生产保驾护航。全覆盖排查防汛、地质灾害防治隐患点，逐一落实检测人员，明确预警方式，开展应急演练，建成避险转移安置点，落实安置点、医疗卫生、通信等各项服务保障措施，切实保护人民群众的生命财产安全。曲山镇在农文旅发展中的各项惠农助农政策落实以及防灾、抗灾、救灾能力提升方面为乡村振兴的加速发展提供了重要保障。

案例来源：曲山镇

执笔人：中共北川县委党校　张云珍

擂鼓镇特色产业助力乡村全面振兴

擂鼓镇位于北川羌族自治县西南部，因传说二郎神降服孽龙，百姓擂鼓助威而得名。全镇总面积147平方公里，辖19个行政村、1个社区，共有6564户、17830人，其中农业人口3018户、13697人。由于地处大山深处，气候温和，雨量充沛，光照充足，茶叶、药材、楠竹一直以来都是擂鼓镇的特色传统产业，种植面积占全镇耕种面积的65%以上。但因地理条件限制，这些处于深闺之中的山区"土特产"在外却总是籍籍无名。近年来，擂鼓镇党委、政府基于擂鼓镇这一方水土，深挖本地资源，深耕本土产业，用心做好"茶"文章、写好"药"文章、做优"竹"文章，不仅把大山里的"土特产"变成了"金元宝"，也让这些小小的"土特产"写出了强镇富民的"大文章"。而基于"茶叶、中羌药材、竹木制品"为特色的农特产品生产、加工的产业集群也正在擂鼓这个山区小镇逐步形成。擂鼓镇也因此荣获四川省首批实施乡村振兴战略"先进乡镇、川茶名镇"和省级"竹林小镇"等称号，获评"省级现代竹产业基地""省级中医药健康旅游示范基地"。

一、基本做法

（一）深耕产业链，做好"茶"文章

由于特殊的地理位置和气候条件，擂鼓镇的人们世代种茶。但以前种的都是老种茶，产量低、成色差，自然卖不起价，一亩茶一般一年卖个

四五百块钱，老百姓种茶积极性并不高，很多茶农纷纷废弃茶园外出务工，一些茶农将茶树砍掉种成柳杉。近年来，擂鼓镇以茶为媒，打通茶叶生产、加工、销售等环节，不断推进"茶文旅"融合发展。

1.从扩大规模强"链基"上做文章

北川是四川省委、省政府现代农业"10＋3"产业体系30个重点茶叶县之一，而擂鼓镇则是北川茶产业"一心两带五园"发展格局中的核心区。近年来，擂鼓镇围绕"核心区"建设，在改造提升低效茶园和茶叶园区基础设施建设的基础上，采取"政府引导、企业主体、茶农参与""公司＋基地＋合作社＋茶农"等农业产业化经营模式，不断扩大茶产业基地规模。

2.在提升能力育"链主"上做文章

利用柯城—北川东西部协作契机，以盖头山、田坝村为核心，流转土地300亩，投资1.16亿元，打造茶文旅融合乡村振兴示范产业园；引导羌山雀舌、绵阳茶学院等入驻擂鼓镇茶叶现代农业园区，共同振兴茶产业、做强茶品牌、发展茶经济；深化与中国农科院茶研所、省农科院、川农大等科研院所和高校技术合作，建立专家工作站、苔子茶母本园，开展北川苔子茶选育工作；成立擂鼓镇茶叶协会，实行统一种植标准、统一生产资料、统一栽培技术、统一收储加工、统一市场销售等管理模式，组织相关企业抱团参加各类茶产品展销活动，提升"羌茶"的品牌知名度和市场美誉度；通过举办"农民夜校"向"老茶农"传授怎样剪枝修枝，采摘时怎样把"大众茶"和"名优茶"分开摘等种茶新技术，提升茶农种茶能力。

3.在融合发展延"链条"上做文章

以茶为笔，以山为卷，以打造"云朵上的盖头山——茶文化艺术山村品牌"为发展方向，结合山径、山驿、山市、山院、山居、山游六大模块，配套建成手工制茶体验中心、茶文化体验区、茶艺别院等，将盖头山"茶文旅融合乡村振兴示范产业园"打造成集经济生产、示范展示、观光休闲、文化传承等多功能于一体的乡村振兴示范园区，让采茶、品茶、手工制茶在这里妙趣横生。

（二）顺应市场，写好"药"文章

北川是中国西南地区中药材产业发展的重要资源地之一，而擂鼓镇又是北川中羌药材的主产区之一，这里的农户历来有种植药材、采集野生药材的传统。但长期以来，由于药材价格不稳、劳动力不足、市场对接不畅等原因，一直制约着擂鼓镇药材产业发展。近年来，擂鼓镇通过建立原药材处理基地、规范市场秩序等方式，提升本地中羌药材的产品附加值和市场竞争力，农户种植积极性和种植收入大幅提高。

1.开展专业化培训，提高种植技术

为提升药农种植技术，2019年，擂鼓镇请来了中羌药材种植专家、技术能手，对全镇的药农轮流进行集中培训；分批次选派技术骨干到大专院校、科研机构学习深造，有计划地培养一大批中羌药材研究开发、生产管理、市场贸易、知识产权等领域的高素质人才。

2.规范市场秩序，提升市场竞争力

为规范市场秩序，提升擂鼓镇中羌药材的市场竞争力，2021年，擂鼓镇在五星村建设原药材处理基地和药材溯源系统，在每一袋药材上附一张二维码，记录药材产地、种植年限、种植户姓名、前期处理等基本信息，确保药材品质。

3.打通供需两端，及时把握市场信息

为避免种植盲从，规避药市场风险，擂鼓镇通过"合作社＋基地＋农户"模式，培育一批懂营销、善于捕捉市场信息的中羌药材营销经纪人队伍，及时了解供需两端需求信息，增强药农在市场中的发言权和定价权；同时，通过信息化建设，及时、准确把握市场信息，引导药农种什么、怎么种、怎样采收。

（三）借竹生财，做优"竹"文章

在擂鼓镇楠竹村，万亩竹林景色宜人，9公里的环山步道蜿蜒而上。从

远处看，大片大片的竹林就像镶嵌在羌山之中的无暇翡翠，犹如浪涛似的竹海，壮如千军万马，美如水墨画卷。但在此之前，这里的万亩竹林因山高路远长期无人问津。2017年，摇鼓镇提出"借竹生财，全力发展竹产业"的构想，并给了它一个非常有特色的名字——"羌王竹海"。从此，这片竹林便摇身一变，成为活跃摇鼓经济、致富地方百姓的新产业。

1. 从"竹子＋生态"旅游入手，打造乡村旅游"聚宝盆"

以项目建设为抓手，加快羌王竹海景区基础设施建设，完善和提升景区服务能力，推动以羌王竹海景区为中心的竹林小镇创建；推进通泉镇永庆竹海、清溪河等竹资源集中区发展生态旅游，打造川西北地区重要的竹生态旅游精品线路、竹林体验基地、竹林康养示范区目的地；依托大熊猫栖息地竹林景观资源，推动大熊猫文化与竹文化、羌族文化融合发展，打造大熊猫寻踪旅游，创建原生态竹旅游示范区；加大竹文化与民俗文化融合，支持开展以采笋为主的竹文化活动节会。

2. 以"竹子＋文化"创意，擦亮非遗产品"新名片"

强化竹与历史、文化和民俗的融合，积极推进竹编、竹雕、竹簧、竹藤等非物质文化遗产传承发展，符合条件的优先纳入非物质文化遗产申报；鼓励和支持社会资本投资竹文化主题公园、主题博物馆、主题博览园、主题酒店及竹工艺设计研发中心、大师工作室、竹艺传习所等建设，优先支持符合条件的竹文化产业项目申报有关专项资金；鼓励和支持青少年竹生态教育基地和竹类研究教学科普基地创建。

3. 以"竹子＋生产加工"，开启产业发展"新引擎"

依托竹木企业、经营大户、专合社，科学合理布设初加工点，优化竹材、竹笋、林下产品就地初加工点布局，推动其向固定化、规模化发展，提高竹产品附加值；对符合条件的竹产品精深加工项目，优先进入摇鼓镇农特产品园和永安镇智慧家居产业园，享受园区扶持政策和招商引资扶持政策，以提高竹材就地加工利用转化率。

二 主要成效

（一）特色产业规模不断扩大

通过挖掘茶叶、中羌药材和楠竹等本土资源，擂鼓镇老百姓逐渐尝到了发展特色产业的甜头，产业发展积极性不断提高，茶叶、中羌药材种植规模不断扩大。截至2024年，共规模化发展茶园8300余亩，成片茶园3000余亩；以黄连、重楼以及四木药材等高产值药材为主的中羌药材种植面积达2.48万亩，年出产量达5200余吨；以羌王竹海为核心的万亩竹林，随着市场热度提升开始向周边竹资源比较丰富的6个村、2个镇发展。2019年，擂鼓镇"厚朴现代农业园"被评为"绵阳市四星级农业园区"；2021年，以楠竹为核心建设的"羌王竹海"产业园区被认定为"绵阳市星级现代竹产业园区"；2022年，盖头山茶叶主题公园获评"省级星级产业园区"。

（二）特色产品种类不断增多

通过打通"茶""药""竹"等特色产品生产、加工、销售环节，这些特色产品正在不断增多。截至2024年，擂鼓镇共有以茶叶、竹制品为主的特色农产品注册商标5个、地标产品1个。2024年4月，位于擂鼓镇盖头山的羌茶部落，被农业农村部列为2024年中国美丽乡村休闲旅游行（春季）精品景点线路之一。

（三）特色产业质效显著提升

通过做"土特产"文章，擂鼓镇"茶""药""竹"等特色产品的产业链、价值链也在不断提升。围绕"食药""建材"主导产业，建成了"食品医药""建材物流"2个小微园区，新建2.2万平方米标准化厂房，2023年新入园企业6家，8个开工招商引资项目计划总投资3.2亿元，新培育10亿元级企业1家、"四上"企业2家、储备企业9家，形成"园中园"聚集发展的镇园融合布局。2023年，擂鼓镇中羌药材实现产值1.86亿元，茶叶实现产值6480万元。而基于"羌王竹海"而研发的、带有"一带一路"印记的"保青竹"，从2017年开始就出口黎巴嫩等国家，年产值达1.5亿元。而盖头山茶产业与文旅融合的乡村振兴示范产业园和"竹子＋生态＋文化＋生产加工"的竹产业一二三产业融合发展体系，每年吸引游客10余万人次。

（四）特色产业富民效应更加凸显

通过做"土特产"文章，擂鼓镇把一座座荒山变成了"金山银山"。2023年，擂鼓镇实现年总产值16.4亿元，农村居民人均纯收入达2.8万元，"土特产"收入就占到了近七成。2023年，盖头村通过成功承办"首届浙川茶产业发展大会""全国劳务品牌·乡村工匠培育培训班"等重大活动，吸引游客超过5万人次，实现旅游收入600余万元，村民户均年增收超过8000元。盖头村的村民说："因技术、品质更新，盖头村鲜茶叶亩产值已经从原来的1000元增加至4000元。"

三 经验与启示

（一）要深挖"土"资源

从南海之滨到白山黑水，从江南水乡到青藏高原，中国广袤大地上不同的气候、地形、土壤、山山水水形成了独特的自然资源和农业生产条件，孕育出无数独树一帜的特色产品。但如何将这些"土特产"开发出来，需要不断琢磨和挖掘。擂鼓镇立足当地的资源禀赋和自然条件，以"有什么样的水土，播撒什么样的种子；有什么样的资源，发展什么样的产业"为出发点，在"茶""竹""药"上做文章，注重分析新的市场环境、新的技术条件，用新的营销手段，助推了擂鼓镇的产业振兴。

（二）要放大"特"优势

乡村振兴如果没有特色产业做引擎，打造能形成竞争优势的特色产业集群，就难以行稳致远。"土特产"之"特"，是产业发展壮大的基石。擂鼓镇从特色产业的源头开始，通过扩大产业规模、开展精深加工、实施三产融合等措施，深度挖掘和开发地域资源的新功能和新价值，放大特色优势，形成比较优势，最终走出了一条"人无我有、人有我优、人优我特"的发展道路。

（三）要提升"产"效益

什么是产业集群？如何形成产业集群？美国著名经济学家迈克尔·波特是产业集群理论的创始人，他将产业集群定义为大量在产业上联系密切的企业及其相关支撑机构形成的具有强劲、持续竞争优势的空间聚集。这对于产业基础相对比较薄弱的农村地区，特别是偏远山区来说并不容易。擂鼓镇立足本地特色农产品，通过发展特色种植基地、建立特色产业园区、开展农特产品精深加工和一二三产业融合发展等措施，将一个个原本零散的"小产业"逐步做成了有一定规模的"大产业"，不仅产生了集群效应，也提升了产业质效。

（四）要实现"富"目标

"治国之道，富民为始。"乡村的"小特产"，不仅连着农村的美好生活，也连着农户的增收致富。擂鼓镇通过在"茶""药""竹"上做文章，按照"做产业、建基地、带农户"的发展思路，充分发挥现代农业园区的辐射带动作用，有效发挥带头型、技术型、实干型乡土人才的引领作用，不仅把乡村产业做了起来，也让农民的腰包鼓了起来。

案例来源：北川县擂鼓镇

执笔人：中共北川县委党校　黄泽霞　刘　全

三清观村全力抓好"五态融合"推动乡村振兴

涪城区吴家镇三清观村距吴家场镇8公里，距城区18公里，由原三清观村和观音碑村合并而成，面积10.6平方公里，辖12个村民小组、1103户、3184人，村党委下设4个党支部，共有党员130名。近年来，该村坚持"党建立村、产业强村"的工作思路，大力实施乡村振兴战略，以集体经济股份制改革为切入点，以农科文旅商"五态融合"为主要抓手，聚力打造"湖光山色"稻渔亲水湿地农业主题公园，为农村集体经济发展壮大按下"升级键"。先后荣获首批省级"实施乡村振兴战略工作示范村"、"美丽四川·宜居乡村"达标村称号。

一 基本做法

（一）以农业为本底，"粗放"变"集约"

1. 党建引领聚合力

把建设好"湖光山色"稻渔亲水湿地农业主题公园作为着力点和突破点，创新组建联合党委。该党委汇聚了与主题公园建设密切相关的区级部门、镇、村、企业及经济合作组织的党组织负责人，实现了对各类党组织、党员、人才和资源要素的统一调度和指挥，让主题公园建设有了"主心骨"。

2.规划布局谋发展

编制《"湖光山色"稻渔亲水湿地农业主题公园产业发展规划》，重塑园内生产、生活、生态空间，系统规划产业发展布局、功能设施布点、交通路网布线、项目资金配套等，拓展产业发展空间，大力实施"湖光山色"稻渔亲水湿地农业主题公园建设项目。

3.创新机制作保障

按照"政府引导、市场主导、主体带动、农户参与"的原则，制定了《涪城区"湖光山色"稻渔亲水湿地农业主题公园运营管理机制》。成立由村级集体经济组织百分百控股的锄犁农业有限责任公司，形成了村集体经济组织"牵总"，"村土地合作社＋莲藕（稻虾）合作社＋锄犁农业公司"具体负责土地、产业和市场经济的产业发展模式。

（二）以科技为支撑，"稳产"变"高产"

1.搭建科技创新平台

按照"院地协同、校地融合"理念，深化产学研合作，加强高标准农田建设，推广机械化耕种，构建校（院）园企创新、推广、发展共同体。强化农业科技创新能力，与西南科技大学签订《院地战略合作协议》，搭建由胡运高教授领衔的专家团队，建立专家工作站，组建农业服务团，深入田间地头，对农产品生产经营提供全过程全方位服务。

2.打造云上数智乡村

依托互联网平台，通过数智乡村"智游小程序"、"智慧景区"与"智慧农业"管理平台，辅以"共富小程序"，实现游玩智能化、人流智控、安防集成、设备智控及土壤墒情监测等功能发挥，也为民宿、餐饮、特产商户等乡村旅游经营者打造乡村旅游自主创业空间提供信息化管理工具。

3.依托技术培优品种

建立"专家工作站＋社会化服务组织＋合作社＋基地＋农户"的科技创新推广体系，在莲藕核心种植区，改种以鄂莲6号、白洋淀彩莲、江西香莲等花期长、莲蓬大、主产莲子的优良品种，提升观赏价值与经济价值。同时，将稻米种植由宜香2115升级为澳富优287，扩种200亩，以期通过品种的改良带来更佳的口感体验和更高的产量收益。

（三）以文化为主题，"田园"变"家园"

1.构筑精神文化阵地

建设文化广场2个共2000平方米，农家书屋1个，着力打造风清气正的农村精神文明家园。同时，创新实施《三清观村村民积分制管理办法》，将集体经济组织成员分红与积分管理相结合，用"小积分"管好"大队伍"，提升了群众组织化程度。

2.创建农民文艺团队

组建秧歌队、锣鼓队等农民文艺队伍，开展观赏性参与性强的农村民俗文化活动，如稻田时光音乐会、艺术家荷塘绘画等各类主题民俗活动，不断丰富文化内涵。

3.突出传统农耕文化

构建以荷IP为核心的农耕文化，打造"十里荷塘"都市农业休闲体验区、银杏湾田园综合体和"桃花幽谷"特色果蔬基地，并串联"荷塘月色"景观带，配套建设以农耕、文旅为主题的稻渔科普馆、研学小院、亲子步道等景点，进一步丰富文化旅游项目，美化乡村风貌，提升旅游吸引力。

（四）以旅游为路径，"农区"变"景区"

1.创新运营模式

创立绵阳闻香驿文旅发展有限公司，由村集体经济全资控股，专注农业主题公园的全链条运营，涵盖活动策划执行、观光引导、会务旅游接待及餐饮管理，实现高效一体化服务。

2.打造特色项目

以"湖光山色"稻渔亲水湿地农业主题公园园区为中心，串联周边新皂镇"梨花"、边堆山遗址等网红打卡点,打造集度假观光、特色餐饮、户外休闲、会议接待于一体的绵阳近郊旅游微目的地。

3. 策划旅游活动

以精细、精致、精品"三精"为标准,策划主题公园系列活动。按季节推出荷花音乐节、研学游、果蔬采摘,辅以集市游园、亲子互动、汉服体验。同时,引进专业露营品牌,打造特色露营基地,确保游客在此能够"赏美景、享玩乐、购好物、品美食",全方位提升旅游体验。

(五)以商业为纽带,"农场"变"市场"

1. 创新商业模式

三清观村集体经济组织通过独资成立锄犁公司,并联合其他企业共同出资成立平台运营公司,负责"湖光山色"稻渔亲水湿地农业主题公园内的农科文旅商项目策划、品牌运营、农产品营销等工作,代表村集体与市场主体进行谈判,统一收购优质小龙虾,从而实现创收与增收。

2. 发展农村电商

积极构建集特色农产品展示、直播带货、网店运维等功能于一体的电子商务营销中心,持续提升园区电商交易水平。与区供销联社开展农超合作,将农产品接入"智农云涪"涪城农产品专属电商供应平台,通过"线上"与"线下"双重渠道推广品牌,实现"订单农业"的源头直采与送货上门服务。

3. 加强制度和标准建设

遵循"有标贯标、无标建标"的原则,建立完善园区标准体系及技术规程,加强产地及投入品的监管,严格执行休药期制度,并建立质量安全追溯系统,以提升农产品品质。同时,建立完善生产准入制度,注册"锄犁稼"绿色优质农产品品牌,并修建冷链保鲜库,以延长农产品销售周期,进一步提升农产品售价。

二 主要成效

（一）农业产业转型升级

三清观村通过农科文旅商"五态融合"，不仅成为"湖光山色"稻渔亲水湿地农业主题公园的承载地，同时紧跟园区规划，成功发展了稻米、小龙虾等规模化产业。全村已建成1000余亩稻米生产基地和2000余亩小龙虾养殖区，实现"稻田＋"每亩产值10000元；柑橘、桃、脆红李三大主产果品种植面积达1700亩，亩均产值均超过6000元，集体经济年收益达35万余元。通过村土地合作社流转闲置土地，促使土地集中连片，并以500斤黄谷＋200元/亩的价格，返租倒包给11家新型经营主体，经营主体年均收入达20万～60万元，村集体经济组织年稳定收益30万元。此外，锄犁企业管理有限责任公司的成立，强化了劳务输出，大幅提升集体经济收益，助力乡村振兴。

（二）农村面貌焕然一新

三清观村依托农科文旅商"五态融合"，从昔日的"脏乱差"蜕变为基础设施完善、乡风文明、生态宜居的示范村。自2022年6月农业主题公园开园以来，村集体经济增收超过50万元。村民刘大爷说道："以前这里是全镇有名的经济最落后、环境最差的村，如今已是远近闻名的'美丽四川·宜居乡村'达标村，这一切都源于党的好政策啊！"

（三）农民生活更加富裕

三清观村紧密围绕农业主题公园的功能布局，通过农科文旅商"五态融合"策略，创新经营模式，激发资源活力，优化分配机制，迈向共同富裕之路。如今的三清观村虾田千亩、荷塘十里、桃林遍布，乡村振兴之路色彩斑斓，亲水民宿错落有致……村民生活水平得到显著提升。同时，三清观村两委积极引领村民增收致富。党委副书记谢娟大学毕业后放弃高薪工作回乡创业，通过土地合作社流转60亩旱地养殖蚯蚓，每年的毛收入达60万元。在三清观村元盛稻虾家庭农场的小龙虾捕捞现场，村民李元胜承包的200余亩水稻田，春虾销售即超过2万斤。全村稻虾共育产业带动就业80余人，综合增收600万元，加之其他产业贡献，村民收入大幅增长。

三 经验与启示

（一）乡村要振兴，组织保障是基础

三清观村"五态融合"推动乡村振兴的实践充分证明：农村基层党组织是引领农村经济发展的重要动力，是引导乡村文化繁荣的风向标，是推动乡村治理的中坚力量。通过上下联动，强化党支部，合力打造农业主题公园，推动了三清观村农业产业转型升级，推动了村级集体经济提质增效，让农村面貌焕然一新，农民生活更加富裕。

（二）乡村要振兴，融合发展是路径

推进一二三产业融合发展，是加快转变农业发展方式、构建现代农业产业体系的重要举措，也是推动农业农村经济发展、探索中国特色农业现代化道路的必然要求。三清观村充分发挥自身优势，找准产业定位，挖掘出符合市场需求的特色产业，构建"一户一业"的生动格局，创新集体经济发展理念，以农科文旅商融合"软实力"为乡村振兴提供"硬支撑"，通过村民入股、土地流转等方式，带动周边农副产业及餐饮业的蓬勃发展，促使三清观村从单纯的"卖农货"向"卖体验""卖风景"转变，让农民真正享受到了产业发展的红利。

（三）乡村要振兴，共同富裕是目标

全面推进乡村振兴是实现全体人民共同富裕的重要途径。三清观村以"群众有利益、集体有收益、企业有效益"为发展目标，通过产权改革激发集体活力，以农村"三变"（资源变资产、资金变股金、农民变股东）改革为核心，整合村级资源，平衡各方利益，实现了村集体、土地股份合作社和社员共同参与、共谋发展、共享利益的发展格局。

案例来源：涪城区农业农村局、涪城区吴家镇三清观村

执笔人：中共涪城区委党校　杨　惟

白沙村土地集中统一经营走出强村富民路

　　白沙村位于江油市战旗镇，由原白沙、三清、海棠三村合并而成，面积11.6平方公里，耕地面积5379亩，是典型的丘区村，常年以种植水稻、小麦、油菜等传统农作物为主。同大多数丘区村的发展状况一样，该村"两项改革"前存在着一些突出问题和矛盾，如土地闲置撂荒多、在家务农人员少且收入低、集体经济"穷"等现实情况……如何盘活村土地资源，找准适宜本村产业发展方向，在发展壮大集体经济的同时，走好全体村民共同富裕路，成为在"两项改革"中新组建起的村两委班子的重点工作。从盘活无人问津的800余亩撂荒地到实现全村80%以上土地集中统一经营，白沙村两委班子开启了谱好土地经营"三部曲"、走好"集体化贯穿全局、合作化精准靶向、利益化共享收入"的强村富民发展道路。白沙村先后获"四川省实施乡村振兴战略工作示范村""四川省合并村集体经济融合发展试点先进村"等殊荣，其集体经济发展经验多次被"学习强国"、川观新闻、绵阳观察等媒体平台广泛宣传。

一　基本做法

（一）有序流转土地，实现集中经营

1. 盘活撂荒地

　　以往白沙村土地多为单家独户分散经营，条块分割造成宜机化、规模

化为特点的农地基础设施改造未能及时进行,大量土地撂荒。为解决"土地撂荒"问题,首先,村集体组织深入各小组,对全村800余亩撂荒地全部登记造册;其次,通过逐步调换使撂荒地归置成片;最后,多方筹资对撂荒地进行改造升级,便于机械化、规模化种植。

2.成立村级土地股份经济合作社

2019年,白沙村成立村级土地股份经济合作社,建立"土地分红+基础工资"的利益分配机制,创新建立成员股、资源股,吸引个体农户把分散经营的土地以入股的形式纳入村土地股份经济合作社统一经营、统一管理。

3.推动土地集中连片规模经营

土地集约化后,在村集体领导下,合作社以原900余亩优质水稻产业为主体,对3200余亩低效土地进行整体连片改造,打造出4000余亩水稻、油菜等粮油生产基地,形成了以水稻、油菜及中药材为主导的产业布局。

(二)"三家"旺业,拓展发展空间

1.以传统农业规模化"稳家"

建成4000余亩水稻、油菜等粮油生产基地,其中仅水稻种植基地面积就达3000亩。为提高稻米的品质,成功试种富锌大米,产品一经上市就成为周边大城市的抢手货。为实现产品全链条经营,合作社又投资引进稻米加工自动化生产线,从而实现了从卖稻谷到卖大米的转变,全年水稻种植加工项目纯利润可达100万元。

2.以经济作物多元化"发家"

在传统粮油产业"稳家"基础上,积极利用土地集中统一优势,通过规模化种植经济作物"发家"。如发展水旱双种模式,稳妥推进经济作物发展,水田种水稻,旱田则用来扩大石斛、百部、芍药等特色中药材和珠芽魔芋等特色经济农作物。

3. 以品牌形象集约化"旺家"

为提升白沙大米的品牌影响力、市场竞争力，提高农产品附加值，合作社为自主加工、生产的白沙大米申请"白沙裕农"品牌，包装设计"白沙裕农＋"品牌，并通过SC认证，使产品效益增值60%以上。

（三）"四制"促融，重构集体经济组织

1. 以股份量化确权益

将集体经营性资产按"一人一股"原则，将230万元经营性资产以股权量化至3686名村民，并实行5年内"生不增，死不减"的静态管理，每年按4∶3∶3的比例，将集体经济收益分别用于集体经济再壮大、成员分红和集体公益金留存。

2. 以年年分红增收益

建立"成员股＋资源股"分红机制，构建起"你中有我，我中有你"的利益联结机制。其中，集体经济成员股按集体经济年收益的30%分红，资产资源股按入股比例分红，进入合作社务工的村民，按劳分配劳动报酬。

3. 以债务化解保稳定

白沙村是由原白沙、三清、海棠三村合并的村。合并后，村级债务存在部分遗留问题。为最大限度保证合并前三村老百姓的共同利益，确保集体经济稳定发展，村上鼓励债务人以资产、资金、技术等方式参与集体经济运行，每年按合作社章程提取分红30%的集体经济经营性收入用于偿还债务。

4. 以规范运行促发展

成立战旗镇白沙村股份经济合作联合社，下设土地经营、农机租赁、劳务派遣等股份合作社，形成"1＋3"经营体系。其中，土地经营股份合作社以资金、土地入股形式控股三清裕农土地专合社，实现全村产业土地统一经营、统一发展；农机租赁股份合作社投入43万元购买收割机、旋耕机、烘干机、输送机等专业化农用机械，对内满足村土地耕种收割需求，

对外提供社会化服务，可实现年收入100万元；劳务派遣股份合作社整合留守务农人员，回引外出务工人员，组建工程、务工、技术三支队伍。

二 主要成效

（一）实现了村级土地的有效经营管理

在当前粮食安全及国家大力整治土地撂荒的背景下，白沙村通过成立村级土地股份经济合作社，把土地流转到村集体，实行统一经营管理，有效解决了全村800余亩撂荒地无人耕种的难题，实现了土地集中连片，推动了传统粮油产业规模化经营。2019年以来，该村集约经营的土地已从800亩扩增到4500余亩。在村级合作社组织下，通过开展高标准农田建设，对3200余亩低效土地进行整理整体连片改造，打造出4000余亩水稻、油菜等粮油生产基地。

（二）壮大了集体经济，促进了农民增收致富

作为丘区村，以往的白沙村集体经济收入靠出租塘堰、山林地，缺乏持续增收渠道，可以说是入不敷出。土地统一经营后，白沙村以"三家"旺业的发展思路，通过重建收益模式，不仅蹚出了一条"集体种地村民得利，人人是股东年年有分红"的集体化发展之路，也让农民在增收致富的同时有了应对市场的能力。一方面，村级土地股份经济合作社以资金、土地入股的形式，让村民实现了"地生钱"。另一方面，农机租赁股份合作社通过购买专业农机机械和农户个人农机入股的形式，不仅满足了土地合作社耕种收割需求，也通过对外提供社会化服务实现了"器生钱"；劳务派遣股份合作社则通过把闲置劳动力和返乡技术工组织起来进行统一管理、统一派遣，确保了村民在家门口务工挣钱。截至2024年底，战旗镇白沙村股份经济合作联合社已吸纳土地入股农户853户，占全村农户的74%，已有

效消化村内闲置劳动力和返乡技术工种1100余人，村集体经济年收入超过120万元、村民人均可支配收入达3.2万元。

（三）为大力发展现代农业奠定了基础

实行土地集中统一经营后，白沙村改变了丘区农户单打独斗的经营局面，解决了产业产值体量小、分布散、产品附加值低、效益不高等问题。全村80%的土地实现了机械化耕作、无人机喷洒施肥等现代农业经营手段，既节约了生产成本，又实现了农业的高效发展，为发展现代农业奠定了坚实基础。

三 经验与启示

以家庭承包经营为基础、统分结合的双层经营体制，是我国农村的一项基本经济制度，是党的农村政策的重要基石。改革开放40多年的农业发展历程证明，双层经营体制以"统"的集中功能与"分"的灵活优势，为农村发展注入了生机与活力。但随着城镇化的快速推进，我国农村劳动力不断向城市转移，一些农村地区出现了"土地撂荒"问题，"谁来种地""怎样种地"已然成为时代的隐忧。江油市战旗镇白沙村充分发挥村集体经济组织统筹功能，通过土地集中统一经营，不仅解决了农村土地撂荒问题，还增加了农民收入，壮大了集体经济，值得借鉴和参考。

（一）乡村要振兴，须充分发挥基层党组织党建引领作用

以党建引领乡村振兴，既是创新和发展马克思主义关于党的执政能力建设理论的内在要求，也是解决当前我国农村问题的现实需要。从白沙村的实践来看，它之所以能够有效解决长期存在的土地闲置撂荒问题，解决在家务农人员少且收入低的问题，解决集体经济"穷"的现实问题，根本原因就在于"两项改革"后重新组建的两委班子能够充分发挥党建引领作

用和统筹协调功能，才使得白沙村的土地流转得以有序进行、土地统一集中经营得以有效推进，才使得白沙村的传统产业有了新的发展空间，才使得白沙村集体经济"穷"的面貌得以改变。

（二）乡村要振兴，须着力提高农业发展组织化程度

乡村振兴的前提是将农民组织起来，而组织农民最有利的制度条件就是集体经济制度。相较于市场化的组织方式，村社集体不仅能够整合资源要素，克服小农户原子化和土地细碎化问题，还能够充分利用村级自然资源和生产资源，统筹规划集体产业。白沙村集体经济组织通过成立村级土地股份经济合作社，以成员股、资源股的形式吸引个体农户把分散经营的土地以入股的方式纳入合作社统一集中经营，不仅有效解决了全村800余亩撂荒地无人耕种的难题，也实现了土地集中连片经营，扩大了规模效益，为农业农村现代化提供了可能。

（三）乡村要振兴，须因地制宜发展村级特色产业

宪法赋予的土地、山林、水面等农民集体所有的资源是村集体经济组织发展的最大经济优势，发展壮大农村集体经济首先就是要充分发挥这一优势，找准具有市场前景的产业，把资源变资本变资产。这就要求广大农村在发展特色农业时，要因地制宜、选好路子，宜农则农、宜工则工、宜游则游，适应市场经济和生产社会化的需要，围绕最熟悉最擅长的领域去找出路、做文章。与一些丘区跟风搞"非农化""非粮化"趋势不同，白沙村并没有盲目跟风，而是通过把传统产业做好来"稳家"，使白沙大米的效益增值60%以上。白沙村纪委委员杨勇自豪地说："现在我们种出的富锌优质大米能卖出远超市场其他普通大米2倍以上的价格。"对适宜发展经济作物的土地，白沙村也绝不错过机会。他们把村里不适宜种植粮食作物的旱地，用来种植石斛、百部、灵芝等，不但给当地找到了一条发展中药产业的致富路，还解决了50多名留守农民的就业问题。

（四）乡村要振兴，须发展壮大农村集体经济

2025年1月，中共中央、国务院印发《乡村全面振兴规划（2024—2027年）》指出，要"巩固提升农村集体产权制度改革成果，发展新型农村集体经济，构建产权明晰、分配合理的运行机制，赋予农民更加充分的财产权益"；2025年的中央一号文件进一步强调，要"因地制宜发展新型农村集体经济"。那么，不同地区应该如何因地制宜发展新型农村集体经济？面对土地闲置撂荒多、在家务农人员少且收入低、集体经济"穷"等现实问题，白沙村充分发挥"集体"的力量，推动土地集中连片经营，因地制宜发展村级特色产业，不仅把闲置资源转化为有效资本，也壮大了集体经济，带动了群众增收致富；通过股份量化、建立"成员股＋资源股"等方式，构建起了"你中有我，我中有你"的利益联结机制；通过联合发展、抱团发展，实现了村民、合作社和村集体互助共生、互利共赢、均衡发展的良好局面。

案例来源：江油市战旗镇白沙村

执笔人：中共江油市委党校　杨安业　罗美华

金花村"土地银行"为乡村振兴"蓄地赋能"

金花村位于安州区河清镇东南部，地处安州、罗江、绵竹交界处，是安州区的"南大门"和绵阳市国家级蔬菜产业园区规划核心区，也是绵阳市与成渝双城经济圈沟通的重要通道。金花村离场镇7公里，面积5.23平方公里，有耕地3836亩，高标准农田建设达标率100%，下辖13个村民小组，1321户，户籍人口3718人，有123名党员，设3个党支部。近年来，安州区着眼破解闲散撂荒土地整治难题，在金花村试点创立以村党组织领导、集体经济组织主导、土地分类利用为价值增长点的"土地银行"，盘活闲散撂荒土地，促进集约利用，让"沉睡"的土地资源变身为乡村振兴的"幸福田"，使村民人均可支配收入增长89%，先后荣获"绵阳市实施乡村振兴战略示范村""四川省乡村振兴示范村""四川省第三批乡村治理示范村"等称号。2022年，金花村"'土地银行'变荒为宝，为乡村振兴'蓄地赋能'"，助推集体经济发展模式，被《中国组织人事报》《中国经济时报》刊载，并入选"四川省新型农村集体经济发展十大优秀案例"。2022年9月24日，央视《新闻调查》栏目以《金花村的夏天》为题，作了时长42分钟的深度报道。

一 基本做法

（一）探索建立"土地银行"，破解土地流转难题

1."集体"筹建银行

由村党组织牵头，以村集体经济组织为载体组建"土地银行"，承

担收储农户土地、向经营主体放贷和提供生产服务等业务。同时，盘活闲置村活动阵地作为"银行营业部"，由村党委书记任"行长"，村干部任"职员"，负责"土地银行"清产核资和土地流转价格拟定等经营管理事项。

2. 农户"存款"保底

坚持自愿原则，将572户农户手中分散、闲散的2026亩土地存入"土地银行"。"土地银行"以1元/米^{2}作为保底价格支付给农户，保障农户获得基本收益。这份基本收益不会因为市场行情的变动而影响农户的收益，最大限度让农户放心，为农户兜底。

3. 银行"放贷"得利

根据市场需求，"土地银行"通过竞标的方式以1.2～1.8元/米^{2}的价格，将土地"放贷"给家庭农场等经营主体赚取"差价"利润。并与经营主体签订"贷地"协议，对承租用途、时限等5个方面12项事项进行约定。截至2024年，已签订"贷地"协议38份、土地流转收益同比增加42.71%，存地农户户均增收4500元以上。

（二）银行提供"增值服务"，提升土地整体收益

1."集约式"改造促进土地增效

针对田块分散、质量不高的问题，"土地银行"通过整合高标准农田建设等项目，以平田、修路、通渠等方式提高土地利用效率。让土地集约化成片化，大大提高了土地的使用效率，增加了土地流转的可能性。

2."互补式"服务助力三方增收

针对新型经营主体缺技术、缺劳动力的问题，"土地银行"为经营主体提供种植技术、产品销售和劳务输送等方面服务，形成"土地银行集中流转—经营主体规模经营—农户劳务输送"三方互补的利益链条。各类新型经营主体节约生产、管理等成本60余万元，解决闲置劳动力就业350余人。

3."基金式"调节降低亏损风险

针对因市场因素可能无法继续"贷地"的问题，金花村每年从村集体经济收益中抽取10%，设立"土地银行"丰歉调节基金，用于应对因自然灾害、市场波动等出现的亏损和基础设施维护，降低自然和市场风险，最大限度保护农户利益。

（三）补齐银行"监管短板"，推动土地有序流转

1.集体监事优化内部管理

成立农村集体经济组织监事会，实行"账、权、钱"分管制度，对于5000元以上的财务支出，都要召开村集体经济组织成员代表会同意后方可支出，有效防止经营收益被挪用和私吞，保证公平公正的情况下，让农户真正认可和放心。

2.部门联动强化外部监管

将"土地银行"纳入自然资源、农业农村、生态环境等6个行业部门监管范围，所有存入土地均需在农业部门备案，防止发生永久基本农田"非粮化""非农化"问题。同时对土地流转走向、资金使用流向等方面进行全方位实时管控，督促"土地银行"有序参与市场经营，保障"土地银行"运行公开透明。

3.按比分配确保利益均衡

经集体经济组织成员大会议定，将土地流转收益及自主经营净利润，按照村民小组20%、村集体经济组织30%、农户个人50%的"二三五"分配制进行分红，"入股"农户在保底收益基础上还可获得二次分红，保证"土地银行"持续健康发展。自"土地银行"运营以来，金花村集体经济组织累计收益约28万元。

二 主要成效

（一）使土地流转规范有序

金花村"土地银行"通过储备和发布流转信息，解决了承租方和出租方因信息不对称耗费精力、成本抬升问题；通过成立农村集体经济组织监事会，实行"账、权、钱"分管制度，对土地流转走向、资金使用流向等方面进行全方位实时管控，使参与土地流转各方利益均得到保护，解决了私下流转土地过程中可能出现的矛盾和纠纷，促进了金花村土地有序健康流转。自"土地银行"成立以来，金花村累计流转土地达2000余亩，签订"存地"协议572份、"贷地"协议36份。

（二）使闲散土地得以盘活

金花村"土地银行"通过消垄、平田、修路、通渠等方式，对辖区内土地实施规划和整合，动用推土机、挖掘机等进行现代化作业，翻耕撂荒地80多亩；推掉小田埂，让东一块西一块零碎的地边地角，形成不小于5亩的大块田地，整合土地1300多亩；新建、维修田地之间的主（支）道路38公里，方便农户生产和运输；新修、维修主（支）沟渠41公里，畅通灌溉渠道。金花村通过"土地银行"盘活整治闲散土地，提升土地利用效率，不仅为乡村产业发展提供了优质土地资源，也让农户看到了农业种植发展的希望。有了"土地银行"变荒为宝、"储地赋能"的管理机制，村集体对"土地银行"农户和种植大户实行种植分类，找准支柱产业，形成了西瓜种植1000多亩、辣椒种植400多亩、茄子种植300多亩、大蒜种植1500多亩的产业支柱。

（三）使农民的钱袋鼓了起来

村党委书记薛兴全说："农户并非不想种植庄稼，关键是庄稼种得少，收益就少，不如出门打工，对土地的管理无暇顾及，但又不愿意把土地流转给种植大户，最终小打小闹的种植无法形成有效利润。"金花村通过建立"土地银行"，让不想从事农业耕种的农民可以将闲散地、撂荒地、零碎地存入"土地银行"，再以"零存整贷"的方式流转给新型农业经营主体开展规模化经营，使农民在"土地银行"获得资金增收的同时，还可以带动村民在家门口务工，盘活了闲置土地，增加了农民的收入。金花村5组村民李玉兰2021年将自家承包土地4.3亩存入"土地银行"，通过"二三五"分配制，在保底收益基础上获得二次分红，共计4850元，到合作社务工一年能挣25000元，比"土地银行"成立之前增收9850元。

（四）使村集体经济强了起来

金花村在深化农村集体产权制度改革、发展壮大集体经济的道路上迈出了坚实的步伐。2021年，金花村"土地银行"收储整理土地2200亩，实现各类经营产值2700万元，村集体经济增收16万元；2022年全面推开后，安州区4000余亩季节性闲置耕地、撂荒地得到有效治理，带动粮食增产1000余吨、蔬菜增产600余吨，助力村集体经济和群众增收约500万元，2023年金花村集体经济收入突破100万元大关。

三 经验与启示

党的二十大强调，要"深化农村土地制度改革，赋予农民更加充分的财产权益。保障进城落户农民合法土地权益，鼓励依法自愿有偿转让"。土地有序流转和多种形式适度规模经营，已成为发展现代农业的必由之路，也是我国农村改革的基本方向。但是如何促进土地有序流转以适应农业发展适度规模经营需要？安州区河清镇金花村探索建立的"土地银行",把零散的土地集中起来,化零为整再租给经营主体和种植大户的模式,为解决这一问题提供了参考。

(一)要突出党建引领,把乡村产业发展起来

金花村所组建的"土地银行",以党建为引领,充分发挥村党组织的战斗堡垒作用和党员干部的示范带动作用:由村党组织牵头,以村集体经济组织为载体,把盘活闲置村活动阵地作为"银行营业部",由村党委书记任"行长"、村干部任"职员"、农户变"客户",所有党员干部齐心协力,负责"土地银行"清产核资和土地流转价格拟定等经营管理事项,鼓励并支持村里的党员干部带动老百姓把闲散地、撂荒地存入"土地银行",不仅使金花村土地闲散撂荒问题得到有效解决,也为金花村的产业发展提供了优质土地资源,让老百姓得到了实实在在的收益。

(二)要突出创新思路,把乡村资源整合起来

全面推进乡村振兴,是党中央立足全面建成社会主义现代化强国的远景目标而作出的一项旨在推动农业农村现代化发展、实现城乡共同富裕的重大战略部署。然而,囿于传统观念的发展模式显然已无法高效解决当前农村面临的一些发展难题。金花村通过开办"土地银行",创新性地解决了金花村土地撂荒、土地流转不畅等一系列问题,有效解决了"有田无人种、有人无田种"的矛盾,既保证了土地的适当集中和规模经营,实现土地效益最大化,又从根本上保护了农民利益,达到各方"共赢"。2023年金花村集体经济收入101.9万元,老百姓就近就能安居乐业,这是村委成员们给全体村民交出的满意答卷。

(三)要强化为民情怀,把留在乡村的老百姓组织起来

"江山就是人民,人民就是江山。""人民是历史的创造者,人民是真正

的英雄。"从站起来、富起来到强起来，人民群众一直都是我们最强大的支持者和最坚强的后盾。从金花村的实践来看，作为新时代的党员干部，在乡村全面振兴的大背景下，只有时刻牢记自己是人民的"勤务兵""店小二"，发自内心深处真正地尊重群众、爱护群众，真心实意造福群众，才能干好事业做好人，让家乡每个人都感受到更强的幸福感和获得感。

案例来源：安州区河清镇金花村

执笔人：中共安州区委党校　张钰婉

乡风文明编

　　中华民族五千多年历史孕育了丰富的乡土文化，如宗族文化、节庆文化、耕读文化、祭祀文化等。这些文化元素相互交织形塑了朴素的乡村价值观和认知体系，进而构建了乡村社会的行为规范。随着社会经济的快速发展，传统乡土文化蕴含的礼俗秩序开始在乡村社会中消解，乡村出现了内核"空心"。重塑乡土文化，建设乡村精神家园，对筑牢乡村振兴之根，确保乡村社会的持续稳定发展具有重要意义。

三台县"智慧广电＋"服务体系建设的全域实践

三台县位于四川盆地中北部，面积2659.38平方公里，户籍人口136.75万人，辖33个乡镇462个村（社区），是全市唯一的"全国乡村振兴百强县"。近年来在全省率先进行智慧广电乡村工程试点建设，开展"智慧广电＋"服务体系建设，建成了"县调度、镇主体、村参与、户户用、人人通"的广电联动平台，为全省智慧广电乡村工程的全面建设提供了"三台样本"。得到了广电总局、省委宣传部的高度评价和认可，被列为"全国第二批广播电视基本公共服务县级标准化试点县、四川省广播电视先进县、高清四川智慧广电先进县"，被"学习强国"学习平台、《人民政协报》、四川观察等国家和省级主流媒体多次报道。

一 基本做法

（一）抓好"建"字，夯实基础配套

一是实行"县委和县政府主导、部门协调配合、镇乡属地管理、村社现场监督"的四级建设管理模式，统筹资金2835.96万元建设广播系统，积极推进智慧广电乡村工程建设，助力乡村文化发展。二是规划建设性价比最高的"IP＋无线（FM调频发射）＋DVB系统"模式，建设县级播控指挥大厅、镇乡、村（居）广播室。建成了三台县级应用平台的"1＋2＋N"

系统架构:"1"即智慧广电乡村工程综合服务平台;"2"即数据整合融合AI分析系统、业务支撑中台两大数字底座;"N"即多种智慧场景应用,打造开放式体系,做好平台聚合、资源整合、功能融合,集成智慧文旅、智慧融媒、智慧公服等多个应用版块,实现N个多场景智慧应用,开放相关平台应用链接。三是整合资源,累计建成城域环网光缆线路360公里、乡镇汇聚骨干光缆线路750公里、村级光缆线路7165公里,形成县、乡镇、村(社区)、户多级光纤网络全覆盖。

(二)深化"管"字,激活服务效能

一是搭建智慧网管系统,对网络设备进行实时在线监测,对中心机房、无线发射台站进行安播准入电子台账化管理和全面摄像头监控,对存在隐患的关键点位进行AI智能监控,对融媒体节目播出、广播运行状态、网络传输安全统一实行7×24小时监管和值守,全面确保广播电视公共服务安全播出。二是全面启用全省统一的广播电视公共服务信息化平台和智慧广电App,强化对公共服务网点信息化监管,及时掌握网点业务受理、故障申报、故障处理、客户服务满意度情况,保障网点服务质量。三是按照省级标准和规范,组建县、镇、村广播电视三级服务机构,设立三台县广播电视公共服务中心1个、乡镇网点128个、村(社区)代办点462个,统一配备维护维修工具和办公设施,构建县有机构管理、镇有网点支撑、村有专人负责的广播电视公共服务管理体系。落实公共服务网格人员118名,分村配齐广电管家,在每家用户张贴"广播电视公共服务明白卡",公示广电管家联系方式,保证每个广播电视终端和用户均有专人负责。

(三)聚焦"用"字,打造创新平台

一是投入100多万元将云视频会议系统布置到各镇各村,以"投资最小、产效最高、最为常用"为原则,充分发挥中国广播体系的特色优势,

为文化振兴提供高质量的广电智慧应用系统。二是利用大数据、AI等新技术，实现优质的数字广播电视及5G网络资源、多部门的平台数据资源、丰富的融媒体资讯及用户资源三种资源综合利用，完成了与大数据中心"大数据"、政法系统"雪亮工程"、农业农村"智慧农业"等多个平台的适配和对接，推进智慧广电的共商共建共用共享。三是以特色内容满足群众需求。通过多方交流沟通走访，广泛征集意见，县融媒体中心及时进行节目改版，制作时政新闻与《新农村天地》《我们的美丽乡村》《关注三农》等切合收听需求、具备地方特色的节目内容，分早晚两个时段各1个小时统一播出。四是在广播统建统管统运营后，设计政策宣传、卫生防疫、文化宣讲等专栏，定期播放农业生产知识，强化乡风文明宣传，适时发布就业招工信息，通过广播电视传播，切实做到信息发布"及时通知、家家送达、户户覆盖、精准动员"，充分发挥广播电视公共服务作用。

（四）注重"维"字，落实长效机制

一是成立县广播电视公共服务中心，设立公共服务网点128个，统筹维护资金2800余万元，通过政府购买社会服务的方式，由中标单位中国广电网络三台县分公司组建广播专业化维护队伍，分村配齐广电管家。二是组建两个广播运行维护微信群，形成县、镇、村三级应急广播维护体系，确保系统稳定有效运行10年以上。三是启用电子运维管理手段，实施限时办结考核和"电子自动化评价"机制。将广播电视安全播出内容和职责集中呈现于3×9拼接屏，实行7×24小时全天候监管和客服受理。四是自主开发广电运维系统和用户在线质量监测系统，实现了自动巡检、自动派单、主动维护维修、限时办结考评，变原来的"用户申报后"的被动服务为"自动发现"的主动服务，实现维护智慧化、公共服务精准化。

二 主要成效

（一）实现了"智慧广电＋"服务全覆盖，为乡村文化振兴"加力"

一是县域广电OTN传输网、IP城域网已建成，全面推进广播电视FTTH双向网络升级改造，启动广电5G网络服务，构建下一代广电传播网和新型基础设施网。芦溪、老马、西平、紫河4个镇试点，安装监控点位104个、人脸识别点位4个，将广播与监控有机接合联动，完成了全县智慧广电综合应用体系建设前期有益探索。二是统筹建设完成三台县无线地面数字电视传输网络建设，共计完成大旗山主发射台和34个补点发射台站的升级和新建，全面实现了县域广播电视数字信号无线全覆盖。三是顺应群众无线多屏的新视听需求，创新实施基层综合文化活动室免费Wi-Fi工程，积极争取省级财政奖补资金，在全县重点乡村、文化场所、人员密集区域建设260个Wi-Fi网络，向群众提供免费无线上网、数字音频广播、数字阅读、数字文化、数字旅游等智慧广电服务。三台县广播电视有效覆盖水平进一步提升，广播电视综合人口覆盖率达100%，人民群众收听收视基本权益得到充分保障。

（二）增强了乡村公共文化服务"互联互通"，为乡村文化振兴"加速"

借助"智慧广电＋"多媒体平台，三台县实现了资源的多维度融合，促进了文化公共服务的"互联互通"。一方面，整合文化振兴和乡村旅游资源，利用"智慧广电＋"新技术，创新文旅融合发展方式，整合三台县"吃、住、行、游、娱、购"服务资源，向游客提供一站式文化旅游服务查询、推荐等服务，对重点文保单位、旅游景点、星级酒店等进行人流车流、安全保障的实时AI监测和管理,助力文化振兴和乡村旅游产业发展。另一方面,整合并利用手机客户端、微博、公众号、快手等多媒体平台资源,达到了"人人能参与文化活动,人人能学习文化知识"的目标。三台县本地电视节目进行高清制播能力升级改造,建成融合电视频道、广播频道、手机客户端等为一体的县级主流媒体矩阵。借助数字广播电视户户通和智慧广电建设的便利,不断完善"互联网+广电"方式,通过推进"一镇(村)一屏"区域电视门户服务的方式,以图文、视频的方式,把政策宣讲、政务动态、文娱节目等信息发布到群众的电视和手机上。群众可在手机客户端或者微信群收看政务信息,在网上观看节目,实现了政务信息微信发、文娱节目网上看、政策理论网上宣传。

(三)建成了"一县一品"三台样板,为乡村文化振兴"加温"

先后建成郪江历史文化博物馆、秋林镇红星村村史馆、芦溪镇涪城村村史馆等特色文化阵地,三台县非遗馆、潼川豆豉博物馆、潼川豆豉酿制技艺体验园、杜氏皮蛋制作技艺工坊等非遗体验设施对外开放。其中秋林镇红星村村史馆是三台县第一个村史馆,发展为集观赏、住宿于一体的"村史馆+家风馆+生态步道+驿道文化"旅游品牌。每年组织开展"四下乡"公共文化服务集市、"文艺轻骑兵·惠民村村行"送戏下乡、农村文艺调演、乡村文化振兴魅力竞演大赛、广场舞大赛等文化活动100余场,惠及线上线下群众30余万人次。县融媒体中心创作的专题片《古梓州丰雅颂》在四川省广播电视局组织的"讴歌新时代 记录新四川"优秀广电节目征集播出活动中获优秀作品资金补助。

三 经验与启示

数字化作为乡村文化振兴的重要推动力量,如何推进乡村文化数字化建设成为当前乡村文化振兴的重点任务,三台县在全省率先实施的"智慧广电＋"服务体系建设值得借鉴和参考。

（一）要坚守乡村文化振兴的人民立场

乡村文化振兴和数字化建设，要从农民所思、所需、所盼出发，不断满足农民的精神文化需求。三台县在"智慧广电＋"服务体系建设过程中，紧跟时代步伐和乡村老百姓的文化需求，不断提高乡村数字文化产品质量，通过数字技术基础设施建设和县级融媒体中心建设，扩大乡村数字文化产品的有效供给，开发出反映群众生产生活、深受老百姓喜爱的数字文化产品和服务，保障了人民群众收听收视权益，真正实现了群众从看电视到用电视的转变，打通了群众办事的"最后一公里"。

（二）要涵养乡村文化振兴的文明乡风

文明乡风需要引导和创建，要充分发挥先进文化的引领作用，善于运用现代传媒的媒介化传播影响力，搭建农村基础文化服务设施，提供文化服务，组织文化活动，提升农民素质和乡风文明程度。三台县"智慧广电＋"服务体系不仅在广电硬件设施服务保障上做好了体系建设，而且在软件矩阵方面形成相应的配套，特别是通过五大"农字头"栏目的创设，宣传乡村文化价值、提升群众的乡村文化价值认同感，引导村民爱党爱国、向上向善、孝老爱亲、重义守信、勤俭持家。

（三）要注重乡村文化振兴的新型业态

数字媒介赋能，为拓展乡村文化传播渠道，增强乡村文化自信开辟了广阔的空间。当前，"新农人"正通过新媒体平台展示乡村的文化习俗等，创新文化表达方式。因此，乡村数字化建设要结合市场需求和消费趋势，创造性地将乡土文化转化为具有吸引力和影响力的产品和服务，如农事体验、民俗活动、非遗展示、地方特色美食、手工艺品等，提高乡村文化产业的附加值和收益。三台县"智慧广电＋"服务体现建设，利用大数据、互联网、新媒体等现代科技手段，打造出线上线下相结合的文化产业平台，以乡土文化为纽带和桥梁，促进了农业、旅游、教育等产业融合发展，促进了乡村资源更好参与产业发展。

案例来源：三台县文化广播电视和旅游局

执笔人：中共三台县委党校　陈慧铭　张　杨

北川县以非物质文化遗产赋能乡村振兴

北川古名"石泉",是古代治水英雄大禹的诞生地、全国唯一的羌族自治县,也是首批国家羌族文化生态保护区的核心区域。这里禹羌文化源远流长,民族风情鲜明浓郁,共拥有非物质文化遗产项目108项。近年来,北川县积极探索文化产业赋能乡村振兴的新路径,把非物质文化遗产的抢救、保护、传承和挖掘作为一项重要工作,大力实施"非遗+",在非物质文化遗产保护、传承、创新性转化方面取得显著成效。30多项非物质文化遗产已实现产业化,先后荣获"中国大禹文化之乡""中国民间文化艺术之乡(羌族文化)"等称号,入选"首届中国文化百强县""全国首批文化产业赋能乡村振兴试点"。

一 基本做法

(一)"非遗+保护传承"服务乡村振兴

1.加强制度体系建设

北川因地制宜出台《北川羌族自治县非物质文化遗产保护条例》《北川羌族自治县文物保护暂行办法》,编制《羌族文化生态保护区总体规划》《北川羌族自治县县级非物质文化遗产代表性名录项目申报评定管理办法》《北川羌族自治县县级非物质文化遗产代表性传承人申报评定管理办法》,为北川非物质文化遗产的保护、传承和发展提供了完备的政策法规体系。

并进一步编制《北川羌族自治县文旅产业发展五年行动方案》《2022年文旅产业链长制工作计划》《北川羌族自治县文化振兴三年行动方案》，为非物质文化遗产赋能乡村振兴指明方向。

2. 加强非遗保护传承

全面开展非遗普查工作，及时抢救保护非遗文字资料、照片、录音资料等。开展羌年、口弦、羌绣等重点非遗项目基础平台建设，打造手工茶、草编、羌绣等独具羌族特色的非遗工坊。加强19个乡镇综合文化站、201个村文化活动室、33个社区文化室的管理与运营，并配齐报纸杂志、科普读物、文体广电器材，筑牢县乡村三级公共文化服务平台，全面推进北川非物质文化遗产的科学管理和规范保护。

3. 加强非遗传承人培养

落实非遗传承人补助经费，支持非遗传承人开展传承传习活动；每年定期开展非物质文化遗产专题培训，形成鼓励拜师学艺的非遗传承氛围；积极打造传承基地、传承人、传承项目的活态传承体系；组织非遗传承人参加各类普及培训班、研修研习班，与国内羌族聚居区、其他少数民族聚居区互动交流学习，提升非遗技艺传承能力，以此推动形成非物质文化遗产"在传承中发展，在发展中传承"的良性循环。

（二）"非遗＋活态保护"促进乡村振兴

1. 非遗与旅游融合

将非物质文化遗产融入国家AAAAA级北川羌城旅游区、国家AAAA级九皇山景区，青片乡五龙寨、曲山镇石椅村、通泉镇神木寨农家乐等景区、景点，实现"景区建设＋非遗传承"相结合。并依托丰富多样的非物质文化遗产资源，举办年猪节、雪顿节、情歌节、三月三抢童子等乡村特色民俗活动，推动非遗保护、传承与全域旅游战略相衔接，全力打造少数民族文旅新体验。

2.非遗与商业融合

建成手工茶、水磨漆、羌族刺绣、羌族草编等非遗技能大师工作室以及手工茶、羌族草编、羌族刺绣非遗扶贫就业工坊，并鼓励羌笛、口弦、羌族泥塑、石头雕刻等10多家非遗文化个体工商户实现"个转企"，同时，通过举办"大禹杯"文创大赛、"云裳北川"中国羌族文化服饰设计大赛，支持非遗企业研发文创产品，进一步推动20多项非遗项目实现产业化。

3.非遗与农业融合

整合"老腊肉""手工茶""马槽酒"等农产品传统制作技艺资源，打造"羌食荟"农产品区域公用品牌，将传统技艺蕴含的丰富文化价值融入农产品中。同时，通过积极举办和参与各类展示展销活动，推动"北川味道"走出去、"经济效益"流进来。

（三）"非遗＋文化惠民"助力乡村振兴

1.完善乡村非遗服务体系

将县图书馆、县文化馆、县博物馆、县非遗传习所向群众免费开放，并加强19个乡镇综合文化站、201个村文化活动室、33个社区文化室的管理与运营，配齐报纸杂志、科普读物、文体广电器材，进一步筑牢县乡村三级公共文化服务平台。

2.常态化开展非遗展演

当前近20支文艺队伍常驻县域内，持续开展羌歌羌舞、禹的传说、羌笛、口弦、沙朗、腰邦、羊皮鼓、羌族草编等30多种非物质文化遗产进机关、进学校、进乡镇、进社区、进村寨"五进"活动，极大丰富了群众精神文化生活。

3.打造好乡村民俗项目

依托丰富多样的乡村民俗，每年举办年猪节、抢童子、情歌节等20余项民俗活动，形成"乡镇挖文化、村寨搞活动、群众来参与"的良好局面。因地制宜，引进项目，创新"村委会＋合作社""合作社＋农家乐""合作社＋农户"三种运作模式，大力发展乡村民宿旅游。

二 主要成效

（一）乡村非遗资源越来越"丰"

通过加强非遗项目的抢救、保护和生产性转化，北川的非物质文化遗产从遭受重创到拥有非遗项目108项。其中，国际级非遗保护名录1项、国家级非遗保护名录3项、省级非遗保护名录15项，各级非遗代表性传承人达到200多名。全县19个乡镇均建有文化传习活动中心，包括：羌年、口弦、羌绣、水磨漆、古羌茶、马槽酒传习场所，西窝羌寨、黑水羌寨、石椅羌寨、禹穴沟、五龙寨传统村落传习基地。这些传习场所和传习基地，已成为乡村文化振兴、文化富民的重要载体。

（二）乡村非遗产业越来越"兴"

通过实施"非遗＋旅游""非遗＋产业""非遗＋农业"等活态保护措施，北川已建成融非遗项目参与体验、旅游旅行为一体的景区景点20多个，羌绣、羌族手工制茶、羌族水磨漆、羌族草编等20多项非遗项目实现产业化，研发生产文创旅游商品3000多种，每年实现文化产值5亿多元。其中，羌族手工制茶、羌族草编等项目已形成了种植、采割、制作、研发、生产、销售产业链，产品畅销国内，走出国门。截至2023年，北川"羌食荟"农产品区域公用品牌旗下特色优质农产品实现销售额达1500余万元。

（三）农民生活越来越"富"

北川的"非遗＋文化惠民"工程，既富了老百姓的脑袋，也富了老百姓的口袋：让老百姓体验、感知北川非物质文化遗产的独特魅力的同时，也为发展乡村旅游提供了可能。通过做活乡村民俗，每年吸引近50万游客参与体验，2024年五一假期，北川累计接待游客近62.49万人次，较上年同期增长64.83%；旅游收入2.37亿元，较上年同期增长90.2%。

三 经验与启示

非物质文化遗产的合理保护与利用是国家全面实施乡村振兴战略、推进乡村发展的重要路径。"5·12"汶川特大地震后，遭遇重创的北川非物质文化遗产却在保护、传承和发展过程中得到了充分利用，开创了乡村非遗资源"丰"、产业"兴"、百姓"富"的新局面，值得学习和借鉴。

（一）强化非遗相关政策的落地落实

《中共中央 国务院关于实施乡村振兴战略的意见》强调，要"传承发展提升农村优秀传统文化"。为此，各级政府部门制定本部门、本地区的实施方案、发展规划，为促进农村非物质文化遗产的保护和发展提供了良好的外部政策环境。北川的非物质文化遗产之所以能够在重创之下得到及时抢救和保护，之所以能够得到创新性发展，不仅得益于相关法律的制定，也得益于相关政策的出台，它们在推进北川非物质文化遗产的科学管理、规范保护和良性发展等方面发挥了重要作用，也为北川乡村的文化振兴打下了坚实基础。

（二）注重非遗资源的创造性转化与创新性发展

2021年施行的《乡村振兴促进法》明确提出，要"采取措施保护非物质文化遗产""挖掘优秀农业文化深厚内涵"。通过现代文化创意，非物质文化遗产不仅能够迸发出全新而又不失传统神韵、核心价值与精神内涵的创意作品，还可以实现巨大的经济和文化价值。北川通过采取非遗与旅游、非遗与工业、非遗与企业融合等活态保护措施，在抢救、保护和传承了北川的非物质文化遗产的同时，也提高了北川非物质文化遗产的附加值和市场竞争力，促进了北川非物质文化遗产的创新性发展，使北川的非遗产业越来越兴旺，农民越来越富有。

（三）注重非遗对乡风文明建设的推动作用

在乡风文明的内涵中，乡愁不可少，地域文化不可少，历史记忆不可少。实施乡村振兴战略必须走乡村文化复兴之路。诞生于农耕文明时代的非物质文化遗产，是"望得见山，看得见水，记得住乡愁"的美丽乡村之灵魂，是当地特色文化最直接的体现。在实施乡村振兴的道路上，不仅要重视提高农村居民的物质生活水平，更要丰富农村居民的精神文化生活。北川县通过完善乡村非遗服务体系，在社区、村寨、景区常态化开展非遗展演，以及丰富多彩的乡村民俗活动等，不仅保留了当地原有的民风民俗、丰富了群众精神文化生活，也为乡村振兴和发展提供了不竭动力。

案例来源：北川县文化广播电视和旅游局

执笔人：中共北川县委党校　赵江燕　黄泽霞

青莲镇深耕李白文化赋能乡村振兴

青莲镇是唐代伟大诗人李白的出生地，位于江油市西南部，面积65.88平方公里，辖8个村、2个社区，总人口4.2万人。近年来，该镇坚持以打造李白文化超级IP为工作总思路，以文旅融合为主线，不断擦亮李白文化的亮丽名片，走出一条"李白文化＋"促进乡村全面振兴的特色新路，推动了全镇经济社会全面发展。先后荣获"全国环境优美乡镇""全国文明村镇""全国卫生镇""全国第二批特色小镇""国家级发展改革试点镇""四川省历史文化名镇""四川省首批省级特色小镇""四川省风景名胜区""四川省文化旅游特色小镇""四川省天府旅游名镇""四川省乡村文化振兴省级样板镇"等称号，2023年晋级为"中国镇域高质量发展500强"。

一 基本做法

（一）健全学术研究组织机构，建强文化振兴"新高地"

1.建立李白文化学术研讨中心

通过联合四川省李白研究会、绵阳师范学院李白文化研究中心等学术研究机构在青莲镇建立李白文化学术研讨中心，定期向全国发布研究课题，组织联络国内外李白文化研究权威专家齐聚青莲，为青莲创新传承李白文化建言献策。近年来，先后邀请到俄罗斯、哈萨克斯坦、英国、泰国、日本、韩国等国专家和国内北京大学、北京师范大学、香港浸会大学、四川

大学、四川师范大学等高校学者到青莲开展李白文化学术研讨会20余次。学者们从哲学、文学、文史考证、艺术审美、文化旅游、民俗风情等方面多角度全方位解析了李白文化及其当代价值，完成了《李白与巴蜀基础资料汇编》《李白与地域文化》等大批学术课题，并领衔创作了大型幻景人文诗舞剧《李白归来》、川剧《诗酒太白》等艺术作品30余部，进一步厚植了青莲镇创新发展的文化底蕴。

2. 设立李白故里李白文化名家工作室

为更好发挥本土李白文化研究人才的作用，镇党委、镇政府积极整合绵阳境内高校、研究机构相关人才资源，在青莲镇设立李白故里李白文化名家工作室，不仅作为李白文化研究传习基地，更作为李白文化对外互动交流的窗口，还作为本土李白文化研究交流和咨询顾问的平台。工作室已汇聚了如绵阳师范学院教授蒋志、杨栩生和副教授沈蜀东，四川省李白研究会会长徐希平，四川省李白研究会秘书长、李白纪念馆馆长丁颖，四川省李白研究会副秘书长、江油市作协主席、四川幼专教授廖琼，四川省李白研究会副秘书长、江油一中高级讲师赵斌等20余名本土李白文化研究专家。

（二）强化软硬件基础建设，夯实文化振兴"主阵地"

1. 推动李白文化保护上档升级

李白留在青莲的有故居、经历地、游历地、基地、纪念地等遗址遗迹10余处，为保护好这些文化遗址遗迹，青莲镇积极推动李白故居、名贤祠等17处列为文物保护单位，其中陇西院、太白祠、粉竹楼等4处被列为省级文物保护单位。同时，积极推进李白文化系列非物质文化遗产保护，其中，省级非物质文化遗产1个，市级非物质文化遗产4个，绵阳市级非遗传承人2名。推动李白民间故事入围"第六批省级非物质文化遗产"，推动粉竹楼被评为第八届中国成都国际非物质文化遗产节非遗体验基地、青莲镇初级中学被评为"绵阳市非物质文化遗产传习基地"，陕西会馆被评为"中国非物质文化遗产研究院教育传承基地、中国非物质文化遗产研究院翰雅非遗文创研发中心"。

2.重建或改建李白文化遗址

由于历史原因，与李白相关的历史文化遗址遗迹大多因年久荒废或被毁，新中国成立以来，特别是改革开放后，李白文化遗址遗迹先后被修缮、重建或改建，让青莲这座文化古镇重新焕发时代光芒。1982年维修了李白故居陇西院；1987年修葺了粉竹楼；2000年动工开建纪念李白、展现李白文化的综合性载体——太白碑林文化景区，将陇西院、粉竹楼、陇风堂、序伦堂、月圆墓等作为核心建筑，并将青莲书院迁建园内，于天宝山顶重建太白楼。在景区内根据李白诗歌写意，修建大鹏亭、邀月台、清风明月园、巨碑广场、青云梯等建筑；2004年在原址重建太白祠，修缮名贤祠和李白衣冠冢；2016年起，依托太白碑林和太白祠两大核心观光景区持续打造规划占地12平方公里的青莲诗歌小镇。现已建成李白时光里核心商业古风街、李白文化博物馆、青莲文化艺术中心、磨针溪、蛮婆渡、太白古村落等核心景点，成为全面展现李白文化的主阵地。2023年以来，又持续打造了李白家风馆、太白书院，让青莲成为新时代展现李白文化的特色研学教育实践基地。

（三）强化文旅融合，激活文化振兴"新动能"

1.做强"文化+"融合大项目

通过引育青莲竹园文化旅游开发有限公司，以李白文化旅游产业为核心，进一步提升打造李白故居景区和建设李白文化产业园。其中，依托丰富的李白遗存文化打造的李白时光小镇文旅项目占地93356平方米，共分为诗、书、剑、酒四大区域，并已成功推进三期。第一期集中打造特色餐饮主题川西古风唐街，聚焦美食时光；第二期着力建设体验李白特色文化休闲活动区，聚焦文化时光；第三期融合文化创意区和田园客栈区构建精品客栈群，聚焦休闲时光；第四期将规划建设夏令营活动区，聚焦童年时光。2023年，已集中全镇特色民宿12家，特色农家乐8家，累计接待游客200余万人次、同比增长26%，实现旅游收入2.1亿元。

2. 做特"文化＋"创意产品

通过引进翰雅自然艺术馆等26家非物质文化遗产和知名手工艺术家，并培育壮大四川坤朋文化公司（李白诗意绣）、一仟石文化传播公司等优秀企业布局文创产业。近年来设计开发了一批凸显李白文化特色的"青莲窑"瓷器、"梦笔生花"文房用具、"云想衣裳"针织品、"李小白"品牌日用品等9大系列文创产品。同时，运用"文化＋科技"创新开发智慧旅游系统，运用人工智能、3D虚拟等技术打造"少年李白数字人"，后续这款数字人形象将担任江油景区向导与游客互动；还联合绵阳方特推出了"方特＋李白文化"AR数字文旅景区等产品。

3. 做优"文化＋"新业态

一是推出"文化＋研学"。大力支持李白故居、李白文化博物馆等景区景点开拓旅游研学、劳动体验新市场，打造"太白书院""翰雅自然艺术馆"等特色研学体验场所，开发"开笔启智·礼润人生""赏青莲芳华·立大鹏之志"等7个研学项目。近年来，累计接待研学团队330余个，研学师生30余万人次。二是推出"文化＋演艺"。精心打造大型幻景人文诗舞剧《李白归来》，努力将其包装推广为游客到江油必看的演艺节目；大力推出川剧《诗酒太白》、川剧小戏《太白渡河》等演艺节目，进一步丰富李白文化演艺内容，全年累计吸引游客24000余人次，带动文旅消费超过500万元。

（四）强化品牌推介，提升文化振兴"开放度"

1. 以"节"为媒，扩大影响力

高水平举办具有国际范、国家级、有影响力的品牌节活动。自2004年始，已举办李白故里文化旅游节12届，青莲乡村旅游节10届，青莲乡村旅游桃花节、芍药花节5届。近年来，不断推进李白故里文化旅游节与科博会相融互动，与四川国际文化旅游节等相融互通，提高了节会档次，扩大了李白文化影响力。

2. 以"会"为引，提升配置力

一是高水平承办2015年央视"月圆江油"中秋晚会、2017年央视"中国少儿诗词贺新春""海峡两岸新春诗会""中国诗词大会青莲站""读李白·游神州——中华文化主题旅游线路宣传推广""中国农民诗会，从江油出发"等大型会议，让李白文化品牌进一步亮响全国。二是以青莲民间公祭李白大典为契机持续举办李白文化研讨会，并让中断68年的太白长寿会在2018年再次上演。同时，借助春节、元宵、重阳等中华民族传统节日，开展送春联、诗词朗诵、重阳文艺会演、国庆"嘉年华"等活动，进一步弘扬了李白文化。三是以开展李白文化"六进"活动为契机，连年举办"李白故事分享会""李白经典诗歌赏析会"等活动，更进一步普及了李白文化品牌。

3. 以"赛"为桥，增强吸引力

一是常态化开展李白诗歌奖和太白文艺奖颁奖活动，并将青莲镇固定为李白诗歌奖永久颁奖地址；二是举办体育赛事扩大李白故里知名度。从2023年开始已连续两年举办"太白杯"马拉松比赛，吸引国内外赛手3万余人，并通过网络直播赛况，让李白品牌进一步享誉世界。

二 主要成效

（一）以旅彰文的资源越来越丰富

在开发保护和挖掘李白文化资源的引领下，青莲镇广开思路，不断拓展文旅资源，开发新的文旅项目。除集中打造李白时光小镇外，还扩建了名贤路古街区，以李白诗命名打造了静夜思度假酒店、青莲桃花山汤泉酒店；以李白字命名打造了太白国家登山健身步道；以李白文化为主题，开发建设了占地50余亩，集生态餐饮、会议、休闲于一体的四星级综合性生态园——九天唐园。此外，还建有青莲山庄、青龙湾休闲庄、瑞雪花园休闲庄、静夜别院、磨针溪畔、夏尔别院等多处文农旅融合新业态载体。截至2024年，青莲镇拥有名胜古迹资源19处，创意性新型业态载体20余处，一般不可移动文物25处。

（二）以文促旅的融合越来越顺畅

一是文创融合更丰富。依托李白故里文创产业中心，开发李白诗意蜀绣、雾山石刻、李白书画精品、李小白卡通等文创产品。特别是李白诗意蜀绣将李白诗歌意境与蜀绣结合创造出新的非遗物质文化产品，并以"培训＋就业"的模式，邀请蜀绣大师，对留守妇女、下岗女工、残疾人进行公益培训，10余年来共计培训2000余人，先后为200多名残疾人提供了包括居家灵活就业在内的就业机会，帮助他们摆脱贫困。二是文农融合更多样。按照"太白耕读园、诗蔬故乡境"定位，先后建设了太白蔬菜现代农业产业园、桃花山观光园、苏溪村芍药花观光园、青莲东河养生塘生态观光园等特色农业观光园。三是文旅融合更协同。围绕"吃、住、行、游、购、娱"六要素，推进李白文化与江油美食、住宿、交通等行业深度融合。如开发了乘"李小白"号车、围坐太白厅、吃太白乳鸽、太白豆腐、喝诗仙阁酒、饮太白茶、听唱太白诗、观霓裳羽衣舞的太白诗宴等。

（三）文旅引领的产业发展越来越兴旺

一是文旅市场主体质效不断提升。2023年，新增文旅类市场主体户48户，总数达到172户；完成文旅类招商引资5个，开工2个，签约总金额8.497亿元；培育成立农业专业合作社12家、家庭农场和种养殖大户35家，省级示范合作社2家，绵阳市级示范性农场1家，农业种养殖龙头企业2家。二是乡村旅游产业不断兴旺。在李白文化旅游的带动下，青莲镇充分利用果树、花卉花期，举办花节花会，持续推动乡村旅游发展。如举办桃博会、桃花节、芍药花节，年均吸引游客10万人次，带动周边餐饮、住宿、零售等行业发展。三是文农融合产业不断壮大。在现有各类农业生态园中，规模化发展果树和蔬菜，主要为附近餐饮、民宿游客提供就近服务。现有果树1500余亩，其中桃树1000余亩；蔬菜2万余亩，其中折耳根3000余亩，莲藕1000余亩，另有丝瓜、西红柿、韭菜等大棚蔬菜20余种；芍药花280余亩。产业涉及农户6800余户2.2万余人，带动本地3000余人就业。

（四）李白文化超级IP品牌建设越来越响亮

一是李白文化超级IP品牌获得《人民日报》关注。2023年4月3日，《人民日报》专栏报道了2023年绵阳市文化和旅游发展大会暨李白故里文化旅游节盛况，并指出打造李白文化超级IP为探索中华优秀传统文化创新传承提供了新思路。二是李白数字人成为李白文化品牌宣介的新宠。2023年3月，"少年李白数字人"自青莲发布以来，李白数字人相继在全国各大媒体及自媒体亮相，同年11月更是走进杭州阿里云"云栖大会"；2024年2月，李白数字人走进2024年春晚与演员及观众互动。随着李白人工智能实验室的进一步推广，李白数字人已走进千家万户，成为文旅推介、学校教育、休闲娱乐等行业的重要助手。三是音乐剧《将进酒》巡演全国，进一步打响了李白文化品牌。自2023年9月以来，音乐剧《将进酒》在全国15个城市巡演94场，观众超10万人次，再次提升了李白的故里——江油青莲的全国知名度。

三 经验与启示

（一）突出资源挖掘，才能厚植文化底蕴

文化资源只有深入挖掘，才能绽放时代光芒，才能让文化底蕴更加深厚。青莲镇通过创造性挖掘李白文化，让"沉寂"的资源活现出来。一是加强资源整理研究。李白在家乡青莲留下了世界上最完整的李白文化资

源遗产，整理这些资源不仅从物质的角度去整理它的有形资源，如李白留下的洗墨池、李白衣冠冢；还从精神的角度去研究李白诗文和传说故事中蕴含的人文爱国精神、为民情怀和道德品质等无形资源。二是必须创造性地开发资源。青莲镇不仅深入挖掘了李白遗留的有形资源，如利用李白故居陇西院建设了李白家风馆，利用李白诗歌的世界影响力建成了李白国际诗歌小镇，利用太白祠建设了李白诗歌会堂，利用李白故居天宝山建成了AAAA级景区太白碑林等。不仅如此，青莲镇还用李白文化的无形资源建成了有形资源，如建成了李白文化博物馆，还因李白铁杵磨针的故事建成了磨针溪，因李白母亲的传说重建了蛮婆渡，因李白对月当歌建成了邀月台等，让千年的资源闪耀出时代光芒。

（二）突出产业引领，才能提增文化效能

文化只有做成产业才能更好传承弘扬，产业只有不断深入融合才能提质增效。

青莲镇坚持以李白文化产业为引领，推动一二三产业融合发展，不仅创新了业态、拓展了市场空间、延伸了产业链条、提升了产品附加价值，而且催生了文化新消费、促进了乡风文明进一步提升。一是借助李白名人效应，打造融合产业，推出"太白蔬菜""诗仙阁酒""青莲养生塘""静夜思酒店""磨针溪民宿""诗乡和宴""太白行吟诗意套杯""李白诗意绣""太白砚"等品牌，既提升了产品知名度，又宣传推广了李白文化。二是发展新业态，丰富了人民精神文化生活。通过开发创意产品，创新研学、手作体验、非遗互动、演艺直播等新业态，增加场景式、体验式、休闲式等消费内容，增强消费体验性、娱乐性和趣味性，满足了人民日益增长的精神文化需求，乡风文明水平也随之提升。

（三）突出文化创意，才能打响文化品牌

文化只有紧跟时代，更多地融入现代元素，才能创造出更好的文化产

品以不断满足人们对美好生活向往的文化需求，也只有有创意的文化产品才会让文化品牌更加响亮，才会在人们心里留下深远持久的影响。青莲镇综合应用现代元素和科技手段，瞄准新时代人们的多元化新向往，深入挖掘李白文化内涵，以漫画游戏、剧目演艺、数字李白、AI宣传教育等新奇形式展现李白文化魅力和独特形象，聚焦李白文化超级IP品牌塑造，不仅扩大了李白文化品牌知晓范围，更扩展了知晓群体。

（四）突出文化塑造，才能共享发展红利

文化只有重视对人的精神的塑造，才能切实增强文化自信、更好凝聚团结奋进力量。李白遗留后世的文化遗产除了浪漫的诗歌，还有勤奋拼搏、报国忧民、刚正向善的优秀品格，这构成了青莲文化塑造的基本源泉，汇成了青莲人团结一致推进乡村全面振兴的不竭动力。近年来，青莲镇一方面以弘扬李白文化做大做强"文农旅"融合产业，另一方面注重文化塑造，始终把物质文明和精神文明相协调发展作为重要抓手。通过组建"青莲卫士""磨针天使"等15支志愿服务队常态化开展助老助残、义诊义剪等暖心服务，6支文化志愿服务队伍在重大节日期间开展"送文化到乡间田头"活动，极大地增强了全镇人作为李白故里人的自豪感，让他们不仅分享到文旅经济带来的巨大红利，而且在潜移默化中提升了道德素养和文明水平，涌现出清正向善的"优秀共产党员""文明家庭""最美庭院""新时代好少年"等优秀典型越来越多。

案例来源：江油市青莲镇人民政府

执笔人：中共江油市委党校　王元君　佟　瑶

青片乡用特色民族文化铺就乡村振兴之路

　　青片乡地处北川羌族自治县西北部，属小寨子沟国家级自然保护区核心区域，西南与茂县为邻，北与松潘接壤，面积563平方公里，辖5村1社区，总人口3820人，羌族人口占95%以上，是传统古老的羌族聚居区，也是北川传统羌文化保存最完整的地方。地道的羌歌羌舞、纯正的羌族咂酒、奇异的羌民婚俗、绮丽的羌寨秀色、独特的羌食美餐、悠久的羌人文化，衍生出了国家级传统村落、国家级历史文化名村、全国少数民族特色村寨各1个，形成了口弦、羌绣、羌笛等27项非物质文化遗产，有各级非遗文化传承人72名，沙朗节、情歌节等17项特色民俗文化活动延续至今。近年来，青片乡坚持以文化为核心，以旅游为路径，以特色为引领，文化内涵与经济产业相共生，自然风光与人文景观相映衬，用特色民族文化铺就了一条乡村振兴之路。先后被评为"全国生态文化村镇""文化扶贫示范村镇""四川省首批省级乡村文化振兴样板村镇"。2023年全乡累计接待游客8万人次，实现旅游综合收入1600万元。

一 基本做法

（一）深度保护与传承羌族文化

1. 利用活动保护文化

　　为保护好、发展好辖区内的羌族文化，青片乡制定了长效非遗传承教育体系，形成了"在继承中创新，在创新中弘扬"的传统文化发展理念。以传习所、民俗展演等方式宣传民族特色文化，在每年的各个时间节点开展不同种类的节日活动，从农历正月龙灯节、四月情歌节、六月初六转山会、十月初一羌历新年庆典到冬月的沙朗节等活动都有按时按季节开展。

2.依托节目传承文化

组织非遗传承人，整合表演模式，编排、创新展演节目，以展演串起传统，以参演获得收益，以丰富乡村旅游活动的内涵。同时，激励各个种类的文化传承者极力做好保护与传承工作。对口弦、羌笛、"打岔"等进行视频、音频录音保存，将日常生活、党和国家的方针政策编排到"打岔"中，做出更接地气的文化宣讲，更易于被人民群众接受和传播。

3.借助激励宣传文化

组织非遗传承人在羌族院落、农家乐聚集区开展常态化传习活动，被列入"第三批国家级非物质文化遗产代表性项目"的口弦音乐传承人利用活动、演出等时间开展口弦教学，尽最大努力传承口弦演奏技巧，扩大传承人数量。对于非遗传承人的保护和传承工作，青片乡给予了活动传承者一定的支持，根据非遗传承项目等级不同分别给予1000～10000元不等的资金补助。

（二）深度结合生态和旅游产业

1.构建文旅生态全覆盖平台

成立旅游专业合作社，把72名非遗传承人的传承活动纳入文旅产业链条，对羌文化中最具特色、最有代表性的歌舞、饮食、民居、服饰等进行深度开发，将丰富的自然资源与特色羌寨文化元素保存完好的西窝羌寨、五龙寨、二八垭寨、关磨沟寨、布娅羌寨，以及中国传统村落上五村、中国少数民族特色村寨高峰村等进行结合开发。

2. 打造文旅生态新融合典范

依托丰富的森林景观资源及文化资源，将森林生态旅游与羌族文化有机融合，打造"春看杜鹃、夏玩水、秋看红叶、冬赏雪"的森林生态文化旅游品牌，开发出凌冰岩峡谷穿越游、高山清溪漂流、羌寨康养等特色生态文化产品，成为远近闻名的生态文化旅游大村。

3. 落地文旅生态深耦合发展

围绕文化振兴示范村镇创建，投资1000余万元，在正河村二八垭建设民宿群落、在茶湾村建设露营基地、在西窝羌寨建设羌文化传习所、在上五村打造非遗展示中心。每年举办情歌节、沙朗节、红叶节等品牌民俗活动。

（三）深度锻造与宣传羌族文化品牌

1. 建设乡村文旅高标准范例

建立文旅发展合作社，以文旅专业合作社为统领，围绕羌乡、羌寨、羌俗、羌味、羌食等要素，差异化提供服务供给、标准化提升接待能力、特色化满足市场需求。为避免发展同质化，合作社建立了"合作社+农户"发展模式。截至2024年，已有3个专业合作社与200多户农户合作。

2. 提升乡村文旅软硬件条件

为打响和擦亮"青片旅游"金字招牌，在上五村西窝羌寨，做好传统村落保护前提下开展供电、供水、污水治理整治，提升居住环境品位；在正河村，对全村民宿进行统一打造，对百余名服务人员进行标准化培训，形成服务标准统一、服务项目多样的文化供给形式。

3. 筑牢乡村文旅强基础保障

为高质量发展好青片乡文化与生态、旅游结合模式，青片乡在安全、环保、基层治理、干部队伍建设、环境美化、乡风文明、项目推进等方面也投入大量人财物，筑牢发展基础，确保文化与旅游、生态事业发展能得到基础性保障。

二 主要成效

（一）羌族传统文化得到有效保护与传承

截至2024年，青片乡共有4名省级、32名市级、36名县级非物质文化遗产传承人，培育出口弦、羌绣、羌笛等非物质文化遗产传承队伍，打造出沙朗节、情歌节等特色文化活动，成为全县文旅融合的窗口。通过日常生活化将羌族文化融入，使得青片乡人民群众对传统羌族文化的认同感逐渐提升，穿羌衣、说羌话、唱羌歌、跳羌舞成为人民群众喜闻乐见的生活方式。通过保护和传承羌族文化，羌族人的热情、善良、坚韧、积极的优秀民族品质得到更广更深传播，村与村之间、邻里之间的矛盾少了，取而代之的是积极向上的家庭事业发展比拼、好人好事比拼、人居环境比拼，浓厚的羌族文化氛围将人民群众从酒桌、牌桌引向了课桌、书桌，引向了广场民族歌舞。

（二）羌族传统文化与生态、旅游融合让产业发展兴旺

青片乡资源禀赋较好，以往青片乡村民收益主要依靠砍伐树木，人均年收入约2000元。天然林禁伐以后，启动了天然林保护工程，青片乡的村民逐渐从砍树人转变成了种树人，在大力实施绿化造林和生态保护以后，青片乡各个村落优良的生态环境就为村民发展生态、文化旅游实现新的增收致富奠定了基础条件。发展成效突出的青片乡正河村是其中的典型代表。正河村是小寨子沟国家级自然保护区和大熊猫国家公园的重要组成部分，是长江中上游生态屏障和生物多样性生态功能区。正河村利用得天独厚的自然资源禀赋，通过制定详细的文旅发展规划和文旅服务标准，统筹兼顾经济发展与生态环境保护，实现了人与自然和谐共生。正河村村民收入逐年增加，每年接待游客超过12万人次，全村人均可支配收入达到3.94万元，

2020年全村合作社总收入2000多万元，其文旅合作社被列为全国"合作社＋农户旅游扶贫示范项目""省级示范社"。发展理念转变以后，青片乡实现了"山区变景区、民居变民宿、村民变股民"的巨大变化。据统计，青片乡现有农家乐、民宿共89家，主要分布于正河村、安棉村、上五村等村寨。

（三）羌族传统文化影响力显著提升

羌族传统文化的影响力在青片乡坚定实施文化结合生态、旅游产业以后逐渐提升，村民从实实在在的收入增加和生产生活环境的改善上看到了传承保护传统羌族文化得到的诸多好处。"不出门就可以实现增收，还兼顾了照顾家中老人小孩"成为青片乡村民的共识。羌族新年、沙朗舞蹈、羌歌、羌绣等被羌族后人代代传承，并逐渐得到外界的认可和喜爱。得益于提升羌族传统村落环境、打造高品质文旅环境的需要，文化、生态与旅游相关的配套设施不断得到加强。而青片乡保存完好的古羌寨，以特色石砌房、吊脚楼等为代表，更是吸引了大批游人前往参观。

三 经验与启示

（一）坚守民族本色才能彰显文化特色

只有民族的才是世界的。青片乡牢牢把握住了从本民族传统文化中发掘乡村社会经济发展潜能的大方向，将辖区内所有的传统文化进行了梳理归纳，通过保存遗迹、传承人保护、开发、创新、融合等方式，让古老的羌族文化在现代社会散发出耀眼光芒。口弦、羌笛、羌歌、羌绣、羌舞、羌语、羌年等非物质文化，以及羌寨、羌食、羌服物质文化成为彰显本民族特点的优质载体。青片乡在坚守本民族特色文化方面堪称典范，在保护羌文化上从保护物质形态的羌族文化元素到保护非物质文化元素，从保护传承人到保护传承体系完整性，逐渐科学化、规范化的保护与传承，为青片乡羌族文化的高地位奠定了基础，羌民族特色得以在青片乡全面彰显。

（二）坚定传统与现代产业结合才能振兴乡村文化

羌文化的发展依赖于与现代产业的深度结合。青片乡的实践表明，单纯开展保护文化遗迹、文化物品、文化传承人方式，难以做到高质量保护与传承羌族文化，"只保护不开发"，只会让传统羌文化"饿死"消亡。只有将文化与现代产业结合，以市场经济等方式运行才能最有效让羌文化得到保护。尘封已久的羌文化需要在市场经济舞台上得到新的换装呈现，只有这样才能滋养传统文化在不同时代延续生命，发展壮大。文化通过产业发展链条被输送到不同领域，乡村文化振兴只有通过这样的方式才能得以拓展受众覆盖面，得以普及传承。

（三）坚持长久发展才能塑造乡村新形象

文化振兴不同于其他领域的发展，文化发展有自己特有属性，发展慢、见效慢，需要更长久的关注和更强有力的投入支持。青片乡从传统的靠山吃山的传统农耕、伐木经济转向依靠文化结合生态、旅游融合产业发展，走过一条艰辛的发展道路，是长久不懈坚持一张蓝图绘到底，长时间投入资金、人力，长期坚持政策扶持的情况下才逐渐发展成为有高知名度的羌族文化典型乡镇。青片乡农家乐从各自经营到建设规范合作社统一标准、文化活动，从单一的唱歌跳舞到举办综合性文艺演出、羌族特色产品，从单一的腊肉、咂酒到种类丰富的羌族食品系列，都是长久坚持一条发展道路的结果。乡村新形象中传统与现代的结合、物质与精神的共建、自然与人文的共存要得到好的展现，就是要如同青片乡这样坚持多年不走样的发展道路，让传统文化为乡村振兴铺设一条更宽阔的发展大道。

案例来源：北川县青片乡

执笔人：中共北川县委党校　代玉龙

文同村以文同文化助力乡村文化振兴

文同村位于盐亭县永泰镇中部,是古永泰县的县址所在地,是唐朝宰相李义府的故里,是宋代诗、辞、书、画大师和著名清贫太守文同的出生地和归葬地,历史悠久、风光秀丽、人文厚重、民风淳朴。近年来,该村深入挖掘文同文化内涵,打造特色文化符号,依托文同文化资源,走出了一条文旅繁荣、产业兴旺、生活富裕的乡村文化振兴之路。文同村被评为四川省"乡村文化振兴示范村"。2023年2月,其辖区内的文同诗竹园景区被确定为国家AAA级景区。景区内文同清风馆是绵阳市纪委、监委、市委宣传部授予的"绵阳市党员干部廉政教育基地"。

一 基本做法

(一)基础设施强提升,夯实文化振兴"压舱石"

以基础设施建设为抓手,持续改造乡村文化服务设施,健全乡村现代公共文化体系,丰富乡村振兴的文化载体。统筹优化资源配置,积极对上争取,投资2000余万元在文同村实施湍江河河堤整治项目,采用统一竹文化风格对河堤栏杆进行风貌打造,在改善河堤的整体风貌的同时,赋予其深厚的文化内涵。采用新建、改建、扩建、共用等模式,完善文化硬件保障,切实形成乡村公共文化设施网络,建成文化活动广场、老年活动中心、文化活动室、农家书屋、新时代文明实践站等一批文化基础设施，配备电脑、组合音响、乒乓球台、羽毛球拍、篮球架等一批体育文化设施设备。加强数字化建设，实现村综合文化服务中心、文同清风馆、农村文化大舞台无线网络全覆盖，筑牢乡村"文化振兴+"坚实基础。

（二）文同文化深挖掘，用活文化振兴"资源库"

县、镇、村三级联动，由盐亭县纪委监委牵头组建专业团队，筹备专项资金，深入挖掘文同文化资源宝库，探索落实对文同文化的利用与保护、寻根与传承。投资1100余万元，打造了以文同廉洁文化为核心的文同清风馆，内有文同清风馆主体、清风廊、正气亭等景观，占地面积达500平方米。联合文同文化研究会，动员本土文化人士，先后撰写、出版文同文化系列书籍《文同评传》《诗书画大师文同》《文同诗集》《清平太守文同的人生坐标》等20余册，形成独具特色的乡村文化数据库，将乡村中的独特文化转为可长期储存的信息资源，大大提升了文同文化的影响力。

（三）特色活动精举办，绘出文化振兴"新画卷"

观廉思政，回望初心，领文同遗风，涵清风正气，以党员干部廉洁文化教育为契机，精心举办亮点特色活动。文同清风馆以家风篇、为官篇、交友篇、影响篇4个主题为切入点讲述先贤文同生平，积极承办盐亭县内及周边县（市、区）机关、企事业单位主题党日活动。聚焦文化展示，全面开放农家书屋，支持、鼓励群众创作关于文同文化的文艺作品，《赞文同》《竹林记忆》等优秀艺术作品不断涌现，成为文同文化的重要载体。挖掘文化"土专家"，落实专、兼职活动工作人员，组建文化志愿者小队，开展文同故里大讲堂、文同家风说、文同文化广场舞比赛、村晚等特色活动，着力实现感受传统文化和凝聚发展合力。

（四）乡风文明入人心，奏响文化振兴"最强音"

坚决破除陈规陋习，移风易俗，还清朗乡风文明。杜绝红白事"讲排场""比阔气"，多形式多渠道立标杆、树榜样、抓典型、促宣传，引导社会主义核心价值观结合文同文化在村民中见行见效，围绕文化展示、精神文明、村风民貌制作宣传栏，绘制文同文化艺术墙。立足"评得出"、注重"传得开"、力求"叫得响"，定期开展道德模范等先进优秀评选活动。广泛开展志愿服务活动，积极推进新时代文明实践站建设，制定和规范村规民约，建立"红黑榜"，成立由德高望重的乡贤为主要成员的红白理事会，言传身教推动移风易俗、弘扬文明新风。

（五）文旅融合赋新能，驶入文化振兴"快车道"

坚定不移走"文旅活县"战略，紧密围绕盐亭县"一核、三区、三线"文旅总体规划，依托文同独特自然资源、文化禀赋，构建以生态旅游、观光采摘、廉政教育、知识研学为主干的发展体系，在推动农业产业结构提档升级的基础上，不断推进文旅融合发展，着力实现文化振兴和乡村振兴同频共振、互促共赢，让诗和远方相得益彰。投资2亿元，打造了占地1.6平方公里的文同诗竹园景区，园内配套有锤炼干部党性的文同廉洁文化馆、感受文同大师风范的墨君堂和西部第一砚池、领略文同一代廉吏风采的兴元府和清贫太守塑像、沐浴文同良好家风的文同旧居和高院寺字库塔、感叹文同德艺双馨艺术修养的墨竹园等10处特色景点。持续推进"筑巢引凤"战略，政府当好"店小二"，积极招商引资，用心服务企业，支持文旅市场主体提质，设立一次性资金奖励，鼓励景区提档升级、旅游酒店品牌打造、文旅新兴业态发展、文艺作品和文创产品开发、文旅宣传营销节会活动举办。在打响"文同故里"文化名片的基础上，初步形成以文塑旅、以旅彰文，文旅深度融合发展的良好态势。

二 主要成效

（一）升级基础设施，筑牢战斗堡垒，乡村风貌更加美丽宜人

坚持把完善基础设施作为提升乡村风貌的重要抓手，统筹优势资源，加大基础设施建设投入，努力夯实文化振兴发展根基，拓宽县际主道，硬化村社支道，实现社社通、户户通，极大地改善了交通环境，方便群众出行，游客的体验感和满意度得到极大提升，为进一步推动地区文化旅游事业高质量发展奠定了坚实基础。同时，形成文同村的柑橘、竹笋、竹编制品、垂钓、农家乐等矩阵式产业发展格局，激活村民主观能动性，创收致富，提升人居环境。村民在闲暇之余，去农村书屋看看书，到诗竹园散散步，在文化广场听听曲，丰富的精神文化生活，让文同村显得更为美丽宜人。

（二）深挖文同文化，提升内在动力，廉洁文化更加入脑入心

"听竹之韵，品竹之洁，感悟清贫太守文同一代廉吏风采。"围绕先贤文同逸事奇闻，打造以点带面文同文化布局，深入挖掘文同历史资源，撰写、出版文同文化系列书籍20余种。以文同文化为载体，建成文同诗竹园，着力推进竹文化和研学文化，2018年7月，由中国先秦史学会主办，盐亭县委、县政府承办的以"文同廉政思想与当代廉政文化"为主题的纪念文同诞辰1000周年廉政文化讲堂在盐亭举行，数十位国内顶级专家学者齐聚盐亭，共同探讨文同文化和廉政文化。严格践行开发与保护、赓续与弘扬的总体方针，2019年5月，文同村被评为"绵阳市廉政文化教育基地"，文同清风馆、文同诗竹园景区每年接待上万游客到此参观学习，接受廉洁文化洗礼。

（三）丰富文化生活，突出乡土特色，群众幸福感更加充实饱满

坚持"举办一场，带动一方，吸引一批"总体思路，文同村高度重视文化活动举办，精细文化作品创作，丰富群众茶余饭后生活，严打赌博酗酒陋习，组织公益电影周放映，开展农村广场舞月比拼，用心组织举办文同故里大讲堂、文同家风说、文同文化我来讲、村晚、我们的节日等一系列特色文化活动，创作了《赞文同》《竹林记忆》等优秀艺术作品。2022年，永泰镇与绵阳广电合作拍摄最美小镇视频，荣获绵阳市"最美小镇"称号，文同村荣获四川省"乡村文化振兴示范村"称号。

（四）倡导文明新风，构建和谐社会，乡村精神风貌更加昂扬向上

坚持"除陋习、立新规、重实践"的工作思路，建立移风易俗长效机制，形成群众协商议事制度，制定《红白理事会制度》，细化红事新办、白事简办标准，革除陈规陋习、相互攀比、大操大办等不良之风。积极拓宽"线上＋线下"宣传渠道，充分利用广播、电视、网络等媒体，发出文明清明、文明建设、文明婚俗等倡议书，村社形成"红黑榜"月评比机制，选出文明户、好家庭、好媳妇、好邻居，形成了"社社有先进、人人学先进"的好局面。开展志愿者培训50余次，组织志愿服务活动300余次。结合全县新时代实践中心、站、所三级组建文化风俗、农业技术等各类送教上门宣讲小队，队伍成员70余人，召开坝坝会100余场次，参加群众达2000余人次，打通了宣传群众、教育群众、关心群众、服务群众的"最后一公里"，乡村精神风貌焕然一新。

（五）深化文旅融合，助推经济发展，群众生活更加美满富足

坚持文化驱动、全员参与、市场导向、可持续发展原则，依托文同廉

洁文化，整合自然生态资源，走出一条人文旅游、观光采摘、廉政教育、知识研学一体化"文化振兴＋旅游"的新发展之路，以文塑旅、以旅兴文、文化搭台、经济唱戏。着力实现文化振兴和乡村振兴同频共振、互促共赢。2023年2月，文同诗竹园景区被确定为国家AAA级景区，年接待游客达8万余人次。景区内文同清风馆吸引县内及周边县（市、区）众多机关、企事业单位慕名而来，每年有上万人次在文同廉政文化教育基地接受党员干部廉政文化教育，带动文同村特色产业不断壮大，柑橘采摘、雷竹制品、垂钓休闲、农家乐美食，群众收入迅速增加，经济迈入快车道。

三 经验与启示

（一）以文铸魂，深挖传统文化资源，是乡村文化振兴的切入点

2024年4月，省农业农村厅与四川省文学艺术界联合会联合印发《大地流彩·四川乡村文化振兴行动方案》，提出要深入挖掘地区文化资源，促进乡村文化资源活化应用和乡村文化产业创新发展，以乡村文化振兴助推乡村全面振兴。文同村在上级市县政府指导下，以保护古文物、大力弘扬传统廉洁文化为契机，依托优美的自然风光和深厚的文化资源禀赋，以名人故里（北宋书画大师文同、唐朝宰相李义府）为平台、文化为底色、创意为引线，强化改革思维、整合利用资源、改良乡村风貌、建设文化基础设施、打造文化家园、丰富文化活动、改善乡风文明、打造特色产业、推进文旅融合，形成"党委政府＋名人故里村落＋廉政文化教育基地＋村民＋互联网"的发展模式，以文创推进乡村振兴。

（二）以文育人，坚持以人为本原则，是乡村文化振兴的落脚点

乡村文化作为乡村振兴的内在支柱，对于乡村振兴战略的实施具有精神引领作用，把握乡村振兴价值方向，坚持以人为本，围绕"乡土"做文章，深度结合本地特色文化践行社会主义核心价值观。文同村的实践证明：乡村文化建设必须充分尊重农民群众主体地位，坚持为人民服务宗旨，不断激发农民群众参与文化、享受文化和创造文化的积极性，在提升精神文明的同时，助力第一产业与第三产业融合发展，让农村更有看头，让农民更有盼头，文化振兴效能才能实现最大化。

（三）以文强基，争取政府政策支持，是乡村文化振兴的支撑点

《关于推动文化产业赋能乡村振兴的意见》指出：政府部门要制定政策、营造环境、发动宣传、组织协调、引导扶持，以重点产业项目为载体，促进资源要素更多向乡村流动。盐亭县在第十四次党代会中明确提出"文旅活县"战略，用政策为县域文化振兴保驾护航。文同村以文化振兴为乡村振兴主脉络，得到县镇各级政府大力支持，把乡村文化建设纳入"一把手"工程，在项目建设推进中，各级党委（党组）、政府发挥出细规划、善引导、严监管、强保障等多方面重要作用，多措并举，统筹优化优势资源向文同故里项目倾斜，推动形成政府、社会、村民合力多元共建乡村文化阵地的新模式。

（四）以文聚才，激发社会资本联动，是乡村文化振兴的着力点

随着乡村振兴不断向纵深推进，地域优势资源撬动社会资本、盘活优质资产的作用愈发凸显，政府引导，社会资本联动对于加快农业现代化、

增加农民就业、促进农民增收、实现五大振兴具有重要意义。文同村在发展过程中以文同故里为名片、群众为主体、社会资本联动,形成政府引导、企业参与的多元投入格局,合力推进打造文同故里。整合独特自然风光、文化底蕴等优势资源,开发乡村文化旅游、廉洁教育实训基地、手工艺品制作、土特产销售等特色产业,形成涵盖旅游、休闲、康养、教育、度假在内的完整乡村文化产业链,为文同村乡村振兴增亮点、提速度。

案例来源:盐亭县永泰镇

执笔人:中共盐亭县委党校　谢　婧

人才汇聚编

  乡村振兴，关键在人。人才振兴是乡村振兴的基础，强化乡村振兴人才支撑是推进乡村全面振兴的题中应有之义。坚持本土培养和外部引进相结合，有序引导大学毕业生到乡、能人回乡、农民工返乡、企业家入乡，尤其是更多青年人返乡入乡参与乡村振兴，是强化乡村振兴人才支撑的重要内容，也是推动各类资源要素下沉乡村、带动新产业新业态发展的重要举措。

安州区人才"引育留用"并举促进乡村振兴

安州区,面积1181.14平方公里,辖10个乡镇、117个行政村、34个社区,总人口45.6万人。近年来,该区深入贯彻落实中央、省委、市委有关乡村人才振兴的决策部署,聚焦做好乡村人才"引育留用"文章,完善工作机制,创新引才方式,优化留才环境,不断壮大乡村人才队伍,为乡村振兴注入新动能。先后被评为"四川省乡村振兴先进县""全省返乡下乡创业先进县(区)",又被纳入"四川省第二批人才工作先行区申报备案创建名单"。

一 基本做法

(一)强化顶层设计,优化政策体系

将"乡村振兴人才队伍培育工程"纳入区委人才发展"十四五"规划,出台《绵阳市安州区推进乡村人才振兴行动实施方案(2021—2025年)》《绵阳市安州区推动乡村人才振兴十条激励措施》《鼓励和引导人才向基层流动 加强基层治理人才支撑的若干措施》《魔芋产业人才支持若干措施》等配套政策。实施"安州英才项目""安州育才项目",推动出台《绵阳市安州区促进返乡下乡创业二十四条措施》《关于组织开展村(社区)干部参加学历提升计划的通知》等政策,从总体上构建起乡村人才振兴政策体系,优化出台《县级领导联系服务高层次人才制度》《"安州英才卡"制度实施

办法》以及年轻干部"选育管用"十二条举措。

(二) 用好编制资源,激发源头活水

坚持"编制可用尽用"思路,按照"提前储备、有编就补、退补平衡"原则,在不突破编制总量的前提下,"向未来"要编,2022年招聘基层干部、教师、医疗卫生人才103名,其中公开招聘乡镇教师25名,乡镇事业单位工作人员18名,乡镇卫生院专业技术人员30名,区级部门派驻乡镇站所专业技术人员20名,乡村文艺人才10名;考核招聘服务期满特岗教师18名,公费师范生8名,为乡镇事业单位、区级派驻乡镇站所引进高层次人才14名,切实稳定乡村振兴干部人才队伍。着力开发乡村振兴、基层治理等方面岗位,开展"千名大学生筑梦乡村""社会工作者扩面"等人才专项计划,招募顶岗实习大学生293名,选聘专职网格员、医疗卫生等社会工作者165名。根据产业发展及农业企业经营需要,与四川大学、四川农业大学、西南大学等高校签订院地合作协议,引入10余名专家人才进行指导。2023年为引进数字经济、光伏、新材料等行业急需紧缺人才,组建"揽才团"精准赴武汉大学、哈尔滨工业大学等高校开展招才引智活动64场,承办四川省"智慧天府"人才活动周、绵阳市"科技绵阳、城纳贤才"招才引智等活动4场,新引进各类人才2394名,其中硕博人才143名。有针对性地引导人才、项目、技术、资金等向基层一线流动,激励事业单位专业技术人员服务乡村振兴,破解基层产业发展难题。

(三) 创新载体建设,拓展创业格局

根据区域和产业特点,擘画新型城镇化、乡村田园、乡村振兴和电商物流四大返乡创业产业综合体,在每个综合体内梯次打造种植养殖、农副产品加工、新型工业、建筑建材等13个返乡创业园和243个返乡创业示范基地,建成了"4+13+N"区域综合创业体系,形成了"点、园、区"互利互补的返乡创业格局。组织浮生御度假区、壮源贡呈、绵阳市安依农

产品专业合作社联合社等文旅企业负责人、绵阳造东莞行斫琴传承人、金钱板非遗传承人等，参加四川省国际旅游博览会、重庆都市文化旅游节、2022陕甘川宁毗邻地区文化旅游联盟系列推广活动、"在宽窄巷子遇见绵阳"文旅专场推介活动、省文化和旅游厅"绵阳文旅主题月"新闻通气会等，通过现场参展、座谈、实地考察学习重庆、成都、西安文化旅游产业发展经验。搭建成渝经济圈内乡村振兴"第一书记"交流学习合作平台，组织乡村产业能手、高素质农民、村书记等赴重庆西南大学参加培训，跟当地乡村振兴发展较好的村进行面对面交流。带动安州农民群众实用技能提升，扩大"影响一片、带动一群、造福一乡"的集群发展效应。

（四）健全激励保障，营造干事氛围

加大政策扶持，确保涉乡村振兴经营主体享受相关农业政策。2022—2024年，安州区年均对上争取涉农项目资金1.4亿元，凡涉及对下补助类政策，除耕地保护补贴等普惠制政策外，其余项目都向合作社、家庭农场等适度规模、有一定产业水平的新型经营主体倾斜。完善在急难险重任务一线考察识别干部工作机制，有意识、有步骤地选派优秀年轻干部到乡村振兴一线锻炼，通过"点名"调训、双向交流、集中轮岗等方式，选派驻村第一书记、选调生、优秀年轻干部等90余人到乡村振兴一线历练，73名实绩突出的年轻干部被纳入后备干部库重点培养。实施"人才安居""服务提质"等行动，开展"十佳返创明星评选"、青年人才"悦会七夕"联谊会、人才沙龙、人才研修等"才汇安州·智创未来"系列活动。

（五）聚力精准赋能，助力人才成长

实施村（社区）干部学历提升计划，通过给予每人50%学费补助，鼓励村干部依托各类高校提升学历，增长知识和技能。目前，已支持253名村干部报名学历提升。分层分类选育农业精英、社工精英等各类人才83名，与在绵高校、科研院所合作培养乡村旅游、农业产业等各类人才2000余人

次。从在外优秀人才、区内优秀企业家、返乡创业人员、产业大户、第一书记等人员中选育17名优秀人才为职业经理人，带动乡村产业发展，壮大村集体经济，相关做法获《人民日报》、人民网等主流媒体关注报道。以省、市、区各类创业赛事为契机，深入挖掘返乡创业典型，成功推评省、市、区各类创业明星（达人）68名。开展高素质农民培训、渔业执法培训、制种技术培训、秸秆综合利用培训、基层农技推广体系建设等项目40余场次，培训高素质农民1247人。培训粮油、经作、畜牧等实用技术人员400人，培训农技推广人才98人。

二 主要成效

（一）聚集了大批实用型人才

通过大力实施乡村振兴人才的"引育留用"，目前已经储备专业技术人才5736人，技能人才41109人，农村实用人才16203人。其中，有副高级以上职称人才927人，技师以上高技能人才1200人；涉农专业技术人才184人，柔性引进高层次人才11人。猕猴桃、柑橘、水稻制种、粮油等本土专家98人，农业经营人才1782人，专业生产型人才13978人，农业科技类人才443人。在水稻制种、粮油种植加工、水果种植、生猪养殖等农业产业领域，均建立起了一支较为稳定的人才队伍。通过优秀人才的回引，投入资金3亿余元，创建了省级农业园区1个，市级农业园区2个，吸引外地来安和返乡创业人员500余人，带来了农业产业人才、技术和资金。通过加强金融支持，2022—2024年共发放创业担保贷款5856万元，金融扶持返乡创业3300余人，创办企业2527家，个体工商户1.4万余户。安州区还建成绵阳市首个村级人才工作室——黄土镇民生村人才工作室。

（二）育强了"头雁"带动了"群雁"

通过精准施策，育强了部分头雁。睢水镇枫香村驻村工作队经验做法入选全省优秀案例并入围全国优秀案例，第一书记彭治锦直播带货事迹被《人民日报》（海外版）刊载。立足区域农旅产业特色，打造了王家大院、桂家湾等返乡创业成果展示厅，作为乡贤创客了解本地创业文化、咨询政策集聚窗口。建立区级文旅能人库，库中包含文艺创作型、活动组织型、传承保护型、市场经营型、实用技能型等20名文旅能人，发掘具有专业特长和技艺人员进入乡村文旅能人库。截至目前，安州乡村文旅能人已达17人，其中塔水镇张高等6人被评为"四川省突出贡献乡村文旅能人"。做好非物质文化遗产的保护和传承人才培训，组织非遗传承人到安州区各非遗传习基地（校园）进行指导。目前已有3个乡镇小学形成了非遗传承特色校园，起到了较好的传承与保护作用。织牢"乡情""乡愁"纽带，建立在外人才微信交流群，定期推送家乡发展变化、发展蓝图等，激发其回乡创业热情。截至目前，全区已吸引各类优秀人才3200余名，回乡创办实体4000余家。

（三）通过人才引擎带动了就业

通过金融支持专业人才，建立农民专业合作社315个，实现了创业带动就业1.2万余人。通过引进的电商人才与全区乡村振兴人才的通力合作，安州区成功打造了多个农产品线上消费平台，仅2023年8月20—27日，举办的安州首届乡村振兴数字助农消费季直播，就组织了全区80多个农特产品参加，文旅、农业、商务3个直播间总计销售3383单，销售金额达64万元。川蜀老味道、山药食品、菜油莲妹儿农产品等电商企业深入挖掘安州农产品特色，通过抖音直播销售皮蛋、水果、粮油等农特产品，直播销售额累计达900余万元。目前，依托各类节庆和消费季活动，安州区已建成7万余平方米区级电商产业园，支持500余名返乡人员创办电商企业138家、开设网店260余家。

（四）形成了尊才爱才的良好氛围

安州区通过多种形式的活动，关爱理解支持人才发展和成长，用心用情做实做细，设身处地换位思考，立足人才工作生活"关键小事"，为"安州英才卡"持卡人提供金融、创业等7项政策支持，依托安州的特色疗养资源提供温泉体验等12项生活服务，让各界人才感受安州诚意、领略安州魅力，为推动安州城乡融合发展添砖加瓦，形成了尊才爱才敬才的良好氛围。

三 经验与启示

（一）高度重视，深挖人才蓄水池

"工以才成，业由才广。"人才是发展国家事业的"第一驱动力"，一切发展人才都是关键。人力资本是体现在人身上的资本，表现为蕴含于人身上的各种生产知识、劳动与管理技能以及健康素质的存量总和，是创新成败的关键因素，也是最为稀缺的高端生产要素。一切工作，只有自上而下的高度重视才能更好的落地完成。安州区委、区政府高度重视乡村振兴人才的引育留用工作，建立了党委统一领导、组织部门指导、党委农村工作部门牵头统筹、相关部门分工负责的乡村人才振兴工作联席会议制度。充分发挥联动效应，整合碎片化资源，不断完善政策体系，加大乡村人才振兴投入保障，改善下乡人才待遇，拓展发展空间，"激发"各类人才服务农村干劲，多角度全方位深挖人才蓄水池，暖心打造出尊才爱才敬才的氛围。

（二）精准引才，凝聚人才发展力量

种好梧桐树，引来金凤凰。只有在抛出橄榄枝的同时打破某些天花板，才能引来更多的金凤凰。安州区坚持按需引才、双向选择，制定了符合地

方实际的引才政策，聚焦本地优势产业需求，做到了"缺什么引什么"才能实现"招什么用什么"。利用自身的优势产业项目、双创平台等载体，以产引才、以才促产、以才引才，实现"引进一名人才，带来一个团队，落地一个项目，做强一个产业"的目标。通过柔性引才，采取技术合作、顾问指导、"候鸟式"聘任、"人才飞地"等模式，厚植发展"潜能"，不断壮大发展"硬核"。

（三）系统育才，厚植人才发展沃土

"君要花满县，桃李趁时栽。"要下大力气科学培养人才，就必须激活人才的内生动力。安州坚持就地育才，聚焦科技创新、产业发展、乡村振兴、文化旅游、城乡治理等重点领域，选派管理和技术人才到产业发展先进地区进修深造、学习观摩，分类分层培养出了一批创新型、技术型、实用型人才。坚持载体育才，强化企业创新主体作用，立足四川及周边高校、科研院所等资源，通过"订单式"培养模式，打造了"企业+人才+高校院所"的生态圈，形成了"企业出题、政府立题、高校解题、市场阅题"的有效机制，培育出了一批既能创新又能创业的复合型人才。

（四）用心留才，拴好人才发展钥匙

人才是强国的根本，尤其是当下，各地正积极应对经济下行压力，对人才的渴望比历史上任何时期都要强烈，但人才既要引得进，更要留得住，才能用得好。各地纷纷出实招念好"留"字诀，在剑拔弩张的"抢人大战"中持续汇聚英才，争相形成人才辈出、人尽其才、才尽其用的良好局面。人才要引得来、用得好，更要留得住才能长久创造价值。安州根据自身对人才需求的特点，统筹规划科学部署，千方百计为各类人才搭建干事创业、施展"功夫"的舞台，打破制度壁垒，畅通人才流动渠道，搭建人才横向交流、纵向流动、多向调动的体制机制，将专业知识硬、干事热情高涨的人才，放到合适岗位上"挑大梁"，做到"人岗相适"。打造较好的创新创

业环境，让每一位高层次人才、大学生人才和返乡人才都能充分释放创新创业活力，让事业激励人才，让人才成就事业，努力形成各领域人才"你方唱罢我登场"的生动局面。同时，积极为人才解决住房、就医、社保、子女就学等问题，免去人才的后顾之忧，让人才安心、安身、安业，营造尊才爱才的浓厚氛围，不断增强人才的获得感、幸福感。

（五）科学用才，激发人才发展活力

人才引进不能一引了之，要搭建好大有可为的事业"舞台"，让各类人才"干成事""创成业"，找到自身的价值。安州以放权、赋能为重点，破除人才引进、培养、使用等方面的体制机制障碍，畅通人才流动通道，完善人才创新激励、容错纠错机制，鼓励人才放开手脚、大展宏图，激活人才创新"一池春水"。如果缺少必要的待遇激励，人才也会失去动力，若最终"泯然众人矣"就大为可惜。因此安州坚持待遇留人，体现人才成就的"价值感"。结合本地实际，探索以业绩为核心、以贡献为标尺、以体现人才价值为根本、以维护人才权益为基础的分配激励机制，对作出突出贡献的人才及时给予表彰奖励，实现精神奖励与物质奖励相结合，让优秀人才"名利双收"，充分激发人才奋进动力，进一步增强获得感和价值感。

案例来源：安州区委组织部

执笔人：中共安州区委党校　张钰婉

游仙区以"新乡贤+"模式赋能乡村振兴

游仙区现有乡村人口21.8万人,占全区人口的38.99%;其中在外创业就业人员2.6万人,占乡村人口11.93%。近年来,游仙区区委、区政府将"请贤、招贤、留贤"纳入重要议题,发起共建以乡村文化记忆为纽带的"老家圈",先后组建"乡贤参事会""在外人士联络站",进一步完善乡贤组织运行机制。到2024年,有516人纳入乡贤数据库,以"新乡贤"为投资主体项目56个,投资总额超过30亿元。

一 基本做法

(一)新乡贤+摸排联络

将"新乡贤"工作列入"人才兴区"重要议题经常性专题研究,建立区委书记挂帅、区政协主席牵头主抓的领导小组,主理乡贤的日常工作。区政协专委会办公室采用线下寻访、线上呼召等方式全面摸排。对先进基层干部、杰出创业者、爱乡成功人士、"道德标兵"、"身边好人"等,按照群众认同、村两委推荐、相关部门审核、镇党委评审、结果公示等步骤,评选确定"新乡贤"队伍。2019年2月,游仙区成立了在外人才联谊会,先后成立了粤港澳、京津冀"在外人士联络站",建立在外乡贤群,区四大班子和8个乡镇的主要领导入群互动。同时吸纳本地贤达,按照"一人一档,发挥专长"的原则造册登记,建成了543名人员组成的"新乡贤"人才库，为游仙区的乡村发展治理注入了新鲜活力。

（二）新乡贤＋活动平台

2018年以来，游仙区按照"试点先行、稳步推进"原则，选取魏城镇东宣场作为试点，组建"乡贤参事会"，建立相关运行机制，搭建"新乡贤"议事参事平台。"乡贤参事会"是非营利性的服务型民间组织，以"服务乡贤，互联沟通，为乡贤与乡贤、乡贤与党委政府搭建沟通平台，激励乡贤为家乡建设做贡献，为乡贤支援家乡建设提供便利"为工作内容。通过"乡贤参事会"网络平台，进行线上交流、线下联系。充分运用传统节日及"新乡贤"回乡的时机，与"新乡贤"代表开展座谈，赓续乡情。在尊重"新乡贤"个人特长和意愿基础上，按学术文化型、道德引领型、经济发展型分组建群，筹划活动，共襄乡村发展大事。

（三）新乡贤＋纠纷调解

主动尝试"新乡贤＋"管理模式，让更多的调解能手、热心市民、专业社工成为协调村社矛盾、参与村社管理、推动村社和谐发展的主要动力。如2020年村级建制调整，部分村合并，忠兴镇个别社出现无人清淤、无人守水现象，甚至发生抢水、偷水事件。区政协主席召集镇新乡贤、村民代表等30余人参加协商会议，协商过程激烈，各抒己见，协商长达3小时，最后在乡贤代表建议下，达成决议实行统一清淤和管水。针对区内重点疑难调解事项，游仙区委注重组织新乡贤作为客观第三方，在网上网下与利益相关主体开展协商对话，寻求民意最大"公约数"，理顺群众的"堵心事"。如石马镇张家坪村属于重要产业园区、绵九高速公路建设区域，因该村坟墓迁建面宽量大，部分村民抵触迁坟、阻扰施工。乡贤骨干指导镇村干部与群众代表反复协商确定建墓地址，并在全村范围内公示，圆满完成了3200余座坟墓迁建，确保建设如期推进。

（四）新乡贤＋公益扶贫

区镇两级建立各类活动机制，运用网络发动新乡贤群体，调动乡贤参与活动积极性，鼓励乡贤投身公益事业，为家乡发展建言献智。如忠兴镇促成乡贤企业家耗资3万余元，为凤凰村35名困难独居老人每月送4次免费爱心午餐。发动全镇的乡贤人才为凤凰村捐款40万元修建公用房屋，同时发动政协委员捐献物资，建成功能齐全的日间照料中心、儿童之家、阅读室、初心影院、爱心超市、产业发展研讨室、乡贤室、议事堂、共享洗衣房等，让凤凰村成为远近闻名的"三乐（和乐、安乐、富乐）乡村"。

（五）新乡贤＋应急处置

区镇两级注重在艰难险重事件中调集乡贤力量，在防疫、防洪和环境安全整治中，"新乡贤"发挥了大能量。据了解，在全区农房安全隐患整治中，"新乡贤"积极主动配合。在外乡贤刘喜通过网上视频，积极申请并发动家人拆除了300多平方米土坯危房。在他的带动下，盐泉镇在全区率先完成"建新不拆旧"整治任务。通过有效复垦整理出200亩集体建设用地指标，部分溢价流转到城区后，给村集体增收近千万元。在2022年新冠疫情期间，京津冀、粤港澳地区的游仙籍在外人士联络站发出《众志成城，抵抗疫情捐款倡议书》，在外新乡贤迅速参与，两天内募集捐款38800元。"新乡贤"王钦甲组织发起驰援疫区行动，先后向泸定捐赠价值6万元的米面药品；企业主杨煊等27名"新乡贤"主动充当志愿者，值守卡点，组织开展核酸检测。

（六）新乡贤＋智库集萃

吸纳"新乡贤"围绕党政重大决策实施开展协商，做好改革发展的"稳压器"。组织乡贤参事会选准重大决策实施的难点焦点问题，在线上公开征集意见建议，开展专题协商20余场次，提出咨政建议65条，为党政决策提供了有益参考。为破解城乡建设用地紧缺的瓶颈问题，市区政协联动农业主管部门、专家型乡贤和项目村及涉及的群众，在小枧镇举行"宅基地三权分置改革利益分配办法"协商会，就土地输出村与输入村之间的利益分配，村集体、社集体和农户之间的利益分配等焦点问题，协商达成各方满意的分配比例，为其他区域同类改革提供了可借鉴的参考范本。同时，整合运用区政协在镇村建立的协商阵地，建立乡贤直接服务基层的智库平台。综合利用12个"基层协商议事室"、8个"政协委员之家"，采取"网络视频会议＋现场研讨互动""网络分组分组协商＋现场会议集中议决"的协商模式，把协商平台移至百姓家门口、让"新乡贤"会同政协委员走进群众中，积极建言献策。先后探索创建出仙鹤夜话、枧爱・微协商、山湾心语、富乐议家社、石马众谭、新语心愿、李杜龙门阵微协商、凤凰协乐荟等协商式智库品牌。"新乡贤"群体先后为助力镇村发展提出有价值的意见建议210余条，其中80%得到采纳实施。指导172个村社协商制定了切合实际的村规民约和细则，提升了自治能力。

二 主要成效

（一）示范引领带动，形成乡村产业振兴的新动能

以乡情为纽带，充分打好亲情牌、乡愁牌，通过宣传优惠政策，提供热情服务，鼓励和吸引在外发展的致富能人回乡投资兴业，凝聚各方面的成功人士，用其学识专长、创业经验、人脉资源、资金优势等反哺桑梓，凝聚各方力量跑出了乡村产业振兴"加速度"。区委、区政府通过网络大力招引乡贤回乡创业，把乡贤创业项目列入全区重点项目台账，加强全过程协调服务，现有33名乡贤企业家成为辖区乡村振兴的"领头羊"。乡贤高伟投资3000余万元在魏城镇老家新建文旅项目"童话小镇"和示范民宿，年产值实现2000余万元，带动村民60余人就业。青年乡贤张曦把自己的仙

特米业公司回迁到乡村，在区内新增订单收购小麦1.6万吨、稻谷3.2万吨、油菜籽1.6万吨。信义镇凤鸣村乡贤群策群力，将全村396户、900余亩土地集中流转到村集体经济组织，按照"公司＋合作社＋农户"的发展模式，成立6家合作社对土地实行集中经营管理，打造出绿色无公害"信义刘皇叔"农产品品牌，亩纯收入2000元左右，户均年增收1800余元。村集体年收入由不足1万元到2020年突破10万元。忠兴镇乡贤白才同牵头成立太平土地托管中心，托管农户自愿和撂荒土地4586户6503亩，实行产供销一条龙经营，按1∶3∶6的比例对中心、农户、种植户分红，帮助农户增收900余万元，2020年被成功列入全国"农业社会化服务典型案例"。

（二）建言献策，建立乡贤直接服务基层的智库平台

围绕农村亟须解决的重难点问题，游仙区积极为新乡贤参与村镇治理搭建平台，定期邀请不同领域的"新乡贤"参加座谈会，集思广益，有效弥补了部分干部在知识结构、发展思维、政策执行等方面的短板。同时，"新乡贤"利用参事会和座谈会平台，及时将基层群众对关系个人切身利益，如村务公开、惠民政策落实等方面的民生工程的意见和建议，反馈给村支两委和党委政府，同时积极宣传党和政府的决策部署，有效地填补了政策宣传与执行的空白地带，疏通了群众情绪，化解了矛盾纠纷，对维护社会和谐稳定、促进乡村发展起到了积极作用。截至2024年，学术文化、经济发展等不同领域乡贤先后开展小微协商活动200余场次，议决事项72项，涉及协商资金600余万元。动员专家乡贤利用协商平台开展网上说纪讲法20余场次，增强了乡村法治建设。通过多层次网络会议，指导172个村社协商制定了切合实际的村规民约和细则，提升了自治能力。

（三）反哺归根，提升乡村公共产品的供给能力

面对乡镇财政资金匮乏的困境，以及辖区内企业民众对公共产品和服务需求的矛盾，乡贤组织成员依托其所承载的人力、技术、资本、信息等

资源回报故土，积极协调或自愿捐赠多项公共服务设备设施，有效破解了乡村公共物品供给不足的困境，极大地提升了乡村公共服务水平。如原四川中烟集团绵阳卷烟厂党委副书记鲜旭城，为改变家乡落后面貌，帮助贫困群众脱贫，他积极协调多方，为当地争取到了数百万元扶贫资金，极大地改善了道路、塘堰等公共设施，方便了当地群众发展致富。还有永乐村乡贤郭光美，创业致富后不忘家乡人，先后自费数万元为本社群众安装路灯，并为邻社捐赠了一整套提灌站抽水设备，获得群众的一致好评。

三 经验与启示

愿意回报家乡的新乡贤是推进乡村振兴的重要力量，是增进乡村振兴效能的有力沟通者与推动者。如何发挥"新乡贤"作用助力实现乡村振兴目标，成为新时代重要课题。游仙区通过创新探索建立乡贤参事会、吸纳"新乡贤"参与基层协商等途径，为推动乡村振兴提供了现实参考。

（一）乡村振兴落到实处需健全机制以聚"贤能人士"

"新乡贤"群体作为以乡情乡愁为纽带而凝聚起来的乡缘性社会力量，汇聚了来自本土本乡的各类贤能人士，许多还是非党员、非体制内人员。为此，游仙区推进"新乡贤＋"模式的实践，在区委、区政府的主导下，以乡情、乡愁为纽带，以德治为基础，以自治为载体，以法治为目标，积极搭建聚贤载体，以政策引导团结一切可以团结的力量，健全充满活力的基层群众自治制度。这既有利于将党的领导贯穿整个实践过程，保证相关工作符合党的大政方针和国家的政策法律，也有利于维护"新乡贤"的相对独立性地位，通过民主协商的工作机制和平台发挥其积极作用。

（二）乡村振兴取得实效需要汇聚乡村治理"新生力量"

乡村振兴战略是一个长期性、系统性的工作。乡村振兴战略的具体实施也应当具有一定的前瞻性与持续性。这一庞大的系统性工程的正常合理运作必然需要多元主体的参与配合，所有问题的发现与解决都不是单纯依靠单一主体可以完成的，也不只是单一主体作用的发挥。多元主体参与，在对各个主体进行明确的定位与分工的基础上，加以相互借鉴交流，能够为高效推进乡村振兴战略实施提供可能。在乡村振兴的征程中，越来越多的乡贤承载着乡亲们的期待，推动产业发展，传承乡村文化，推进乡村治理，带领乡亲们奔向美好生活，乡贤融入乡村振兴是必然的趋势。

（三）乡村振兴取得成效需要新乡贤助力城乡融合的"共同富裕"

新时代的乡村振兴是全方位、多层次的振兴。当前，我国的乡村振兴仍存在一定的问题和短板，要补齐乡村振兴短板，关键在于促进城乡资源要素的双向流动、有机循环。"新乡贤＋"的游仙探索表明，在城乡发展存在明显差距的背景下，推进乡贤回归有利于激活乡村振兴的"一池春水"，加快人才、信息、资金、技术等资源要素为乡村"补血"，修复城乡之间的有机循环机制，从而为促进城乡均衡发展、缩小城乡发展差距，实现共同富裕奠定良好基础。

案例来源：游仙区政协

执笔人：中共游仙区委党校　潘　迪

三台县综合施策激活乡村振兴"人才引擎"

三台县位于四川盆地中北部，面积2659.38平方公里，户籍人口136.75万人，辖2个乡、31个镇、462个村（社区），是全省典型丘区农业大县、绵阳唯一百万人口大县。近年来，该县紧紧把握全面推进乡村振兴和新时代人才事业发展重大机遇，抓头雁、强堡垒、建机制，系统谋划、整体推进乡村人才振兴，成功探索出一条"人口红利向人才红利、农业优势向发展胜势加速转化"的新路子。截至2024年，全县各类乡村振兴人才达4.1万余人，其中返乡下乡创业人员2.8万余人，"人才驱动"有力引领脱贫攻坚与乡村振兴有效衔接。2022年8月，学习强国、人民论坛、今日头条等20余家媒体平台集中宣传报道三台人才工作典型做法，首届人才活动周荣登"川观热力榜"。

一、基本做法

（一）靶向定位精准"引"，让三台和人才"双向奔赴"

1.健全组织体系

对标市委"人才兴市"战略部署，高度重视和支持人才工作，调整优化人才工作领导小组，制发《县委人才工作领导小组工作规则》《县委人才工作领导小组办公室工作细则》，构建"党委统一领导＋县委人才工作领导统筹＋乡村人才振兴工作专班＋责任单位分工负责"简约高效组织体系，加强党对人才工作的全面领导。设立副科级事业单位县高端人才服务中心，核定事业编制4名，人才工作力量得到持续加强。牢固树立"一把手"抓"第一资源"理念，实行县委"定期议才"制度，县委主要领导多次专题研究部署人才工作，研究制定《2022年全县人才引领创新发展10件实事实施方案》，推动全县树立强烈的人才意识，构建起与三台县发展相适应的人才治理体系。

2. 完善政策体系

出台"1＋13"人才政策体系，制发全市首个支持重点产业企业人才队伍建设的专项政策和全省首个支持直播电商人才建设的专项政策，持续推动人才政策升级迭代。设立5000万元人才发展专项资金，并建立稳定增长机制，保障"人才新政"有效实施。将乡村人才振兴纳入人才工作总体部署，深入贯彻落实《关于加快推进乡村人才振兴的意见》，聚焦重点工作、重点产业，持续深化人才体制机制改革，扎实开展工业企业人才调研、农村实用人才队伍调研，并开展"新乡贤"工程等多项探索，实施"全国结合新型城镇化开展支持农民工等人员返乡创业试点县"项目，制发《三台县乡村人才振兴五年行动实施方案（2021—2025年）》，科学确立"打造具有全国影响力的种业创新小高地和乡村人才优选地"的人才发展定位，系统推进乡村人才振兴五年行动年度项目，推动人才智力向产业发展、乡村建设、基层治理一线集聚。

3. 拓宽招才渠道

按照绵阳市委"编制可用尽用、人才需引尽引"的要求，实施"千名急需紧缺高层次人才引进计划"。综合运用紧缺选调生招考、事业单位招聘、企业社招校招、公开比选引才和"揭榜挂帅"柔性揽才等方式，常态化赴成都、北京、上海、长沙、重庆等地知名高校开展推介招聘活动28场次。同时，依托在外人才联谊会、驻外商会等平台载体，在粤港澳大湾区、重庆、京津冀3地建立驻外人才工作站，聘请招才引智专员22名，持续延伸人才工作布局。截至2024年，已从东莞市引进签约人才科技公司

1家；采取顾问指导、短期兼职等方式，从县外柔性引进农业领域领军人才1人，培育企业人才50人，签订项目协议3个，为农业产业发展提供有力人才支撑。

（二）因材施教精细"育"，让技能和智力"涌流迸发"

1.打造全套人才培养体系

鼓励城市人才下乡服务乡村振兴，构建起政府统筹下"专门机构＋多方资源＋市场主体"的农村实用人才培养体系，打造农业院校、科研院所、推广机构等多方资源积极参与的专业化师资队伍，培训教育由课堂走向田间，培养体系延伸至产业，覆盖到基层。截至2024年，全县有农民培训学校4所、农技推广机构68家、农民人才实训基地4个、创业孵化基地5个。不断完善由重大项目、工程、计划带动的农村实用人才多层次培养模式，使国家级现代农业园区创建、生猪种业技术创新等重大项目成为培养农村实用人才的重要渠道。

2.统筹全面人才技能磨炼

选派金融、审计等专业年轻干部到市县国有企业顶岗锻炼，为壮大懂经济、懂项目的专业型干部队伍"储能强翼"。制定实施教育、医卫人才梯次培育计划，精心培育"管理人才梯队"。与开放大学三台分校合作，连续15年实施"一村一名大学生计划"。持续实施乡村文艺人才专项计划，引进乡村文艺人才13名。实施导师帮带乡土人才"千人计划"，首批遴选"全国粮食生产先进个人"林红梅等本土导师20名，结对带徒100名，5年内将结对帮带乡村人才1000名。

3.升华整体人才信仰内核

提升人才政治思想观念和科学文化水平，增强党性，发挥先锋模范作用，从2020年起举办人才培训班4次，共培训288人次。课程包括专业知识培训、政策法规解读、心理健康教育等，带领学员学习"习近平治国理政思想""习近平关于调查研究重要论述"等理论课程，实现高站位、全角度的教育教学。依托高校教学资源培养人才，先后与西科大共建"乡村振兴研究院""乡村振兴人才研修中心"，2023年已举办企业人才、乡村企业家专题培训班各1期，培训乡村人才121人次。依托基层党校举办各类乡村人才培训班52期，教育培训干部人才1.5万人次，为培育壮大乡村人才队伍提供有力支撑。

（三）硬核服务精心"留"，让拴心和留人"合拍共鸣"

1. 提升人才福利待遇

聚焦人才"引育用留"全链条，按照"引才门槛低于同类地区，政策待遇高于同类地区"原则，出台《关于深入实施"梓州英才计划"支撑引领县域经济高质量发展的若干措施》，同时细化出台《三台县柔性引进人才认定支持办法》《三台县引进人才租房补贴实施办法》等13项具体实施细则。落实县级领导联系优秀人才制度，春节期间先后走访慰问优秀人才185名，发放慰问品、慰问金等12万元，落实"梓州英才卡"医疗保健、休闲娱乐、生日慰问等各项服务，兑现资金32万元。落实引进人才安居补助政策，为132名人才申请兑现安居补助1334万元，为65名人才兑现租房补贴资金40万元，为高层次领军人才、示范实训基地兑换资助资金37万元，编印《梓州英才风采录》，收录63名人才典型事迹并广泛宣传，着力营造全社会尊才爱才的良好氛围。

2. 优化人才平台搭建

现已建成省级企业工程技术研究中心1个、省级博士后创新实践基地1个。另外，以建设现代生猪种业园区为契机，着力打造种业人才集聚主阵地，建成国家级核心育种场2个、种公猪站3个、千头以上扩繁场6个、规模场124个，培育引进生猪类生产经营企业20家，其中省级以上龙头企业9家，并组建了以四川农大育种团队为核心的生猪种业创新团队，柔性引进高级专家65名、各类专业技术人才650余名，推动各类人才向生猪种业汇集。

二 主要成效

（一）成就干部队伍"钟灵毓秀"

目前，三台县引进各类优秀人才1129人，其中硕博人才173人。提拔重用9名优秀年轻干部担任乡镇科级领导职务，选派163名年轻干部人才担任第一书记并驻村工作。实施乡村振兴战略，妥善落实国家政策。各级治理型人才为三台县现代化建设贡献了至关重要的智慧与力量。2022年以来，为乡镇机关招录公务员189名，乡镇行政编制使用率保持在98%左右，运用多种方式引进各类优秀人才2134人（含企业人才），使用"人才专编"专项引进生猪种业高层次人才3名，有效充实了乡村人才队伍力量。依托"一村一名大学生计划"，已引导2000余名优秀大学生返乡驻村，提能兴业。从县外柔性引进农业领域领军人才3人，培育企业人才50人，签订"揭榜挂帅"项目协议3个。截至2024年，三台县共有农村实用人才3.7万人，是"全国结合新型城镇化开展支持农民工等人员返乡创业试点县"和"全省返乡下乡创业示范县"。2023年，三台县聚焦县域主导产业，采取顾问指导、短期兼职等方式，从县外"柔性引才"的经验做法被四川新闻联播报道。

（二）实现产业实力"扶摇直上"

以项目与人才共引、平台与人才共抓、企业与人才共育为前提，高层次人才依托深厚的学术背景和丰富的工作经历为企业注入领先的技术和创新理念，增强企业的核心竞争力，加快产业升级的步伐，推动产业转型升级。立足放大"中国麦冬之乡"品牌优势，大力实施麦冬产业人才"一品一支"专项，创新组建四川省川麦冬产业发展有限公司，集聚人才深耕麦冬大健康产业，麦冬产业实现从田间到药房再到生活的深刻转变，产量占全国的70%以上，出口量占全国的80%以上，正加速向百亿大产业迈进。

（三）造就集体经济"百舸争流"

人才向基层流动，盘活乡镇闲置编制，更新发展、管理观念，促进各村集体经济发展。深入实施"一村一集体经济项目"计划，精心编制53个农村集体经济组织"纳贤榜单"，吸引62名乡村人才通过创办企业、技术入股等方式与招募村合作，促进当地村民致富和村集体增收。2021年，全县383个村集体经营性收入实现2626.95万元，比2020年增长28.9%，2022年全县383个村都达到5万元以上的"消薄"目标。以"四川十大名村"景福镇宋观庙村、"四川省先进基层党组织"立新镇高棚村为代表的"能人兴村"典型不断涌现，《下好闲置资产盘活棋 巧变"包袱"为"财富"》勇夺"党的十九大以来四川农业农村改革十大优秀案例"殊荣。2021年8月，全县统一发布村集体经济组织"公开纳贤榜单"53个，注入人才引领集体经济发展新动能。

（四）催发技术手段"突飞猛进"

年轻的高素质人才具备一定的理论基础与创新能力，引入的一批新生力量对农业生产、企业管理的系列技术性工作带来大步提升。三台县本地的特色产业生猪、麦冬，经验丰富的专业团队联合新生人才队伍在技术层面不断创新，对传统农作物进行深加工，提升农作物价值，带动县域经济发展，形成了芦溪镇麦冬产业园等以农产品加工为核心的产业园区、以生猪育种为主要方向的生猪产业园，并依托园区，辐射发展出了生猪扩繁场等相关产业。在这些产业发展过程中，产生了一批对农产品加工有一定技术的人才，给三台县农业产业转型发展打下了基础。三台县2个产业团队（水稻、生猪）入选市级优势特色农业产业人才团队，10名乡土人才获评"全市第一批乡村振兴乡土能人"。

三 经验与启示

乡村振兴，人才先行。三台县通过实施人才强县战略，以创建全省第二批人才工作先行区为统揽，聚焦乡村振兴人才队伍建设，紧盯人才"引育留用"关键环节，不断夯实乡村振兴的智力支撑，筑牢乡村振兴人才基石，助推了乡村振兴高质量发展。

（一）要紧扣发展需求"引"才，构建乡村人才"蓄水池"

引才聚才是抓好人才工作的重要环节，也是在为乡村振兴构建起人才"蓄水池"。三台县对标市委"人才兴市"的战略部署，根据县情，聚焦重点工作和产业，健全组织体系和政策体系，立足"打造具有全国影响力的种业创新小高地和乡村人才优选地"的人才发展定位，围绕特色产业，用好用活各项激励政策，真金白银投入，推动政策到引才聚才中见实效。以"企业需要什么样的人，就招引什么样的人才"为需求导向，进行柔性揽才，推动人才链与产业链融合互促，让人才的涌入为乡村振兴注入活水源泉。

（二）要聚焦内生动力"育"才，下好产业发展"先手棋"

三台县以"人人皆可成才、人人尽展其才"为蓝图，坚持"输血"与"造血"并重，摒弃急功近利、揠苗助长的短视思维，打造高远务实的人才培养制度体系，探索多元人才培养模式，通过"导师帮带""顶岗锻炼"等计划大力打造县域特色人才培育品牌、推动"产教训"融合发展，既坚持"走出去"和"引进来"相结合，引导鼓励乡土人才、农村实用人才参加各类实用培训和专业培训，又注重培养各类高素质人才，通过县委牵头举办的人才班提升人才的政治素养和党性修养，从而促进教育链、人才链和产业链有机结合，着力提升各类人才综合素质。

（三）要突出人文关怀"留"才，建好乡村振兴"智慧库"

只有栽好"梧桐树"，才能引得"凤凰栖"，要想破除人才安不下心、留不住身的问题，必须树立强烈的人才服务意识，既要"留身"更要"留心"，真正打好"感情牌"，让人才汇聚成潭、凝聚成势，使之成为"常客"而不是"过客"。三台县以"人无我有、人有我优、人优我特"为理念，充分发挥人才工作政治引领和政治吸纳的"乘数效应"，落实县级领导联系优秀人才制度，实施高层次人才绿卡制度，为人才提供医疗保健、子女就学等12项服务，做好人才激励，使优秀人才在政治上有荣誉、社会上有地位；通过申请人才安居补助、租房补贴、建造人才公寓等措施落实人才待遇保障；并通过联谊、县领导座谈等活动，从感情上贴近人才、从细节上关心人才，提供全方位、多维度、有温度的服务保障，解决人才"后顾之忧"；通过搭建创业、交流、服务保障等各类平台，推动营商环境持续改善，让人才"落地生根，开花结果"，为乡村振兴建好"智慧库"。

（四）要围绕效能发挥"用"才，打造乡村振兴"生力军"

"尺有所短，寸有所长。"只有精准识才用才、有效扬长避短，才能发挥出人才的作用，汇聚起万众一心的磅礴伟力，打造成为乡村振兴的"生力军"。三台县以"才得其所"为准则，一是建立开放、科学、有效的人才政策和良好的容错纠错机制，让人才卸下思想包袱，鼓励人才大胆创新、勇于挑战，不断为人才发展搭建施展拳脚的舞台；二是把乡村振兴一线作为淬炼年轻干部人才的"练兵场"，建立以创新价值、能力、贡献为导向的分层分类人才评价标准，创造公正平等、择优竞争的优良环境；三是摸排建立人才"总台账"，根据性格特征、技术专长，合理安排工作，创造机会为人才发展提供助力，多方位挖掘人才的潜力，在培养上"扬长补短"，在使用上"扬长避短"，在保护上"扬长容短"；四是在服务理念上再更新，在精准对接中变被动为主动、变间接为直接，团结、引领、服务好各类专家人才,释放人才的积极性和主动性,为乡村振兴打造出一支能堪重用的"生力军"。

案例来源:三台县高端人才服务中心

执笔人:中共三台县委党校　高　宇　蒋晓凤

盐亭县引育高层次人才
助推经济高质量发展

近年来，盐亭县加快集聚创新人才，落实"人才十条政策"，抓住良好背景，探索适合本地区的人才培养模式，扎实提升人才培养质量、积极引进高素质的事业人才，取得一定成效。该县17个乡镇（街道）现有引领发展管理人才3075人，其中党政领导253人、乡镇干部1011人、村级两委干部1811人；服务民生专业人才2533人，其中乡村教师2071人、基层医务人员462人；发展产业乡土人才4791人，其中实用技能人才2103人、致富带头人1198人、科技示范户590户、返乡创业人员561人、外来投资人员339人，并从中培养职业农民557人；由县内外成功人士构成的乡村治理乡贤人才8000余人，已成为盐亭推动乡村振兴的主力军。2022年，先后多次得到省市领导的肯定性批示。2023年，前往武汉大学、西北工业大学等高校开展"带编进校""携企入校"等专场招才引智活动60余场次，通过学校招就处、学生会、学生社团等渠道广泛宣传招引政策，共招引各类人才1500多名，其中高层次和急需紧缺专业人才122名。

一、基本做法

（一）以突围之策抢占引才先机

始终把招才引智作为"一把手"工程强力推进，全力构建与自身发展需求相适应的人才招引机制,举全县之力打好"人才争夺战"。

1. 建立"高效率"工作机制

成立县委人才工作领导小组,建立党组织书记直抓招才引智工作机制,担任副组长的县委常委、组织部部长主持领导小组日常工作,负责组织研究有关专项工作、牵头实施有关重大人才计划(项目)和开展有关重大人才活动、主持开展年度人才工作述职评议、审签有关专项政策和评选办法等文件。人才工作领导小组高效运转,成立之初仅用3天时间就敲定了引才队伍组建、高校人才招引和人才公寓建设方案。

2. 出台"高磁力"引才政策

设立1000万元人才发展专项资金,制定《盐亭县加快集聚创新人才十条政策措施(暂行)》,引进人才在市上安居补助基础上,叠加1.5万元购房补贴和每月1000元的工作补贴。建立"1+1+N"人才联系机制(由1名县级领导和1名单位负责人共同联系引进人才),为人才落户、子女就学、配偶就业等各方面、全流程提供服务保障,真正让人才无后顾之忧。

3. 打造"高规格"引才队伍

成立"产业专班+企业"人才招引小分队3支,由县委主要领导或分管县委常委任组长。筛选3名科级领导和6名在编全日制研究生,进入厦门、苏州、成都3个人才引进工作站开展招才引智,以最大诚意礼遇人才。

(二)以务实之举破解引才困局

创新探索编制供给方式,加速释放编制资源潜能,有效破解"有编才有人、无编难进人"的引才困境。

1. 盘活存量建立编制"蓄水池"

严格按照市委"编制应用尽用、需用尽用"的要求,充分发挥县高端人才服务中心编制"蓄水池"作用,打破编制固化、部门"私有"等思维,精简收回事业编制175个,全部纳入编制"蓄水池",实行单列、实名制管理。用人单位引进人才调离后，编制收回、重新入池；用人单位编制出现空缺后，使用池内编制人员改为占用单位编制，实现存量整合、动态供给，始终保持编制"一池活水"。

2. 聚焦发展找准引才"风向标"

坚持围绕特色产业、重大项目和乡村振兴建立人才需求清单，在保障教育、医疗等民生类人才引进的基础上，进一步加大招商引资、产业发展、园区建设等重点领域引进人才力度，推动发展需求与人才供给精准匹配。截至2023年上半年，已使用"蓄水池"编制44个，为超编但专业人才紧缺的经合、工信等经济部门定向设岗。

（三）以超常之法构筑引才高地

坚持一手抓高校引才、一手抓项目聚才，精准发力、靶向施策，全力推动招才引智工作驶入"快车道"。一是抓关口前移"订单引才"。将引才主战场从"毕业生"向"入校生"前移，主动出击、提前锁定，与西南石油大学、重庆化工职业学院等6所高校、职院签订《校地合作战略框架协议》，开设"定向培养班"，4年内可培育天然气化工专业人才200名。同时，按照盐亭县产业发展方向和需求，调整盐亭职业技术学校专业和课程设置，优化机械加工技术专业、建筑材料智能生产技术专业，新增机电技术应用专业，每年可为全县培育专业人才200名。二是抓产才融合"集聚人才"。深入推进"项目+人才"招引一体化运作模式，柔性引进"高精尖"硕博科研人才15名，建立院士工作站1个。绵阳锂源公司已与中南大学合作成立新能源产业研究院、建立博士工作站，吸纳博士研究生4人、硕士研究生2人，实现产值1.9亿元。迪澳药业公司深化与中国工程院单杨院士合作，建立院士工作室。县工信局与西南油气田分公司川中油气矿、致密气项目部双向互派、顶岗交流干部2名，为化工园区申报提供了专业人才保障。在"西部水产"现代农业园区建立"梓江鳜鱼养殖科技小院"，柔性引进中国科学院院士1名、四川农业大学专业人才6名，联合建设梓江鳜鱼智能化繁育中心，为鳜鱼养殖装上"智慧大脑"，推动招才引智与招商引资双向发力、深度融合。

二 主要成效

（一）人才质量大幅提高

院士引进实现了零的突破，引进的高层次人才中"985""211"高校毕业生占比22%，工学类占比37.5%，农学类占比17.2%，引进人才精准匹配发展需求，为盐亭县招商引资、产业发展、园区建设等领域发展起到了重要作用。其中，为高效推进化工园区申建工作，盐亭县通过"一人一策、特事特办"的方式，引进了一名西南科技大学化学工程与技术专业的硕士研究生温华强。该同志入职化工园区申建专班后，积极为经合局引荐山东民生集团与重庆化医集团合作投资的天然气制炭黑项目，主动参与化工园区产业规划编制，撰写盐亭天然气产业发展方向的调研报告，梳理了一批优质项目，绘制了项目经济雷达分析图，为后续化工园区项目引进提供了参考。

（二）人才引进效果显著

入职人才的工作表现均得到用人单位的充分认可，全县爱才、重才、惜才的氛围空前浓厚。对引进人才高看一眼、厚爱三分，针对专业特点和岗位要求，探索创新人才晋升渠道，聘用在管理岗位的转正定级为八级职员、专业技术岗位的转正定级为专业技术十一级，较同期入职的本科生缩短至少5年的晋升时间。温华强同志因在化工园区申报工作中表现突出，现已聘用为盐亭经开区党工委委员、八级职员。广大入聘人才纷纷表示，以感恩之心拼搏奉献，希望扎根盐亭干出一番事业。截至2023年5月，按照市委招才引智力度不减的总体要求，盐亭县已赴成都、西安、广州、重庆、武汉等在校大学生超过100万人的城市开展招才引智活动14场次，进一步加大城市推介和人才政策宣讲力度，招引高层次人才20人。

（三）人才培育后继有人

人才引进后，为适应乡村振兴工作需要，积极搭建育才平台，依托党校平台对引进的高层次人才定期开展培训。在进行项目推进、制定重大规划时，主动邀请高层次人才参与其中，充分发挥了高层次人才对县委决策的智囊作用。2022年，县委、县政府先后2批次针对引进人才精心开展高层次培训，组织人才前往七里花香、花果嫘乡、经开区等特色产业基地，袁诗荛烈士纪念园等红色教育基地参观学习，近距离了解盐亭县风土人情、产业发展和文化底蕴，激发人才扎根盐亭、干事创业的热情。在培训活动中全方位了解引进人才的个人特长，再结合所学专业和部门人才需求，坚持"专业对口、人岗相适"的原则统筹安排到相关单位入职，让人才各展其能。通过组织技能竞赛，促进人才自我突破、自我发展，在全县营造了良好的学习和竞争氛围。

三 经验与启示

（一）要实现乡村振兴必须持续增强人才振兴意识

乡村振兴，人才是关键。盐亭县在正确认识自身不足的基础上，审视自身发展条件，及时采取相关策略。坚持上抓下管、责任到人，持续加大宣传力度。通过到各大高校举办高层次人才招聘会、播放宣传片等方式，积极宣传盐亭的人才待遇政策，普及盐亭县人才引进"十条政策"，提高全县对人才振兴事业的重视程度，倒逼所有政府人员自觉参与到此项工作中，积极荐才、寻才，将人才引进工作落到实处。村、镇层面通过村集体收入的再分配以及申请上级资金等方式不断争取建设资金，用于村内基础配套设施建设以及生产资料的购买,使村民可以以最少的成本、最多的收获参与到生产建设过程中,为乡贤人才提供干事创业的优质平台,吸引更多外来人才进入农村、奉献农村、发展农村,以人才振兴助力乡村振兴伟大事业。

(二)人才引进工作必须明确人才政策制定的主体

政策是导向,是决定人才引进成效的关键所在。盐亭县为做好人才引进工作成立了人才工作领导小组,担负起人才引进和培养职责。领导小组定期召开会议,集中研判,就需要引进、培养什么样的人才,制定了相应的人才引进政策。在人才引进政策实行之初就以明确的政策目标和良好的宣传导向,按部就班地让人才引进政策达到预期效果。在制定乡村人才工作方案时,明确了人才政策的制定主体,其基本精神是与绵阳市乡村人才振兴的主体策略相适应的。盐亭县的人才政策避免了各部门可能只关注某一方面人才所需而忽略其他方面人才造成的"厚此薄彼"现象,通过集中统筹加强了部门之间的沟通协调,不断强化政府部门间的联系和组织领导,在突破传统的人才引进方式的基础上,根据不同的需要,对引进的高层次人才进行统筹安排,使人才政策从上至下形成整体的系统,切实提高了人才引进的效率和质量。

(三)在选人用人上必须处理好"引"与"留"的关系

要健全人才"引"与"留"畅通流动机制,人才的发展离不开相应的制度保障,而合理的人才流动机制是构建制度保障的重要前提。盐亭县在行使人才管理职能过程中,积极探索事业单位的新管理模式,提高了编制的流动性,通过集中统筹、个别分摊的方式因地制宜地使用人才。一方面,盐亭县进一步完善了高层次人才培训和考核办法,完善人才培训体制,适当放宽事业人员晋升条件要求,促进人才的平稳流动;另一方面,盐亭县创新人才培养培训机制,依托党校平台,采用线上线下相结合、长期短期相结合、专题培训与综合培训相结合等人才培训方式，不断完善人才培养方式，提高人才培养的灵活性。

案例来源：盐亭县委组织部

执笔人：中共盐亭县委党校　青　来

江油市永胜镇智才双引
打造乡村人才"蓄水池"

永胜镇位于江油市中部,距江油市区25公里,面积214.55平方公里,辖10个行政村、2个社区,全镇总人口43029人。近年来,该镇坚持把人才作为发展第一资源,以党建为引领,创新探索构建人才与园区、产业、农户的联动机制,为乡村全面振兴注入人才活力,获评"绵阳市乡村振兴先进乡镇",成功创建为"四川省三星级现代农业产业园区"。

一 基本做法

(一)强化智才双引,共筑专业人才"蓄水池"

1.柔性引智

为广纳贤才,招引智慧,镇党委、政府积极实施"结对带动工程"和倡导开展"专业大咖支招"活动。建立镇领导联系在外能人结对带动机制,搭建发展能人与农园、基地、农合社、民宿等联系合作的桥梁,广纳意见和智慧。同时,为更好借力借智,建起常态化邀请市内外重点企业经营者、高素质人才利用闲暇时间到永胜镇企业、园区进行管理、技术等方面的指导机制。此外,还积极与知名高校、设计院联系对接,摸排梳理自身发展需求10余项,有针对性地邀请各领域专家学者调研指导,聘请专业队伍对全镇产业布局、整体规划进行高标准谋划,为全镇经济社会发展提供智力支持。

2. 产业汇才

永胜镇是纯农业乡镇，人才种类单一，主要集中在种养殖方面，农村急需紧缺的农产品质量安全监管人才、中介组织领办人、经纪人、电商人才、高新技术人才、创意人才、网络人才、金融人才，特别是复合型人才。2021年，江油市优质粮油现代农业园区永胜基地启动建立，随后一大批乡村振兴专业人才汇聚园区。当年即入驻了各类农技专业人才6名、农业经营管理人才3名。2022年，公开选聘了水稻育苗师、制种技术指导员、农机服务员等专业人才4名，同时增加了2名园区专职管理人员。随着业务的拓展，2023年又吸引了农田创意、农村电商、农村金融等方面人才6名。此外，省农科院、市农业农村局每年派驻园区巡回指导专家20余人次。

3. 乡贤聚才

2022年，在镇党委、政府的持续感召下，成功回引文昌村在外致富能手罗德富回乡投资5000万元，在文昌小学原址上联合村集体打造了集乡村旅游、农耕文化研学、康养休闲、餐饮民宿于一体的花韵咏盛研学基地。2023年初开业以来，成功将以前从事种养殖的农民变成了指导青少年体验农耕文化的讲解员、指导员，如风斗使用讲解员、连枷使用示范员、蔬菜粮油播种技巧指导员等，如今基地会聚了从事乡村旅游、研学、餐饮民宿等各类人才150余人。

（二）强化机制建设，打造人才成长"孵化站"

1. 优化培训机制

一是实施"雁阵培育"计划，优化乡土人才培育机制。通过梳理本土人才存量，建立本土人才库500名。每年采取"集中授课＋实训见习""田间微课＋生产实践"等方式分期分批对全员进行全覆盖培训，并有针对性地对有事业心、学习能力强的人员进行重点培训。近年来，通过全覆盖和梯次培训，共培养"头雁"17名、"养殖大户"8家、"种粮大户"45家，储备"强雁"3名，有效解决了镇域"人才荒"难题。二是制订村干部培养成长计划，采取考察学习、办班培训、交叉考评等方式促进干部政治素养和履职能力双提升。同时实施村级班子后备力量学历提升计划，鼓励后备人才参与大专或本科学历提升。近年来，通过电大等成人教育形式，8人获得专科学历，5人获得本科学历。

2.优化帮带机制

一是建立村级后备力量同乡镇包片领导、包村干部、第一书记的"1+3"常态化帮带机制，并严格实施"一人一档""一村一册"成长记录机制，积极引导后备力量参与村级事务管理、列席村级会议、常态化参加组织的各类活动，磨炼提升个人能力和本领。二是建立本土乡土专家指导服务队。统筹23名镇级农技专家、农技人员组建了3支服务队伍。三是实施"墩苗"历练计划。凡新增了产业类型或出现了产业模式创新，即由乡土专家"先学一步"，然后坚持乡土专家下沉一线，采取"分片包保、定点帮扶"模式，全流程蹲点反复培训指导，直至一线员工完全掌握新技术、新方法，成为合格的专业化、职业化人才。

3.优化竞技机制

坚持"技艺在比拼中成熟"的育人理念，在全镇营造比学赶超的浓厚实战演练氛围。一是以"实地观摩＋集体研讨"的模式，扎实开展基层党组织书记"现场比武"活动；二是组织各镇企单位"亮单晒绩"活动，通过每月开展晒评活动，比干劲、亮实绩、评先进，形成前有明责定责、中有跟踪指导、后有奖优罚劣闭环机制，极大激发了人才内生动力，将"新农人"变为"兴农人"。

（三）强化保障激励，做实人才服务"伊甸园"

1.配强基层组织

一是开展双向调研。一方面，深入研判各村履职缺职状况、发展缓慢村人才需求情况；另一方面，摸排各村人才存量，重点了解党员骨干、致富带头人、种植养殖大户、返乡创业大学毕业生、退伍军人、优秀农民工等群体,建立班子后备人才库,现有储备人才28名。二是高标准选拔。采取"党员群众推荐、乡镇考察甄选"方式,重点从回引的班子后备人才库中公开选拔一批讲政治、有思路、敢担当、年富力强、德才兼备的优秀人才充实到村两委班子。近年来,选拔回引人才12名,其中村书记2名。

2. 建立人才激励制度

一是研究出台《村干部绩效考核办法》《干部职工绩效考核管理办法》等人才激励制度,从薪金待遇、绩效奖励上加大正向激励力度,激发人才干事创业活力。二是出台《乡村实用人才激励考核办法》,借鉴先进企业模式,实行月月考核月月奖、季度考核季季奖和年终考核奖。三是提高社会保障水平。积极统筹人才专项发展基金,用于提升领军型乡村实用人才和长期坚持在基层一线工作的人才的社会保障水平,在现有医疗、养老等保障上提档升级。

3. 建立关爱联系制度

实行书记镇长带头联系服务镇域专业人才、优秀农民工、致富能手、返乡创业大学生制度,采取定期走访看望、重要节日探望慰问、座谈交流等方式,走访慰问80余名在外优秀农民工,诚邀他们积极投入"返家乡、建家乡"活动,为家乡建设出力献智;召开专业人才、致富能手、返乡创业大学生交流座谈会10余场次,详细掌握他们在学习、创业、生活等方面的情况,积极为他们解决后顾之忧。

4. 提升乡村生活设施水平

一是扎实开展乡村环境整治活动,通过深入推进"三建五改",农村硬化道路实现村村通、户户畅,农村饮水、卫生厕所、厨房实现全覆盖改造;二是文体设施更加丰富,建成综合文化服务中心4个、卫生室24个、篮球场10个、文化广场24处、综合健身场10处。多样化的公共文体娱乐设施和干净的卫生条件为专业人才扎根乡村提供了整洁、舒适、安全的办公、生活环境。

二 主要成效

（一）人才驱动乡村经营市场主体不断成熟

永胜镇通过头雁引领、专业帮带、创业激励等多项举措，积极开展"迎老乡回故乡建家乡"活动，加快培育新型农业经营市场主体，截至2024年，总户数达到144户。特别是回引了罗德富等26名优秀乡贤回乡就业创业，以花韵咏盛农耕文化体验基地、鑫渔特种水产养殖、宁润鲈鱼养殖以及"隐谷山舍""时光海棠""云溪山舍"特色乡村民宿等为代表的乡村新业态相继呈现。2023年，招引新项目9个、总投资1.6亿元；完成固定资产投资6856万元，增长73%。

（二）人才驱动乡村产业体系不断健全

通过与省农科院、浙大农业科研团队合作，引才引智，着力做大做强粮油主导产业。一是完善水稻品种就地示范推广转化机制，持续推动粮油现代农业园区提质增效，培育"窦圌山生态米""桐柳香"等绿色农业品牌。2023年完成农业招商引资2个，签约金额6300万元，主导产业投资6756万元，园区实现产值1.5亿元，农村居民人均可支配收入达2.95万元。二是引领养殖大户新建12000亩稻虾稻鱼综合循环养殖区，沿永平河引进鑫渔农场、宁润鲈鱼等龙头企业，稻田鱼、鲈鱼、小龙虾特色水产养殖示范带初具雏形。三是以粮油为主导，充分挖掘本土自然资源和致富能手资源，强龙头、补链条、兴业态、树品牌，推动乡村一、二、三产业全链条升级。将农园赏花踏青旅游、花韵咏盛农耕文化研学与六峡、归心谷、藏王寨"峡谷柔情"休闲度假串珠成链，探索发展农业"产学研用"深度融合新业态，延伸出品种培育、智慧种植、精深加工、餐饮住宿和观光旅游"五位一体"的全产业链产业集群。2023年以来，因时因地因势举办桃花节、小龙虾节、辛夷花节，构建贯穿全年、常态长效的促消费经济链条，乡村旅游及研学游接待游客近5万人次，带动消费1000余万元。

（三）人才驱动乡村民生福祉不断提升

一是人居环境随着人才的涌入"颜值"越来越高。从窦圌山进入永胜境内，修建了4公里长的景观大道，春暖花开，大道两旁樱花烂漫，夏秋时节，绿树成荫，色彩斑斓，一直延伸到花韵咏盛研学基地，宛如童话世界。二是农田水利随着人才的涌入设施越来越全。发动党员、群众志愿者3.1万人次，投入机械751个小时，实施农田水利设施建设三年行动，清理沟渠685公里，塘堰清淤2.6万立方米，有效改善了农田灌溉和人居饮水条件。三是科技惠农随着人才的涌入"服务"越来越精。通过新时代文明实践站吸纳乡村实用人才100余名，组建科技志愿服务小分队4支，采取"点单"和"送单"的模式，为农户送上农业技术、农耕产品、补贴政策、机收机播、无人机打药等服务，不仅解决了老年人及困难群众收割播种困难，还有效减少因滥用、误用农药造成的减产和环境污染问题，不仅保护了人居生活环境，还提高了群众生产信心和积极性。

三 经验与启示

乡村振兴，人才是关键。永胜镇结合山区发展实际，坚持党建引领，坚持培养与引进相结合、引才与引智相结合，自主探索出一条适合山区发展的乡村人才培养、引进、管理、使用、激励的人才振兴模式，有力促进了永胜镇乡村全面振兴。如何坚持好、运用好并在实践中进一步完善好这一模式，是值得山区乡镇思考的重要问题。

（一）坚持党建引领是乡村人才振兴的动力引擎

乡村人才的引、育、用、留离不开基层党组织的统筹谋划和集中统一领导。乡村社会是一个封闭、零散、阶层相对分化的聚落，没有基层党组织的牵头引导，乡村很难拥有强有力的聚合力。首先，要坚持党建引领，选优配强基层党组织班子，抓实乡村管理人才"头雁"建设，为乡村振兴掌舵领航；其次，必须以党建为引领，持续打好"关怀牌""乡情牌"，为回乡人员创业搭建"大舞台"，为断其后顾之忧吃下"定心丸"，才能会聚各路实用人才共推乡村振兴的磅礴力量；最后，必须以党建为引领，在乡村人才选用、培育、激励和人才储备方面加强统筹谋划和监督管理，确保人才引、育、用、留公开公正，才能真正实现"团结出力量"。永胜镇坚持党建引领，强化基层党组织带头人的示范引领作用，践行了"五级书记抓乡村振兴"的庄严承诺，激发了各类人才推进乡村振兴的创业热情，成为永胜推动乡村全面振兴的最大动力引擎。

（二）坚持引才与育才并重是乡村人才振兴的现实之举

乡村地处偏远，经济基础薄弱，人才队伍流失大、存量少、引进难，这是乡村人才工作面临的普遍问题。永胜镇产业结构单一，存量人才多数为从事传统种养业的"老把式"。但永胜镇敢于"就地取材"，通过建立农耕文化体验基地，对本土留守"老把式"进行培训指导，使其变成适应新业态的"新人才"。对于基础薄弱乡村，坚持引才与育才并重不失为一种有效之举。一是要充分整合人社、农民工服务中心、农村职业教育机构的教育培训项目、人才项目，构建以农广校、中高职院校、技能培训学校为主体的农业高、中、初级职业教育体系，加强本土人才通识教育。二是要支持农民专业合作社、专业技术协会、龙头企业等主体联合科研院所、高等学校建设产学研用实训基地，承担乡村人才培训职责，发挥引进人才"以才育才"作用。

（三）坚持引才与引智并用是乡村人才振兴的有效抓手

山区乡村如何破解"引才难"，永胜镇给出了答案。一是必须壮大产业招引，要充分利用产业优势吸引各类优秀人才参与乡村振兴。二是必须重视乡贤回引，要主动作为，创造优越条件，以乡情感动、温情打动、热情推动，激发本土在外优秀人才回乡干事创业。三是必须突出高端引智，对于农业稀缺高端人才，如乡村产业规划师、乡村法律顾问、特色农业专家等，应采取柔性合作办法，邀请他们定期现场指导或开展技能培训，为乡村振兴献计献策；或允许领军型专家带项目、带团队、带资金入驻，发展新产业、布局新业态，为乡村全面振兴注入全新活力。

案例来源：江油市三一国际农场

执笔人：中共江油市委党校　王元君　邓诗雨

生态宜居编

生态文明建设与乡村振兴的协调发展，是兼顾我国乡村生态环境治理及乡村地区经济发展的重要举措，是解决乡村地区生态环境治理与经济发展间矛盾的必要方法，是建设宜居宜业和美乡村的内在要求和关键举措。

三台县"4＋2"基层河湖管护模式促河畅水清

三台县地处四川盆地中偏西北部、绵阳市东南部，境内有江河溪流112条，属长江上游嘉陵江水系，有涪江、凯江、梓江、郪江、魏城河5条大河。涪江是长江上游重要的生态屏障和水源涵养地，是三台县境内流域面积最大、服务人口最多的河流。近年来，该县牢记上游责任，科学开展涪江"一河一策"工作，确保河湖安澜、生态安全、人民安居，在郪江流域创新采取联动管护"4＋2"模式，通过运用"1＋N承包""生态扶贫""提质行动""协会参与"四种模式，建立上下游监督补偿机制及左右岸联动机制，形成跨乡镇联防联治机制，从而破解郪江流域河道常态及长效管护难题，被水利部收录为2023年全国典型案例，被四川省人民政府网站、《四川日报》、新浪网、川观新闻等媒体多次报道。

一 基本做法

（一）开展"1＋N承包"清理

郪江在三台县境内流长34.6公里，流域内部分乡镇与中江县、大英县构成上、下游，左、右岸关系，共管责任河段长达30余公里。为切实破解常态清理不经常、统筹抓手不力、水环境脏乱差、管护责任交叉等问题，针对责任河段存在的水深面宽和清理联动难度大的问题，率先推行"1＋N"清理监督模式，即由政府购买服务，将境内河道常态保洁工作承包给具有相关资质的专业合作社。按照合同要求，政府监督指导专业合作社选拔退役军人、懂涉水救护常识等人员组成专业清漂保洁队，配置清漂船只、救生衣等专业清理装备，开展水上作业培训后，分组定河定段履行清理职责。

（二）开展"生态扶贫"清理

运用"生态扶贫"思维，将公共资源效益最大化利用。多渠道着手，筹工筹劳，建立了一支常态化队伍。一般无危险性质的保洁由村民落实，为沿线群众提供河湖管护公益性岗位1023个，帮助群众增收。清洁队伍定期对河道水葫芦、落水秸秆及沿岸白色垃圾进行打捞和清理，确保河道及沿岸清洁，这一举措不仅持续提升了鄢江人居环境，还一江清水于民，还紧扣乡村振兴，让鄢江流域的老百姓收获生态红利。

（三）开展"提质行动"清理

根据区域与流域相结合的现实特点，鄢江镇将河道区域位置划分为若干网格，并实施网格化管理，开展河道清理提质行动。具体做法即成立镇、村两级以河长为主的"河长制"工作体系，N个村级河长对所管辖的河段开展常态化巡逻，定期开展河道保洁活动，宣传生态文明建设相关法律法规，每季度开展一次水质检测，确保水质稳定达标。

（四）开展"协会参与"清理

持续深化爱河护水宣传引导，通过推广"生态惠民超市"，大力开展"护河积分兑奖"等活动，不断激发河道沿线群众积极参与保护母亲河的行动热情，凝聚群众护河智慧力量。吸纳爱河人士和钓鱼爱好者组建麻柳河环境保护协会、鄢江流域环境保护协会，规范引导管护协会人员带头参与护河行动，监督举报河边乱倒垃圾、非法捕捞等违规违法行为，壮大了河道清护监督力量。2023年底，郪江流域管护协会已组织拾捡岸线垃圾和护河宣传120余次，累计参与1100余人次，沿岸全民护河氛围越来越浓厚。

（五）实施"轮包联清"机制

与郪江镇隔河相望的是中江县万福镇，为了保障郪江流域的河道环境，三台县与中江县实施"轮包联清"机制。通过建立上下游监督补偿机制、左右岸联动机制，形成跨县域、乡镇联防联治机制。三台县建中镇与中江县普兴镇针对左右岸毗邻管护难点，签订《共管责任河段联合清理管护监督协议》，建立"定期联清"机制，双方落实每周五联合清理制度，持续在联巡、联商、联清中强化责任共担和相互协作意识。协调指导辖区郪江镇、观桥镇分别与中江县万福镇、联合镇合力探索践行清理机制，明确双方清理监督责任，实行每年轮换承包清理，当年未担负清理任务的一方，常态监督担负清理工作的一方工作落实情况，每年底双方对共管责任河段清理工作核查移交，并建立清理移交文书，确保双方责任明确。此机制的实施为下游监督上游提供了制度抓手，辖区跨界河段非汛期水面垃圾清理量平均减少70%以上。

二、主要成效

（一）河湖管护专业度大幅提升

实行"1＋N"清理模式，有助于解决非专业操作的低效率和安全风险大的问题。通过购买清理、保洁、管护社会服务方式，三台郪江专业清漂队凭借专业清理优势和分段专人监督，确保河道清漂工作高质高效安全，减轻了镇村干部护河压力，降低了水上清理风险，解决了无人清理脏乱差、常态组织清理成本高等难题。社会服务外包的部分工作有助于党委、政府腾出手来更好开展组织统筹工作。

（二）管辖责任明晰度越来越高

"轮包联清""轮流承包"等跨区域联动工作机制施行以来，有效破解了河道左右岸、上下游共管河道清理中责任界定不明、互相推诿等难题。针对河道分属不同县镇管辖、日常管护清漂中不便划界导致责任不明、互相等靠等问题，三台郪江干、支流乡镇之间通过组织跨界漂浮物监督清理和现场认领，上游地区补偿下游地区等措施有效减少跨界河流漂浮物故意下排等问题。

（三）群众参与配合度提高明显

郪江流域内景福镇、紫河镇和郪江镇部分村针对责任河段水域情况和清漂工作量，结合精准扶贫和乡村振兴，推行设立河道保洁公益性岗位、健全清理责任制，沿线各村根据责任河段距离和清漂工作量，分别聘用1~2名有劳动力的贫困户担负河道专职保洁员，分段就近履行河湖巡查清漂职责，并由村级河长及巡河员监督其履职尽责，按月支付劳务工资，让流域贫困户在家门口就收获了"生态红利"，实现河道管护与困难家庭增收双赢。流域县镇共组建志愿护河队35支，有效解决河道集中突击清理时人员力量不足的问题。流域镇村每月根据责任河段及辖区水环境问题实际，结合环境卫生整治和党团主题公益活动，组织干部、党团员和护河志愿者，集中开展1~2次河道、沟渠、塘堰等垃圾漂浮物、水葫芦和岸线垃圾清理整治行动。通过推广"生态惠民超市"，大力开展"护河积分兑奖"等活动，不断激发河道沿线群众积极参与保护母亲河的行动热情，凝聚群众护河智慧力量，建中镇吸纳120余名爱河人士组建麻柳河环境保护协会，郪江镇等流域相关地区发动300余名热心环保事业的群众和钓鱼爱好者，自发成立了郪江流域环境保护协会，沿岸全民护河氛围越来越浓厚。

28 三台县"4+2"基层河湖管护模式促河畅水清

三 经验与启示

(一)要用系统思维推进河湖治理

系统观念是马克思主义重要的认识论和方法论。提高系统思维能力，就是在把情况搞清楚的基础上，统筹兼顾、综合平衡，突出重点、推动发展。河道跨辖区是常有的状态，不能想着上游垃圾下去了在下游，下游推诿垃圾来自上游，河道就是上下游、左右岸共同的产物，不分段。三台县河湖治理采取系统思维，创新协调机制，打破左右岸、上下游，河道跨县、跨镇、跨村的思想禁锢，在河道治理系统思维下开展跨辖区合作，对左右岸、上下游的镇村开展联动合作，订立协议。同时，通过经济与生态同发展的系统思维，采取协会模式、公益性岗位等方式推进生态与经济相应依托式发展。在工作机制中的补偿与监督，轮包联清，坚持河湖清理与水环境治理并重等做法，无不体现系统谋划、统筹推进的系统思维。

(二)要用科学思维推进河湖治理

落实绿色发展、环境治理不仅仅是常规行政管理服务工作，还包括污染治理、生态保护、修复和监管等工作的专业化推进，涉及水域清理、水质监测和技术支持。三台郪江流域清理与治理模式除了购买专业的社会化服务以外，还在建中镇与中江县流域交汇处打造人工湿地，利用种植净水植物和设置太阳能增氧机，监测水质达标后，确保一江清水送去下游。可以说，科技应用与专业人员的赋能是确保水质持续达标、水域环境良好的关键一环。

(三)要用群众思维推进河湖治理

激发群众自治内生动力是各项工作见行见效的有力保障，河道环境治理也一样。河道清理本身事关群众的身心健康，群众的直观评价、满意度、对美好水环境的期盼和获得感幸福感，是郪江镇关注并极力做好的工作。郪江流域治理广泛动员群众，让群众把河道治理当成自家事，自愿多出一份力，多干一份活，全力提高了群众的参与程度。从设立河道清理的公益性岗位到组建治水协会，发挥协会作用，都最大限度地动员了群众参与。扎实做好河道清理，就是坚持群众工作无小事，解决群众所思所盼的集中体现。郪江河道治理的生动实践总体体现了为了群众、造福群众的立场和方法。

案例来源：三台县水利局

执笔人：中共三台县委党校　谢　燕　袁　斌

三台县种养循环"产业圈"串起生态"致富链"

三台县位于四川盆地中北部，辖33个镇、乡，是典型的以传统种植业和养殖业为主的农业大县和全市唯一绿色种养循环农业试点县。近年来，该县始终坚持以绿色发展引领乡村振兴，围绕"建设全国种养结合绿色发展先行区，一二三产业融合发展示范区"的目标，通过建机制、创模式、拓市场、畅循环等途径，大力实行种养循环，形成了可复制、可推广的绿色循环农业模式，推动乡村生态振兴和农业绿色高质量发展，被评为"全国首批畜禽粪污资源化利用重点县"。其种养循环模式先后被央视新闻频道、《焦点访谈》栏目专题报道，麦冬种养循环园区成功纳入国家现代农业产业园创建管理体系。

一 基本做法

（一）聚合资源要素，打通种养循环堵点

1. 聚合农业资源

三台县构建了以粮油、生猪为主导，麦冬、蔬菜为特色，现代种业为支撑的"221"现代农业产业体系。按照"一园三区"（北路现代生猪种业园区，东路、西路、南路重点发展区）的科学布局，三台县大力发展生猪主导产业，引进培育铁骑力士、新希望、正邦、明兴科技、冯氏牧业等龙

头企业，构建现代生猪产业体系。基于农业优势，根据全县养殖现状、粪肥需求，三台县从农户微循环、园场小循环、合作中循环、市场大循环4个层面整县推进畜禽粪污资源化利用，并按照农户微循环、畜场小循环、片区中循环、全县大循环4种种养循环主导模式及"猪－沼－果""猪－沼－药"等立体种养殖模式，引导农户、新型农业经营主体、粪肥还田服务主体、村级集体经济组织等大力发展种养循环。

2. 聚合项目资源

自2017年被确定为全国首批畜禽粪污资源化利用重点县之后，三台县加快推进畜禽粪污资源化利用，配套完善粪污设施，畜禽粪污综合利用率达96.54%。2021年，三台县抢抓机遇，编制《三台县绿色种养循环农业试点县项目实施方案》，成功申报四川省绿色种养循环农业试点县，成为绵阳市唯一成功申报的县。在项目的引领下，三台县以粪肥还田、贯通种养产业、优化资源利用为中心，建立"政府主导＋市场主体＋组织主营＋集体参与"有机衔接的畜禽粪污还田利用综合服务体系，公开遴选社会化服务组织，由服务组织链接养殖和种植主体，开展粪肥施用全过程专业化服务，打通了种养循环关键环节，全县种养循环开启"加速度"。

3. 聚合资金要素

通过对上争取、县级配套、招商引资等手段，全力加大对种养循环的投资力度。构建"政府引导＋企业主体＋多方参与"的多元化投入机制，解决资金投入问题。以政府为主导，强化项目资金的杠杆作用，积极引导企业、农户、村集体经济组织参与投资和建设，进一步优化"政府补一点、企业优惠点、种植户出一点"的投入机制。整合粪污资源化利用、种养循环项目投资等资金，通过贷款扶持、以奖代补等方式，引导社会资本投资支持农业绿色发展，降低种植户施用成本，提升施用积极性，打通种养循环的"最后一公里"。

（二）突出示范带动，扩大种养循环试点

1. 开展园区为试点

以麦冬种养循环现代农业园区为示范点，在园区内推行种养循环，坚持"以种定养"，按照"沼液还田、沼气发电、沼渣造肥"综合利用模式，全域推广"猪-沼-药"循环模式，成功探索"1亩麦冬6头猪"的黄金配比，建成沼液池1631口，铺设沼液还田管网4.1万米，10万吨有机肥厂和沼气发电站建成投产，消纳了园区养殖场粪污，园区种养循环覆盖面达98%，实现了绿色循环发展。

2. 开展企业为试点

鼓励和引导有条件的生猪养殖龙头企业先行探索畜禽资源化利用模式，以现场会、互相参观学习的方式以点带面推广成熟有效的利用模式，成功创建绵阳明兴农业科技开发有限公司，新希望、铁骑力士、五好农牧、美点牧业等示范点，形成较低投入获得较高产出的生态循环模式，获得全县养殖场户认可和效仿。明兴农业成为全国粪污资源化利用基地。

3. 开展片区为试点

按照每年打造种养循环示范基地10万亩的目标，聚焦种养殖基础条件好、粪肥还田社会化服务已具备一定基础的芦溪、老马、永明、石安、灵兴、新德、建平、金石、新鲁等镇乡先行开展绿色种养循环农业试点，覆盖乡镇镇域范围内的养殖主体、种植基地，从而带动县域内粪污基本还田，推动化肥减量化，促进耕地质量提升和农业绿色发展。

（三）强化技术支撑，破解种养循环难点

1. 建立合作关系

与四川省畜科院、四川农业大学、沼气研究所开展合作，形成产、学、研紧密结合的院、校、所合作机制，邀请专家对畜禽养殖的源头减量、过程控制、末端利用及土壤改良、有机肥施用等关键环节进行技术指导，并

定期开展培训和服务，提高公司、合作社、家庭农场主、农户等各类"土专家"的能力，做到科学实施项目，防止过度施肥导致的土壤环境污染。

2. 加强技术普及

成立畜禽粪污综合利用工作技术督导小组，出台《三台县畜禽粪污资源化利用技术指南》，根据不同区域、不同畜种、不同规模养殖企业产生的粪污量、土壤消纳能力和运输成本等因素，科学规划粪污还田地域和面积，采用粪污全量还田、粪污能源化利用主推技术，通过好氧发酵肥料化利用、"厌氧发酵能源化＋肥料化利用"等途径，指导养殖场采取经济高效适用的处理模式，实现粪污就地就近利用。针对基层技术人员掌握技术要领不足这个弱点，制定技术路线和标准，指导各镇乡开展技术服务指导，推广普及先进适用技术。成立技术服务小组，设立20个监测点，建立还田信息台账，对粪肥质量、土壤理化指标长期跟踪监测，使畜禽养殖污染治理取得实效。

（四）建强产业链条，找准生态经济结合点

1. "三方"产业互动

依托"221"现代农业产业体系，以"养殖有资源、种植有需求"的思路，将发展生猪产业作为发展绿色生态种植业的基础和先决条件，通过契约结盟或托管模式，连接种植业、养殖业、肥料业三方，形成以养产肥、以肥提质、种养结合的产业互动机制，促进种植户效益提升。

2. "四方"共建受益

把沼气建设与循环农业相结合，以"三沼"利用为纽带，建立多种立体生态经济模式，构建"以沼促农、以农促沼"的良性循环机制，总结形成"猪-沼-粮（果、菜、药）"三沼综合利用模式。择优遴选项目实施主体，依托村集体经济组织开展资源化利用组织工作，委托三方技术机构推进安全利用，实现种养殖户融合联动，形成"利用主体＋集体组织＋三方机构＋种养主体"的"四方"共建受益模式。

二 主要成效

（一）生态环境改善，"粪污"变"粪肥"

传统以"资源－农产品－废弃物－污染物排放"为特征的农业发展模式，存在过度消耗、利用率低、污染环境等问题，与当下乡村振兴和农业绿色发展的目标背道而驰。三台县实行种养循环模式，改善了生猪养殖业与农业生态环境矛盾，打通了畜禽粪污转化为有机肥料的通道，改变了长期以来过量使用化肥和农药导致环境污染的状况，形成了资源节约型、环境友好型农业生产体系，减少了农业面源污染和农业废弃物生成。2023年，三台县完成了粪肥还田4万亩，商品有机肥推广运用1万亩，规模养殖场粪污处理设施设备配套率达到100%，畜禽粪污资源化利用率达96.54%，全县绿肥种植面积达6万亩以上，化肥用量逐年递减，农业生产环境极大改善。

（二）耕地质量提升，"产品"变"品牌"

通过粪污还田，能有效调节耕地有益菌群，增加土壤的有机质含量，提高种植农产品在营养、口感、色泽方面的质量，为生产无公害、绿色、有机农产品提供基础，有利于农产品品牌形象的建立，增强产品市场竞争力。近年来，三台县大力推行种养循环，立足"质量兴农、绿色兴农、品牌强农"要求，共有"三品一标"认证主体59家，认证产品110个（其中无公害农产品认证99个，绿色食品4个，有机产品6个，农产品地理标志1个），农产品质量安全例行监测合格率达100%，成功培育"三生万物"农产品区域公共品牌，"涪城麦冬""本源生""忆香黑猪"等品牌，深受市场的青睐及认可。

（三）农民收入增加，"颜值"变"价值"

坚持以人为本，将"生态田"变"致富田"，推行种养循环模式，实现了以农作物为养殖业提供饲料，养殖业为种植业提供肥料的转变，降低了种养两业分离导致的过高成本。畜禽养殖场产出的堆肥、沼气、沼渣、沼液用于周边耕地、林地施肥，降低了肥料成本，提高了农作物产值，实现节本增效、助农增收。据统计，11万亩种植基地亩均节约化肥成本50元，共节本550万元；亩均减少用水10%，节本10元以上，共节本110万元；3万亩麦冬亩均增收200元，共计增收600万元；2万亩果蔬基地亩均增收300元，共计增收600万元；5万亩粮油基地亩均增收50元，共计增收250万元。

（四）产业链条延伸，"一产"变"三产"

畜禽粪污综合利用有效地链接了种植业和养殖业，实现农牧结合、种养循环，完善了生猪产业链条，推动有机肥生产企业及一二三产业融合发展。一方面，三台县依托良好的生猪生产基础、优良的政策支持条件，抓住机遇发展生猪产业，创建国家级生猪种业园区、麦冬种养循环园区，引进和培育了铁骑力士、新希望、正邦、明兴科技、冯氏牧业等龙头企业，构建起了以育繁推一体化为核心，配套集饲料生产、屠宰加工、冷链物流、品牌推广、资源利用、农旅融合、社会化服务等功能于一体的现代生猪产业体系，成为四川省乡村产业高质量发展典型，生猪发展经验被央视《焦点访谈》进行专题报道。另一方面，培育壮大有机肥生产企业和粪污综合利用服务主体，建成以年产10万吨有机肥的活升元生物科技公司为代表的有机肥厂4个，成立绵阳碧淼兴川公司、麦冬麦丰三沼利用合作社、新胜种养殖专业合作社等第三方粪肥还田服务主体，推进市场主体的不断壮大，间接促进社会就业。绵阳碧淼兴川公司建成的粪污资源化利用中心成为四川省第一家将沼气能源电并入国网的养殖环保企业。

三 经验与启示

（一）打好规划管理"组合拳"，凝聚生态振兴合力

在规划上，三台县构建了以粮油、生猪为主导，麦冬、蔬菜为特色，现代种业为支撑的"221"现代农业产业体系，将发展种养循环、绿色生态农业纳入主导产业发展规划中统筹推进。并坚持以绿色发展理念为指导，依托农业资源和地理环境，创新四种循环模式，引导农业向绿色种养循环方向发展。在管理上，为保障种养循环模式工作有效推进，三台县加强组织领导和统筹协调，成立绿色种养循环农业试点县建设项目工作领导小组，建立县级部门联席会议制度、项目责任清单，落实推进机制，在用地政策、资金扶持等方面完善政策支撑体系，为生态振兴提供了保障，凝聚了合力。

（二）打造典型引领"示范点"，增强生态振兴活力

三台县充分发挥多重试点的示范带动作用，将绿色循环农业试点项目与三台县现代农业园区建设相结合，从园区、企业、片区多方面入手，建成了麦冬种养循环现代农业园区，以及明兴农业、新希望、铁骑力士、五好农牧、美点牧业等示范点，并在基础条件好的镇乡片区开展大范围试点。通过多重试点的积极探索和示范带动，达到了以点带面推广种养循环农业利用模式的效果，探索出了丘区农业产业化绿色健康发展路径，为丘区生态农业循环发展提供样板。

（三）提升科学技术"支撑力"，激活生态振兴潜力

三台县在发展绿色种养循环农业的过程中，把科技赋能作为重要着力点，因地制宜科学规划粪污还田地域和面积，推行先进技术。与四川省畜科院、四川农大、沼气研究所建立长期合作关系，形成产学研紧密结合的

院校合作机制，破解循环发展技术难题。同时成立技术督导小组，制定粪污治理技术指南，定期培训指导，为种养循环模式的顺利推进提供强有力的技术支撑。

（四）构建绿色发展"产业圈"，释放生态振兴效力

三台县从农业大县的实际出发，在"绿富同兴"上下功夫，发展生态农业，推广种养循环模式，搭建种养主体、粪肥还田组织紧密结合桥梁，以专业机构为主体进行市场化运作，形成稳定、可持续的利益链条。通过种养循环模式，既降低了农业污染和生产成本，提高了产品品质，又增加了农民收入，增强了农民获得感和幸福感，实现了生态文明建设与地区经济发展互促共进。

案例来源：三台县农业农村局

执笔人：中共三台县委党校　刘　丹　徐　静

盐亭县以"三三"战略
引领乡村绿色发展

盐亭辖区面积1645平方公里，总人口62万人，是首批"全国绿化模范县""全国生态建设百佳县""全国产粮大县""全国农村中医药工作先进县""全国食品工业强县"，也是中国地名文化遗产保护促进会认定的"千年古县"，生态环境优美、文化底蕴厚重。近年来，该县坚定践行绿色发展理念，推进人与自然和谐共生，扬生态之长、做山水文章、优生态环境、强生态产业、创生态财富，加快推进生态振兴战略，生态环境质量持续优化，生态与发展同步、绿水与青山相映的新盐亭不断蜕变，走出了一条生态振兴、产业兴旺、生活富裕的绿色乡村振兴之路。2020年，被生态环境部正式命名为"国家生态文明建设示范县"。

一 基本做法

（一）坚持强基固本，筑牢生态振兴"堡垒台"

1.优化机制，当好绿色发展"护卫队"

成立以县委书记、县长任组长，县委、县政府分管领导为副组长的领导小组，建立工作专班和部门联席会议制度，制定责任清单，分解目标任务，定期召开专题会议，落实研究解决生态环境保护方面存在的问题。制定《盐亭县生态文明建设目标评价考核办法》，将资源消耗、环境损害、生态效益等生态文明建设指标纳入目标绩效考核评价体系，层层分解细化各级各部门的生态环境保护工作职责。

2.夯实基础，守住绿色发展"后防线"

加强乡村生态环境治理，不断创新农村生态环境治理路径，提高治理能力，持续巩固农药、化肥减量增效成果，开展畜禽粪污综合治理，取缔网箱养殖、肥水养殖21家，积极推广运用高低位池塘循环水养殖、池塘底排污尾水处理及水产生态养殖技术，全面落实生态水产养殖，强化农作物秸秆综合利用，建立农村生活垃圾收运设施，实行"村收集、镇转运、县处理"的转运模式，不断增强村民环保法治观念意识，提升乡村的整体生态环境质量，助力美丽乡村建设。

3.全域增绿，编织绿色发展"生态网"

坚持以实施天然林资源保护和退耕还林工程为重点，大力实施森林城市建设、退耕还林、滨河改造，有效保护自然生态系统，建成110.7万亩林地，森林覆盖率达49.39%。积极开展自然保护区科学考察，划定四川弥江河县级湿地自然保护区3018.54公顷，完成363.64公顷生态红线划定和上报。大力弘扬植树造林精神，积极推进森林乡村创建，天水村、青松村、照红村被国家林草局评为"国家森林乡村"。

（二）坚持生态优先，打好污染防治"攻坚战"

1.坚决打赢蓝天保卫战

聚焦"蓝天保卫、清新空气"，打出压减燃煤、扬尘管控、治污减排、控车减油、秸秆禁烧等治气组合拳。以冬春季燃煤、露天焚烧为整治重点，加大城市扬尘、机动车排气、餐饮油烟、工业企业等污染防治工作力度。安排部署节日期间的烟花爆竹禁燃禁放、纸钱焚烧管控工作，确保空气质量保持稳定。投资500万元建成盐亭省控空气自动监测站和监测参考子站，落实专人每日做好空气质量数据分析，对污染趋势、浓度、影响程度进行研判，及时发布监测数据，科学调整管控治理手段，全县环境空气质量持续稳定。

2. 着力打好碧水保卫战

全面落实"水十条"、坚持"既管河内，更管河岸"，建设与管理并重，建立"双河长＋巡河员＋警长＋河湖检察官"等机制，完成"盐亭县榉溪、弥江河、沈水河、湍江河、魏城河、梓江流域一河（湖）一策管理保护方案（2021—2025年）"和河湖管理保护四张清单编制工作。建立梓江支流断面水质监测机制，实现梓江水质快速恢复。在全省率先运用PPP模式（政府和社会资本合作）建设污水处理设施，累计建成乡镇污水处理站40个，在全市率先全覆盖，构建形成盐亭污水处理的"四梁八柱"。

3. 扎实推进净土保卫战

构建"源头防控为主、治理修复为辅"的土壤防治体系，推进水土共治、科学复垦，全域绿色有机发展。建立乡村农药废弃物、废旧农膜回收站点，回收率分别达到72%、85%。按照"户分类、村收集、镇转运、县处理"模式，建成城乡垃圾收运系统，城乡垃圾收集率达100%。全面开展疑似污染地块调查，常年开展耕地地力保护监测，土壤环境风险安全可控，危险废弃物管理更加规范。盐亭县是绵阳市耕地质量类别划分唯一无污染县。

（三）坚持创新驱动，打造生态振兴"强引擎"

1. 新型工业提质增效

坚持"落后产能、落后产品坚决不引进，环保有问题的项目坚决不引进"，坚决关停取缔现有落后产能、淘汰污染企业，努力实现质量和总量"双提升"。着力构建"1235"工业工作格局，加快发展生物医药、新型家具建材、机电制造三大主导产业。大力发展绿色循环经济产业，加快建设绿色产业园区，深入推进工业节能减排，全力推进市级绿色工厂示范创建，积极引进盈基生物发电、格润中天危废处置等环保企业入驻。围绕生物医药特色产业示范基地，成功打造西南地区最大的橙皮甙生产基地。

2.特色农业蓬勃发展

坚持从城乡双向、农业内外、供需两侧共同发力，加快促进城乡融合发展，积极构建全县全域协调发展新格局。聚焦四川现代农业"10＋3"产业发展体系，构建形成以生猪、藤椒、优质水果和核桃为主导产业，中药材、蚕桑产业适度发展的"4＋2"现代农业产业体系，建设各类特色产业基地38万亩。全面推广应用新技术新成果，大力发展绿色循环现代农业，成功创建省级农产品质量安全示范县。培育有机肥生产企业8家，130个规模性养殖企业实现粪污综合循环利用，不断增强"盐亭造"品牌效应和产品活力。

3.文化旅游融合发展

充分发掘嫘祖、岐伯、文同、字库以及红色文化等地域文化资源，主动融入四川文化旅游发展"一核五带"总体布局，坚持景区带动，大力发展文化体验游、乡村休闲游等旅游产业。嫘祖陵、中华龙凤谷、玉龙山等景区景点成为市民出游好地方，嫘祖湖环湖路、嫘祖故里风情小镇、西部写生基地等文旅项目稳步推进。加快推进文旅融合发展，成功开发蚕宝宝、桑芽茶、胶囊伞等文创产品。

二 主要成效

（一）下好"绿色责任"先手棋，打造"绿色格局"，生态振兴机制日趋完善

完善县级领导包乡镇、乡镇干部包村、村组干部包地块的网格化管理体系，做到人员到位，责任清晰。联合政法委综治网格中心，形成环境监管网格化与社会综合治理"一张网"信息共享格局，真正做到县域全覆盖。实行监督性监测"执法预约"制，专项行动"监测预约"制，实现环境监测与执法有机结合，提升精准打击违法行为能力。联合县法院、检察院和公安部门建立健全联席制度，形成强大的生态环境执法合力。建立健全行

政执法公示、执法全过程记录、重大执法决定法制审核三项制度，为重大决策和环境行政案件提供法律意见，进一步提升案件办结质量，打造"铁案工程"。

（二）下好"绿色防治"关键棋，作出"绿色贡献"，污染防治攻坚成效显著

2023年盐亭城市环境空气质量有效监测365天，优良天数347天，污染18天（其中颗粒物14天、臭氧4天），达标率95.1%，全市排名第三；空气质量综合指数2.67，全市排名第二；梓江出境断面平均水质达到Ⅱ类，县城及24个乡镇集中式饮用水源地水质优良比例达100%。全县土壤环境质量安全可控，核与辐射利用单位持证率为100%，未发生核与辐射安全事故。城区噪声功能区等级符合二类功能区标准，城市区域与道路环境噪声总体水平较好。新入库项目4个，总投资共计1.25亿元。

（三）下好"绿色生活"导向棋，增进"绿色福祉"，和美乡村更加幸福美丽

按照"产业先行、综合治理、环境整治、整体提升"思路，全面开展先进示范创建，成功创建市级先进乡镇1个、示范村6个，省级示范村5个。建立林长制，新增森林面积1136.9亩、森林覆盖率达49.68%。持续改善提升农村生产生活条件，完成"两改一建一入"453个行政村；深入开展农村人居环境整治，累计完成15个村环境综合整治、91个村的生活污水治理；实施家园美化、道路硬化等村容村貌提升"六化"工程，成功创建市级"美丽四川·宜居乡村"125个。

（四）下好"绿色转型"动力棋，提升"绿色实力"，绿色农业发展势头强劲

压茬推进"9+1"现代农业园区提档升级，西部水产、"生猪+粮油"

分别晋升为省三星级和市四星级现代农业园区。建成首批国家级水产健康养殖和生态养殖示范区，入选国家农产品质量安全县培育名单。实施"区域品牌＋企业品牌＋产品品牌"战略，"三品一标"认证达52个，盐亭嫘祖蚕桑生产系统列入中国重要农业文化遗产，盐亭桑叶、梓江鳜鱼获批国家地理标志保护产品，盐麻麻藤椒、盐亭杂柑、大兴清真牛肉、莲花湖生态鱼、嫘祖豆瓣等农特产品品牌优势逐步凸显。鹅溪镇入选国家农业产业强镇创建名单。新增"三品一标"产品5个，"盐亭母猪壳"注册为国家地理标志认证商标。新增国家级专合社2个、省级专合社3个，市级产业化龙头企业2家。实施高标准农田2.6万亩，"五良"融合产业宜机化改造3500亩，粮油年产量达到36.23万吨。

三 经验与启示

（一）务必坚持党的全面领导，奠定生态振兴的"主基调"

坚持党对生态振兴的领导，是党和国家的根本所在、命脉所在，是全国各族人民的利益所在、幸福所在，是推进农业现代化强国的根本保证。盐亭县成立以县委书记、县长任组长，县委、县政府分管领导为副组长的创建领导小组，建立工作专班和部门联席会议制度，制定责任清单，分解目标任务，定期召开专题会议，落实研究解决创建工作存在的困难和问题。先后出台《盐亭县生态文明体制改革实施方案》《盐亭县国家生态文明示范县创建实施方案》等重要文件，确保生态振兴工作组织有力、推进有序。2022年4月6日，《四川日报》以《破除"内陆心态"建设成渝地区生态经济强县——对话183·盐亭县委书记何长鹰》为题，报道了盐亭生态经济强县的做法。

（二）务必坚持以人民为中心，奏响生态振兴的"为民音"

发展经济是为了民生，保护生态环境同样也是为了民生，新征程发展经济、提高人民生活水平成为为人民服务的新内容，良好的生态环境是最公平的公共产品，是最普惠的民生福祉。生态振兴是经济增长、民生改善的汇聚点，对于满足人民群众特别是广大农民对良好环境的期望、提高福祉有巨大意义。盐亭借助电视、手机报、门户网站等新闻媒体，开展多层次、多形式的舆论宣传，形成"自行车＋公交车＋步行"的出行模式，引导人民群众自觉形成自然、简约、文明的生活方式，营造出绿色、低碳、环保的良好生活环境，满足人民对生态环境的需求。特别是大胆创新乡村水务管理体制，积极推进新农水改革，因地制宜兴修水利，润泽城乡群众。在武引、莲花湖等大中型灌区，推进农业水价综合改革，持续提升农村生产生活生态供水保障能力，更多惠及老百姓。2022年1月26日，《人民日报》以《推进新农水改革，做好两项改革"后半篇"》为题，对盐亭县的做法进行了报道。

（三）务必坚持完善体制机制，绘就生态振兴"百景图"

全面推进生态振兴，必须用好改革这一法宝。要加快推进农村生态环境治理重点领域和关键环节改革，激发农村资源要素活力，完善农业农村环境保护制度，持续深化农村生态资源保护和合理利用，鼓励地方积极地试、大胆地闯，用好试点试验手段，推动生态振兴领域改革不断取得新突破。盐亭县严格按照环境保护"党政同责、一岗双责"要求，明确业务部门、乡镇的主体责任，制定《党政主要领导干部自然资源资产离任（任中）审计实施方案》《生态环境保护职能职责分工方案》《盐亭县生态文明建设目标评价考核办法》，将资源消耗、环境损害、生态效益等生态文明建设指标纳入目标绩效考核评价体系，把创建工作6大重点领域、10大重点任务、32项具体指标分解到各乡镇、各部门，落细落实生态振兴工作职责。2022年7月1日，四川广播电视台以《强化管护力度 提质城乡环境》为题，报道了盐亭县的做法。

（四）务必发扬不胜不休精神，跑好生态振兴"接力赛"

生态文明建设是关乎中华民族永续发展的根本大计。习近平总书记强调，在生态环境保护上，一定要树立大局观、长远观、整体观，不能因小失大、顾此失彼、寅吃卯粮、急功近利。从20世纪70年代起，盐亭既有绿化委员会的退休干部黄民俊、唐茂权两位绿化功臣，把自己当作植树的民工，在两岔滩公路沿线栽植香樟、杉树，在悬崖上栽植花卉、种果树，共栽植观赏及经济林木300余种5.88万株168亩的典型事迹，又有全县人民斗荒山，植树造林200余万亩，才有了"全国绿化先进单位""长江防护林工程达标先进县""全国造林绿化百佳县"荣誉称号。近年来，盐亭认真践行"绿水青山就是金山银山"的生态文明思想，紧紧围绕"产业兴盐，绿色先行"主题，落细落实污染防治攻坚、大规模绿化盐亭等生态文明建设重大举措，全力推进生态经济强县和美丽宜居盐亭建设，生态环境质量持续改善。盐亭县在2020年获得"国家生态文明建设示范县"后，定会持之以恒、久久为功，深入推进生态文明建设和生态环境保护，奋力谱写践行"两山"理念的盐亭新篇章。

案例来源：盐亭县生态环境局

执笔人：中共盐亭县委党校　刘　金

平武县全面践行"两山"理念 推动生态经济高质量发展

平武县是涪江上游重要生态屏障地,是国家重点生态功能区,是川西北地区林业资源大县,全县林业用地面积48.64万公顷,占全县总面积的81.91%,森林覆盖率达77.46%,境内有野生植物4165种(包括珙桐、红豆杉等国家重点保护野生植物55种)、野生动物1932种(包括大熊猫、金丝猴等国家重点保护野生动物88种)。根据全国第四次大熊猫调查数据,县域内有野生大熊猫335只,因而被誉为"天下大熊猫第一县",也被称为"熊猫的故乡"。近年来,该县全面践行"绿水青山就是金山银山"理念,围绕得天独厚的森林生态优势资源,统筹生态保护与经济发展,大力推进生态建设和产业发展,实践生态价值转换新路径,推动生态高颜值向经济高价值转变,为山区脱贫地区产业振兴提供了"平武经验",先后荣获四川省绿化模范县、全国森林旅游示范县、全国森林康养基地建设试点县、省级环境优美示范县、全省森林草原湿地生态屏障重点县、全国百佳深呼吸小城等称号。

一 基本做法

(一)厚植资源优势,狠抓现代林产重点县创建

1. 强化规划引领,明晰发展目标

委托国家林草局昆明勘察设计院编制《平武县"十四五"森林康养产

业发展规划》、省林草局林产联合会编制《平武县林业产业发展规划》,明确了平武县建设全国林业生态产业的发展路径和目标。

2.强化组织领导,专班运行推进

建立"3＋4＋N"农业产业体系[①],组建了厚朴、核桃、果梅、毛叶山桐子、清漪江森林康养、老河沟自然教育、王朗自然教育等多个专班,由县委、县政府分管领导挂帅,适时调度解决工作推进中遇到的困难和问题,推进各产业健康发展,全力打造成渝地区生态产业强县。

3.强化要素保障,抓好项目支持

分两期实施国家储备林建设项目,项目估算总投资约17.35亿元,将对全县20.9万亩人工商品林开展营造林、林业产业和基础设施建设。全力打造"云上平武·大熊猫新生态经济试验区"。稳步推进大熊猫国家公园自然教育先行试验区建设,加快王朗国际探秘营地建设,探索大熊猫国家公园特许经营试点;加强老河沟自然教育基地试点示范,借鉴和推广生态导赏员制度,积极构建"民宿＋"林旅、农旅、文旅融合产业模式,不断完善平武生态体验产业布局。

(二)聚焦三个重点,夯实现代林产发展基础

1.以"三木药材"为基础,积极打造全产业发展体系

依托平武"三木药材"(厚朴、黄柏、杜仲)种植优势,与科研院所、企业等合作,合力打造"种苗—基地—初加工—产品研发—精深加工—产品销售"全产业链体系,实现多功能、多业态复合产业发展,形成"农户—合作社—村集体—企业—平台(招商、融资)"共同发展利益共享机制,推动集药材生产、加工、物流等于一体的生产供应链、加工链、品牌价值链"三链同构",推动群众增收致富。

---

① "3＋4＋N"农业产业体系,即全力抓好粮油、畜禽、林产三大核心产业支撑,优先发展果梅、茶叶、厚朴、蜂蜜四大产值能够超过亿元的特色主导产业,鼓励发展一批产值能够超过1000万元的农特产品。

2. 以建设"森林粮库"为契机，聚力发展林下经济

依托林业资源，启动"天府森林粮库"建设。因地制宜发展木本粮食、木本油料、森林蔬菜、森林药材、林果饮料、森林养殖等多样化"林粮"，适时扩大"林粮"产业和林下种养规模，大力发展木本油料种植扩面，因地制宜发展毛叶山桐子产业，改造更替毛叶山桐子12.9万亩；以争创市级核桃产业园区为抓手，实施核桃产业提质增效工程，建成平武紫皮核桃、盐源早、清香、香玲等特色核桃基地20余万亩；大力发展林下经济，坚持林下种养殖和林下采集相结合，套种大黄、黄连、独活等中药材6万亩，养殖土鸡、牛羊等畜禽，种植特色野菜20余种，形成独特的种养循环共生系统，实现年产值6.7亿元。同时，狠抓林产品精深加工，引进和培育龙头企业，逐步开发毛叶山桐子油、核桃油以及特色山珍食品、保健品等新产品，提高产品附加值。

3. 以木材精深加工为抓手，着力做好林业资源综合利用

坚持问题导向，针对县域内木材加工企业小、弱、散的现状，结合行业安全生产，集中力量对现有木材加工企业开展整治，引进广安弘历、弘茂源木业企业，投资1.5亿元盘活平峰林业、宏建木业，加工高档家具板材，推动木材加工行业优化升级，进一步延伸木材产业链，提升木材附加值，做大做强平武县木材精深加工产业，提升木材加工企业经济效益和行业整体水平。

（三）围绕生态旅游，延伸现代林业产业发展链条

1. 大力发展森林康养旅游

充分利用平武森林资源和乡村生态景观资源，强化"旅游+"和"+旅游"理念，开展文旅产业提质专项行动，大力推进省市级森林康养基地、省市级森林康养人家、国家和省级森林自然教育基地建设，不断丰富旅游业态，完善森林康养旅游基础设施，做优全域全季全时旅游产业集群，推进林业与旅游业融合，大力发展森林康养旅游产业，注重抓好高品质康养旅居、农耕体验、运动健身等产业，丰富文旅产业新业态。

2.大力发展自然教育

依托平武县丰富的森林资源，王朗、关坝、小河沟、老河沟等保护地积极开展自然教育活动，成功举办四川省第三届自然教育周活动启动仪式、大熊猫国家公园（岷山）自然教育高质量发展会议，成立全国首个岷山（平武）自然教育总校、首个大熊猫国家公园岷山自然教育联盟、首个自然教育专家委员会，组织编制了《平武县自然教育总体规划（2024—2030年）》《平武县自然教育生态产业园规划》，为县域自然教育发展提供了行动指南，为全国发展新型生态产业园区提供了新思路、新办法。整合成都、阿坝、甘肃等6个大熊猫国家公园片区资源，构建岷山地区自然教育体系；建成老河沟、黄羊关等7个自然教育基地；建成3个自然教育博士工作站，组建30余人自然教育专家库；打造40余个自然教育产品，推出7大类18个自然教育课程及路线，全力打造"全国自然教育第一县"。

3.大力发展民宿经济

实施"百村·千宿·万人业"行动，全力推进"岷山度假百里精品民宿走廊"建设，出台《平武县民宿产业发展鼓励办法（试行）》等政策，设立4000万元精品民宿发展基金，整合1500万元出台三个扶持奖励引导资金，鼓励民宿产业发展，成功打造"岷山度假百里精品民宿走廊"公共品牌，28家精品民宿建成运营。全力打造清漪江流域森林康养、高村（老河沟）片区民宿集群产业带建设，将民宿发展与森林康养有机融合，深入挖掘中医药健康养生文化、森林文化、膳食文化、民俗文化以及乡土文化，开发保健养生、健康养老、休闲游憩等服务项目，推进民宿集群与森林康养文化体系建设，提高民宿与森林康养服务水平。

二 主要成效

（一）推动了生态与产业融合，探索了生态产品价值实现路径

平武县通过将林业资源优势转化为经济优势，大力发展"三木药材"，

建设"天府森林粮库",推动厚朴现代林业园区建设,推进厚朴一二三产业融合发展,带动了14个乡镇厚朴全产业链发展,实现了厚朴等中药材种植规模化、过程标准化、生产加工装备化、营销网络立体化,做到了既保护生态又发展产业,促进了群众增收致富,推动了乡村产业振兴。"平武厚朴"获得国家地理标志保护产品认证,平武县厚朴现代林业园区获评为市级四星级园区,平武县厚朴全产业链示范建设项目入选全省首批建设"天府森林粮库"示范项目;"平武红鸡"成为全市首个家禽国家遗传资源;果梅、茶叶、中蜂、厚朴等特色主导产业产值超4亿元;关坝村中蜂养殖产业被中央电视台《新闻联播》报道。

(二)推动了林业与旅游融合,实现了互助发展

平武县通过发展森林康养旅游、自然教育、民宿经济,不断推进了林业与旅游业融合,在引领高效林业发展、宣传民族文化、推动乡村振兴等方面发挥了重要作用,成为繁荣农村、富裕农民的新兴支柱产业。森林康养已成为平武一道亮丽的风景线,丰富了文旅产业新业态。获评"全国森林康养基地建设试点县",全县现建有省级森林康养基地5个、省级森林自然教育基地3个、省级森林康养人家11家、市级森林康养基地4个、市级森林康养人家18家,雪宝顶森林康养基地获批"2023年国家级森林康养试点建设基地"。自然教育成效明显,先后获得四川环境教育基地、四川最佳森林自然教育基地以及生态环境部、教育部第二批全国中小学环境教育社会实践基地、生态环境部宣传教育中心第二批自然学校试点单位、大熊猫国家公园(四川)自然教育先行试验区等;王朗国家级自然保护区、老河沟生态国际营地已获选第四批全国自然教育基地,王朗国家级自然保护区入选国家青少年自然教育绿色营地。《熊猫故乡关坝村十二年的"两山论"践行探索》入选"生物多样性100+全球典型案例"。2023年3月,平武县成功承办四川省自然教育工作推进会暨举行第三届自然教育周启动仪式活动。2023年五一节庆期间,全县民宿均爆满,共接待游客11.81万人次,同

比增长237.43%，旅游总收入4813.55万元，同比增长223.55%。

（三）推动了科技与产业融合，强化了科技引领

平武县依托科研单位的技术优势和力量，加强了林业产品开发、利用研究，加大了新产品、新技术研发力度，加快了市场拓展步伐，推进了科技与产业的融合，助力了乡村振兴，在县域经济高质量发展方面起到了积极推进作用：与西南民大、省林科院、省草科院、省农科院等6家高校和科研院所签约，在厚朴产品研发、教学科研、平台建设、人才培养等方面实现了合作，为厚朴产业发展提供了科技支撑，成立了以厚朴全产业链研发为主的科研中心1个，研发了厚朴花茶、厚朴香菇等7个产品；与四川省农科院等科研机构合作，成立了专家委员会，并建立了8个技术组，开展了产学研协同创新，还与科研院所合作建立博士工作站，以"道地药材＋科技创新"为驱动，不断推动了黄连黄柏全产业链发展；与中国科学院、北京大学、四川大学、北京林业大学、世界自然基金会、桃花源基金会等众多国内外高校和科研院所及保护组织合作，深入探索了自然教育发展的新路径、新模式、新方法，以科技、人才力量科学统筹引领了全县"自然教育＋"产业发展，不断推进自然教育事业体系化建设。

三 经验与启示

（一）坚持"绿水青山就是金山银山"发展理念是实现乡村产业振兴的根本

近年来，平武县牢固树立和践行"绿水青山就是金山银山"的理念，发展战略从"生态立县"到"生态强县"，始终坚定不移走生态优先、绿色发展之路，立足丰富的林业生态资源优势，大力发展"三木药材"、林下经济等产业，增加农民收入，同时大力发展森林康养、自然教育等产业，推

进林业与旅游业融合，探索出一条林旅融合发展的农村经济新路子，让自然财富、生态财富源源不断带来经济财富、社会财富，实现了经济效益、生态效益、社会效益同步提升。

（二）坚持规划引领，一张蓝图绘到底是实施乡村产业振兴的关键

产业振兴是乡村振兴的重中之重，是一项长期和艰巨的任务，要遵循乡村产业发展规律，着眼长远谋定而后动，坚持科学规划、注重质量，找准突破口，一件事情接着一件事情办，一年接着一年干，滴水穿石，积小胜为大胜。平武县在习近平生态文明思想指引下，聚力实施"生态强县、产业富县、文旅兴县、开放活县"四大战略，围绕加快建设成渝地区生态产业强县，坚持生态产业化、产业生态化，高规格、高标准编制林业产业发展规划，明晰林业产业发展目标，推动生态与产业融合、一二三产业融合、农林文旅融合、城乡融合"四个融合"，久久为功，一张蓝图绘到底，寻找到了发展林业特色产业这一实现山区强县富民的重要途径，构建起了高质量林业产业经济体系，探索出了森林生态价值实现路径。

（三）坚持政策支持，激发群众的内生活力是实施乡村产业振兴的动力

人民群众对美好生活的向往就是我们的奋斗目标。平武县准确把握"生态需保护、农民要致富"的现实需要，把心贴近人民，以民为本、精准施策，建立精准有效的林地、资金、人才等政策支持体系，鼓励资本、技术、人才等生产要素"上山入林"向林业领域集聚，培育家庭农场、专业合作社、集体经济组织、村投公司等新型经营主体，不断壮大林业经营规模和整体实力，使其真正发挥组织带动农民、发展主导产业、提高经营效益、增加农民收入、助推乡村发展的骨干作用，让农民共建共享林业产业发展成果，让人民群众在产业振兴中见到利、得实惠，充分调动群众的主

动性，激发群众的内生动力，让林业资源成为林业增效、农民增收的新途径，推动实现共同富裕。

（四）坚持科技创新赋能产业发展是实施乡村产业振兴的支撑

科技创新是保持产业竞争力、实现经济高质量发展的关键支撑，以科技创新推动产业创新是经济高质量发展的必然选择。平武县在林业产业发展过程中，始终坚持把科技创新作为产业发展的驱动力，在厚朴、黄连中药材全产业链和自然教育产业发展方面成立相关专家委员会，与高校、科研院所等签订合作协议，就产品研发、教学科研、平台建设、人才培养等提供全程技术服务，借助其科研、技术、人才资源，打破县域产业发展瓶颈，通过强化科技支撑，建立以企业为主体、市场为导向、产学研相结合的技术创新体系，深入推进林业资源与一二三产业融合发展，逐步形成了具有平武特色的现代林业产业体系，促进了乡村全面振兴。

案例来源：平武县乡村振兴局

执笔人：中共平武县委党校　罗进华

梓潼县生猪粪污肥料化利用推动绿色发展

梓潼县位于绵阳市东北方,面积1143.92平方公里,总人口38万人,下辖1个经济开发区和16个镇(乡),是传统的生猪养殖大县,生猪养殖水平处于全省领先地位。近年来,该县通过建立联动机制、推动清洁养殖、强化监管保障、科学处理粪污、推进肥料化利用等措施实现生猪粪污的科学处理和利用,促进生猪养殖业高质量发展,推进优质生态绿色农产品供给地建设。梓潼县先后被授予"国家生猪调出大县""四川省第二轮和第三轮现代畜牧业重点县""川猪优势产业集群和畜禽粪污资源化利用项目实施县"。

一、基本做法

(一)建立联动机制,形成工作合力

1. 制定扶持政策

出台《梓潼县生猪产业绿色发展实施方案》《梓潼县生猪粪污肥料化利用成效考核办法》《梓潼县生猪养殖污染专项整治工作方案》等一系列引导、鼓励、支持绿色有机农业的政策措施,明确了梓潼县生猪产业发展和生猪粪污肥料化利用的整体规划,引导和鼓励农民从事绿色、有机农业生产,扎实做好生猪粪污肥料化利用工作。

2.建立协调联动机制

成立由分管农业的副县长负责，县农业农村局、自然资源局、生态环境局、科技局、住房城乡建设局等为成员的领导小组，建立多部门协调联动机制，各相关部门各负其责，切实履行监督管理、指导服务等职责，形成相互配合的联动机制。

3.形成上下联动的工作氛围

各县级相关部门和镇（乡）不断强化管理责任意识，将生猪粪污肥料化利用列入乡村振兴、人居环境整治的年度考核任务，生猪粪污肥料化利用的重视程度不断提高，工作谋划、政策支持、监督管理力量不断加强，上下联动、共同推进的工作氛围已经形成。

（二）推动清洁养殖，促进源头减量

1.完善生猪粪污处理设施

依托农村能源建设等项目，引导督促规模生猪养殖场建设标准沼气池（污水池）、堆肥棚、固液分离机，铺设农灌管网，确保养殖废弃物得到妥善处理与利用，减少环境污染。

2.提高现有生猪规模养殖场的管理精准化水平

引导生猪规模养殖场推广高产高效生猪品种，普及节水、节地等清洁养殖工艺。通过科学养殖，提高生猪的产量和质量，降低养殖成本，实现经济效益和环境效益的双赢。

3.规范生猪养殖投入品使用

严格规范饲料添加剂的使用，推广饲料高效低蛋白日粮技术，降低生猪养殖的氮、磷排放。同时，实施兽用抗菌药减量化行动，严厉打击违法行为，确保猪肉品质安全。

4.推行病死生猪无害化处理

在推行生猪养殖保险的基础上，按照"谁处理、补给谁"的原则，建立与无害化处理相挂钩的财政补助机制，用活用好病死猪无害化处理资金。

这不仅能有效防止病死猪对环境造成污染，还能保障公共卫生安全。

（三）强化监管保障，实现长效化管理

1. 严格依法监管

出台《梓潼县生猪养殖污染专项整治工作方案》，各镇（乡）建立生猪养殖场粪污处理设施和肥料化利用档案，监管生猪养殖场落实各项粪污治理措施和肥料化处理情况。

2. 完善监控网络

对全县所有规模生猪养殖场安装监控网络，严格监管雨污分流、固液分离、处理还田情况，防止偷排乱排。

3. 强化防疫条件审查

对有效防护距离不达标或粪污治理设施不完善的生猪养殖场，不得办理《动物防疫条件合格证》；对限期整改不到位的生猪养殖场，所在村拒开动物出栏证明，镇（乡）畜牧兽医站停止产地检疫。

4. 开展技术指导服务

出台《梓潼县生猪规模养殖粪污治理和肥料化利用设施建设指南》，对生猪粪污雨污分流、干湿分离、堆沤发酵需要建设的干粪堆积棚、尿污收集发酵沉淀池提出相应参考数据；通过生猪技术人员包场包片、生猪产品质量安全监督、动物防疫等形式，让生猪粪污治理和肥料化利用的指导实现全方位对接。

（四）科学处理粪污，实现粪污肥料化

1. 推行生猪粪污就地无害化处理

加快现有生猪养殖场粪污处理设施设备的改造升级，严格实行固液分离，固肥采取堆肥发酵形成有机肥，液肥通过沼气和污水池厌氧发酵成沼液肥。尤其要推广猪粪微生物发酵技术，就地进行无害化处理，变废为宝。

2.完善粪污利用设施

结合涉农项目实施，建设一批田间地头的液体粪肥输送管网和储存设施，推广利用高效适用还田机械装备，降低施用生猪粪肥的劳动强度和施肥成本，鼓励支持有机肥就近还田利用。

3.建设一批粪污处理加工企业

在石牛镇、黎雅镇、卧龙镇建成3个有机肥加工厂，辐射收购和最大限度消纳周边生猪养殖场的粪污，年处置粪污30万吨，生产商品有机肥20万吨。

4.探索多种粪污处理方式

坚持雨污分流、固液分离、科学处理、种养结合、循环利用的生猪规模养殖场粪污处理利用模式，先后探索出"规模养殖场—有机肥厂—沼气净化—商品有机肥—沼液还田"和"猪场粪污—固液分离—沼气净化—干粪还田—沼液灌溉—粮果生产"的处理方式。

（五）推进肥料化利用，提升种植业品质

1.合理规划生产布局

结合当地自然条件和市场需求，在生猪规模养殖场周边合理布局一批绿色、有机农产品生产基地，特别是围绕现有的生猪规模养殖场，优化土地使用，确保种植与养殖之间形成良性循环。

2.提供资金和技术支持

利用现有财政资金，为利用生猪粪污开展绿色、有机农业生产的农户提供贷款贴息、补贴等金融支持，组建由农业专家、技术人员组成的服务团队，帮助农民掌握发展绿色有机农业相关的知识和技能。

3.落实消纳耕地面积

按照每处1100型养殖场不少于100亩耕地的标准，督促消纳面积不足的养殖场按标准积极落实应急消纳耕地面积；依托高标准农田建设、现代农业园区建设、有机肥替代化肥行动等政策，把生猪粪肥作为替代化肥的

重要肥料来源，有关部门实施农业项目要优先采购和使用县内的有机肥；并鼓励生猪养殖户与种植大户、有机肥厂和社会组织合作，畅通生猪养殖场和绿色有机农产品种植业主的无缝衔接渠道，有效解决沼肥还田"最后一公里"问题。

二 主要成效

（一）解决环境污染难题，还乡村清新水土

通过生猪粪污肥料化处理方式的广泛实施，梓潼县养猪业的污染问题得到了根本性的解决。过去，养猪场产生的粪便和废水常常直排、偷排或漏排到周边环境中，造成严重的水污染、土地污染和空气污染，成为乡村环境整治的一大难题。然而，通过政府和相关部门的共同努力，这些污染源被有效控制和治理，养猪场周边的环境状况得到显著改善。2023年度，县农业农村局对全县生猪代养场的调查走访显示，没有发现任何关于粪污直排、偷排、漏排的现象，也没有接收到任何排污信访案件。这一成果不仅解决了环境污染的问题，也让养猪场外的水土质量得到了明显提升。例如黎雅镇曙光生猪代养场周边群众李小兰表示："现在养猪场周围的水变得清凉了，土壤不再乌黑，空气也不再恶臭。我们可以放心地使用井水灌溉，种植庄稼。"这样的改变让当地居民的生活环境和农业生产条件得到了极大的改善，也为乡村的可持续发展奠定了坚实的基础。

（二）降低粪污处理成本，提升养猪场收益

在梓潼县，生猪养殖业的粪污处理和资源化利用已成为提升经济效益和环境保护的重要手段。通过实施科学的粪污管理和肥料化策略，不仅有效解决了环境污染问题，还为当地养猪场带来了可观的经济收益。例如，玛瑙镇国光生猪代养场通过采用固液分离、沼气净化、干粪还田、沼液灌

溉的处理方式，将原本难以处理的猪粪转化为有机肥料。这不仅减少了对环境的污染，而且为养猪场提供了额外的收入来源。对于那些超过自身处理能力的养殖场，他们将粪污转运到县内建设的有机肥加工厂进行加工，既节省了清理、运输和处理的成本，又通过出售有机肥获得了额外收益。这些措施的实施不仅提升了养猪场的收益能力，也为当地的农业生产提供了高质量的有机肥料，促进了绿色有机农产品的发展。通过优化土地使用和促进种养结合的循环农业模式，梓潼县成功地将一个曾经的环境难题转变为推动农业可持续发展和经济增收的新机遇。

（三）发展高效生态农业，增强市场竞争力

通过推广使用生猪粪污转化的有机肥料，梓潼县的农业生产者不仅减少了对化学肥料的依赖，降低了种植成本，而且显著提升了农产品的品质和安全性。这种转变促进了绿色有机农产品的发展，增强了市场竞争力。随着有机肥料的广泛应用，农田土壤结构得到改善，保水保肥能力增强，为农作物提供了更加健康的生长环境。卧龙镇国梅农场的实例尤为突出，该农场施用有机肥料已有6年时间，每亩产量比原来提高了约20%，并且种出的小麦、水稻被认定为绿色、有机产品，价格更高，销售情况也更为乐观。这一成功案例表明，采用有机肥料不仅能减少化肥的使用，减轻对环境的压力，还能有效提升农产品的市场竞争力和销售价格。广大养殖户和种植户积极参与到这一环保行动中来，体现了他们对发展高效生态农业的认同和支持。

（四）强化农民环保意识，助力发展高效生态农业

通过这些年生猪粪污肥料化利用的宣传和实践活动，广大农民的环保意识得到大幅提升，越来越多的生猪养殖户和农业种植户深刻认识到粪污肥料化利用的重要性和好处，更加愿意在农业生产中使用有机肥，发展高效生态农业。县农业农村局养殖股的李秀芳说："截至2023年度，全县

83%的生猪养殖场的粪污处理设施达标，其余的养殖场正在限期整改中，将在2024年底完成。"县农业农村局农发中心的杨遥说："2023年度，我县有53.1%种植户使用生猪粪污做的有机肥料，2024年底将达到70%以上。"随着农民对环保意识的增强，他们开始主动采用有机肥料替代传统的化肥，这不仅减轻了对环境的负担，还提高了土壤质量和农产品的质量。这种转变促进了农业生产方式的绿色升级，为消费者提供了更多安全、健康的食物选择。同时，这也帮助农民提升了农产品的市场竞争力，因为绿色有机产品通常能卖出更高的价格。

三 经验与启示

（一）发挥好政府服务保障和监督管理作用是关键

在加快生猪粪污肥料化利用的工作中，发挥好政府的服务保障和监督管理作用是至关重要的。这不仅关乎农村生态环境的改善，更直接影响着农产品的质量和人民群众的健康安全。在这一过程中，梓潼县通过出台系列扶持政策、建立协调联动机制，形成上下联动的工作氛围；通过合理规划生产布局、提供资金支持、强化技术支撑、加大社会组织的培育支持力度，为生猪粪污肥料化利用提供有力的物质保障。监督管理作用则是确保生猪粪污肥料化利用落到实处的必要手段。梓潼县委、县政府通过严格依法监管、完善监控网络、强化防疫条件审查等措施，加强监督管理，确保各项政策措施得到有效落实。对于违反规定、破坏生态环境的行为，县委、县政府依法予以查处，维护生态农业的健康发展。

（二）发展高效生态农业是必然方向

高效生态农业不仅关注农业生产的经济效益，更注重生态环境的保护和可持续发展。它强调在保障农产品质量和安全的前提下，通过科技创新和管理创新，提高农业生产的效率和效益，实现农业与环境的和谐共生。梓潼县在生猪粪污肥料化利用的过程中，高效生态农业的发展理念得到了充分体现。通过采取完善粪污利用设施、建设粪污处理加工企业等措施，让生猪粪污得到科学的处理和利用，转化为优质的有机肥料；通过合理规划生产布局、落实消纳耕地面积、畅通生猪养殖场和绿色有机农产品种植业主的无缝衔接渠道，让优质的有机肥料广泛运用到农业生产中，不仅提高了农业生产的效益，有力地推动高效生态农业的发展，也促进了生态环境的改善。截至2023年底，全县累计认证绿色农产品4个、有机农产品17个，涌现出一批具有市场竞争力的生态农产品品牌。

（三）坚持产业发展和环境保护同步是保障

坚持产业发展和环境保护同步，是保障国家粮食安全、食品安全和生态安全的重要战略。因此，必须将产业发展和环境保护放在同等重要的位置，实现农村经济可持续发展。在推进生猪养殖业发展的同时，梓潼县注重生态环境的保育和保护。通过完善生猪粪污处理设施、提高现有生猪养殖场的管理精准化水平、规范生猪养殖投入品使用、推行病死生猪无害化处理等措施，推动生猪清洁养殖；通过完善粪污利用设施、建设粪污处理加工企业、畅通生猪粪污还田渠道等，实现生猪粪污科学处理；通过落实消纳耕地面积，畅通生猪养殖场和绿色有机农产品种植业主的无缝衔接渠道，有效解决沼肥还田"最后一公里"问题，实现了生猪养殖业发展和环境保护的良性循环。

（四）提高农民参与的积极性和主动性是基础

在加快生猪粪污肥料化利用，建设优质生态绿色农产品供给地的过程中，提高农民参与的积极性和主动性是至关重要的。梓潼县通过多方面的宣传教育和多年的实践，加深了农民对生猪粪污肥料化利用、发展生态农业的认识和理解，让他们深刻认识到生猪粪污肥料化利用、发展生态农业的重要性和必要性。在这一过程中，农民得到实实在在的实惠。将生猪粪污转化为有机肥料，降低了粪污废弃物处理的成本，给养猪场带来了额外的收入来源，提高了其经济效益。在农业生产中广泛使用生猪粪污转化的有机肥料，降低了种植户的肥料成本，改善了土壤保水保肥能力，大大提高了农产品的品质和安全性，大幅提升了农产品的市场竞争力和销售价格。广大养殖户和种植户参与生猪粪污肥料化利用的积极性和主动性大大提高。

案例来源：梓潼县农业农村局

执笔人：中共梓潼县委党校　赵　锐

许州镇发展"蜜柚+生猪"生态循环优质产业

许州镇位于梓潼西北部，距梓潼县城19公里，地处梓潼、江油和广元剑阁县交汇处，下辖19个村、2个社区，总人口5.1万人，其中农业人口3.5万人，全镇总面积171平方公里，耕地9.8万亩，林地6.7万亩，主导产业蜜柚种植面积达7万亩，是"天宝蜜柚"的核心产区。近年来，该镇始终坚持"绿水青山就是金山银山"的发展理念，以养殖场"追着蜜柚跑"的模式协同发展主导产业，因地制宜建成了集蜜柚种植和生猪养殖于一体的、具有强大辐射带动与示范效应的"蜜柚+生猪"生态循环现代农业园区，初步形成了"园区示范引领、专合组织带动、职业农民经营"的现代农业示范体系，成功培育国家级示范社1个、省级示范社2个。许州镇也因此获"全国农业产业强镇""全国一村一品示范村镇""四川省柑橘标准化生产精品示范镇""四川省农业标准化示范乡""四川省乡村振兴示范镇"等荣誉。

一 基本做法

天宝蜜柚在许州镇已有170多年的栽培历史，因其酸甜可口、品质优良，深受人们喜爱，但最初仅有个别农户零星栽种。近年来，许州镇通过合作社带动、园区建设，按照"以种定养、以养定种、种养结合、生态循环"的模式大力发展"蜜柚+生猪"种养循环农业。

（一）合作社带动，大力发展蜜柚产业

一是积极培育新型农业经营主体。建立专业合作社，按照"群众自愿、干部带头、政府推动"的原则和"规模化、品牌化、标准化、全产业链化"的发展模式，大力发展蜜柚产业。二是创新性构建合作社与种植户利益联结机制。按照"七统一分"（统一规划建园、统一品种苗木、统一生产标准、统一生产资料、统一技术培训、统一品牌包装、统一产品销售，实行分户种植）的发展模式，把千家万户的小生产同千变万化的大市场有效衔接，推进蜜柚产业标准化生产。三是高标准推进品牌建设。依托"天宝蜜柚"区域品牌，以"区域品牌＋企业品牌"模式，提升品牌知名度。四是高起点谋划三产融合。以蜜柚为主的第一产业，以水果初加工、精深加工为主的第二产业，以休闲旅游、物流、服务为主的第三产业发展路线，推进一二三产业融合互动。投资650万元，在天宝村建设蜜柚产地初加工中心1个，健全集冷链仓储、分级、包装、物流于一体的全程销售体系，以举办蜜柚节为契机，整合产业强镇等项目资金800万元，打造蜜柚精油、水果茶原料基地，形成产业链，引进绵阳天柚宝生态农副产品有限公司，投资1200万元，建设蜜柚精深加工生产线2条。

（二）种养结合，大力发展生态循环农业

一是在基地建设基础上，总体布局"一心两园三区"，发展"蜜柚＋生猪"种养循环农业，主要包括沼液池中心、蜜柚种植园和生猪养殖园、三个消纳生猪粪污的蜜柚种植区。二是根据生态环境承载能力调控养殖规模，划定禁养区、限养区、宜养区，按照5头生猪配套1亩用地的标准，解决"养在哪、养多少"的问题。三是成立养殖专业合作社，创造性地探索出"政府＋龙头企业、金融、合作社、农场主、农户"的"1＋5"生态循环产业扶贫模式，解决"谁来养、怎么养"的问题。"1＋5"就是由政府制定规划、搭建平台、整合项目、落实政策；龙头企业制定养殖相关标准，提

供生产原材料和技术服务，回收产品；金融部门为农户提供小额信贷，由政府贴息；合作社由农户及村集体投资入股，成为产业的主体，负责构建利益分配机制，选择经理人经营管理；农场主连片种植果园，消纳养殖粪污，成为种养结合、生态循环的关键；农户用小额信贷及量化到户的项目补助资金，村集体用扶贫周转金，折股入社，按股分红。四是随着脱贫攻坚圆满收官，又结合农村"资源变股权、资金变股金、农民变股民"的"三变"改革，整合农村资源资产，探索推动"1＋5"生态循环产业发展模式升级扩面，将原有模式升级为"政府＋龙头企业、国有公司、村集体经济、合作社（村民）、金融"生态循环产业发展模式。

（三）技术提升，实现环境与效益双丰收

一是在养殖场引进循环处理系统，把排出的粪污全部进行干湿分离，采用"沼气服务站＋沼液灌溉管网＋农户经果园"的循环模式，引入沼气服务站社会化服务，在养殖场和蜜柚种植户之间统一建设管网设施、统一经营管理，实现种植与养殖无缝衔接，形成养殖场内小循环、蜜柚果园大循环的生态养殖模式。二是干粪收集发酵处理后用作有机肥，尿液收集发酵产生的沼气经管道供农户生产生活使用，沼液由蜜柚果园消纳。让养殖业为种植业提供有机肥料、种植业为养殖业提供就地便利的粪污消纳场所，既提升了蜜柚品质，又达到了污染零排放。三是与四川农业大学、西南大学达成合作关系，在许州镇"蜜柚＋生猪"核心示范基地建立蜜柚品种改良、提质增效、增糖降酸试验示范基地。同时，建立"三沼"综合利用示范园，沼液利用率达100%，沼液自流灌溉达到65%。四是立足300万元农业产业强镇项目资金，实行"村社土地入股＋农业企业投资＋村集体经济组织"的方式，吸纳650万元社会资本，引进一套蜜柚追溯云平台种植端系统和一套智能水肥一体化系统，建成蜜柚智能监测站1处，运用数字技术，精准掌握环境气象、病虫害测报等数据，通过手机客户端，实现500亩蜜柚示范基地远程管理，引领乡村产业转型升级，做优做强主导产业。

二 主要成效

许州镇通过大力发展"蜜柚＋生猪"种养循环农业，既实现了生态保护又提升了蜜柚的生产品质，达到了蜜柚和生猪产业的协调发展，实现了农民的增收致富，值得学习和借鉴。

（一）产业规模效应日益凸显

通过"规模化、品牌化、标准化、全产业链化"的发展思路，梓潼县先后整合项目资金5亿元，兑现产业发展补助金700余万元，有力促进了"蜜柚＋生猪"产业的发展壮大。截至2024年，许州镇已发展蜜柚种植7万余亩，是梓潼县20万亩蜜柚产业核心示范区和川内最大的蜜柚生产基地；建成生猪规模养殖场7处，其中扶贫代养场3栋，可年出栏生猪2.7万余头；园区内含水果初加工企业5家，建立蜜柚清洗、筛选、包装生产线5条，年加工能力1.2万吨；园区内引进、培育民宿农家乐2家；天宝柑橘专业合作社成功注册"文昌添宝"柑橘系列品牌商标，并开发出文昌添宝柚、文昌添宝椪柑等9大农产品，被中科协列为"全国柑橘科普示范基地"；许州镇也先后被评为"全国柑橘科普试验示范镇""四川省农业标准化示范乡""四川省柑橘标准化生产精品示范镇"。

（二）农产品品质日益提升

许州镇通过科技手段将畜禽粪便转化为有机肥并投入蜜柚种植种养结合模式，让养殖场"追着蜜柚跑"，通过蜜柚基地带动生猪养殖零排放、生猪粪便提供蜜柚种植优质肥，将20万亩蜜柚基地、5万亩水稻制种、50万头生猪全产业链、450万羽高品蛋鸡产业链紧密结合在一起，使畜禽养殖粪污得到综合利用，既提高了农产品品质，又实现了污染零排放，实现环境效益双丰收。经测算，一亩蜜柚一年的化肥开销为800元，用有机肥水只需200元，而且有机蜜柚的市场价格要比用化肥的蜜柚每斤高0.2元，既节水节肥，又省工省时，还提升了农产品品质。"天宝蜜柚"因此荣获全国百佳农产品、无公害农产品，通过GAP一级认证，荣获第十四届中国国际农产品交易会参展农产品金奖。

（三）联农带农成效显著

通过"七统一分"发展模式，许州镇把千家万户的小生产同千变万化的大市场有效衔接实现利益共享，风险共担。天宝村蜜柚种植户王友卫说："有了合作社的带动，就解决了蜜柚种植技术、果品提升、销售等问题。"在高峰期的时候，收入最多的农户每年蜜柚收入超过100万元，如今大家发展蜜柚积极性很高；通过创新实施"1＋5"生态循环产业模式，更加密切利益联结机制，进一步做活了平台公司，壮大了集体经济，富裕了入股村民，保护了生态环境，让村集体和全体村民共享产业发展的红利，让发展成果更多、更公平地惠及老百姓；通过与四川农业大学、西南科技大学等科研院校开展校地合作，以及所建立的蜜柚标准化生产技术培训长效机制，许州镇现有"蜜柚＋生猪"专业技术服务队6个，定期组织蜜柚种植、生猪养殖技术培训，有效提升了农户的种养技术，提升了蜜柚种植和生猪养殖的标准化；通过建立"蜜柚＋生猪"生态循环农业产业园区，就近解决了60多名农村剩余劳动力的就业问题。

三 经验与启示

《"十四五"全国农业绿色发展规划》提出，要加强农业生态环保修复，提升生态涵养功能；打造绿色低碳农业产业链，提升农业质量效益和竞争力；健全绿色技术创新体系，强化农业绿色发展科技支撑；健全体制机制，增强农业绿色发展动能。梓潼县许州镇因地制宜，通过发展"蜜柚＋生猪"生态循环产业，提升了产业发展质效，提升了产品竞争力，实现了乡村振兴、农民致富，值得学习借鉴。

（一）乡村要振兴，绿色发展是前提

马克思的"双面和解"思想倡导的是人与自然的和谐共生，倡导人类利用、改造现实自然的各类生活与生产资料时，要注意避免过度开发，破坏人与自然的可持续发展。许州镇通过因地制宜发展"蜜柚＋生猪"生态循环产业，科学把握生态保护与助农增收的关系，既注重利用自然也注重保护自然，真正达到人与人、人与自然、人与社会的和谐共生，最终把这里的"绿水青山"变成了"金山银山"，是乡村如何实现绿色发展的生动实践。

（二）乡村要振兴，转型升级是关键

传统农业和现代农业的区别主要集中在生产要素的使用上。传统农业主要依靠传统的生产要素，如劳动力、一般农具、灌溉设施等，而现代农业引进了新的生产要素，如人力资本、化肥、良种、技术等。许州镇通过采取建立"蜜柚＋生猪"生态循环现代农业园区、"蜜柚＋生猪"专业合作社、与高校和科研院所合作、创新性实施"1＋5"生态循环产业模式等多种形式，将原有的低效、传统的蜜柚和生猪产业，逐步升级为现代农业产业，不仅提升了"天宝蜜柚"的品质，也提升了"天宝蜜柚"的产品附加值，为许州镇的乡村振兴和农业农村现代化提供了可能。

（三）乡村要振兴，创新发展是路径

理念创新是对中国特色社会主义发展规律的新认识、新概括和新提升。在乡村振兴战略下，现代农业可以通过创新驱动，实现高质量发展，其重点是改革农业经营体制机制，关注高端和品牌农产品供给、绿色农产品生产与加工、农业生产技术现代化、农业废弃物综合利用。许州镇通过创新性发展"蜜柚＋生猪"种养结合的生态循环产业，通过变废为宝，不仅改

良了土壤、培育了地力，也提高了农产品品质；既实现了经济效益，又实现了生态效益。通过创新性实施"1＋5"生态循环产业发展模式，以更加密切的利益联结机制，不仅做活了平台公司、壮大了集体经济，也富裕了入股村民、保护了生态环境，让村集体和全体村民共享产业发展的红利，走出了一条许州特色的乡村振兴之路。许州镇也因此荣获"四川省乡村振兴示范镇"。

案例来源：梓潼县许州镇政府

执笔人：中共梓潼县委党校　张　俊

关坝村以"两山"理念守护"熊猫家园"

关坝村位于平武县木皮藏族乡，距离县城18公里，全村面积98平方公里，其中森林覆盖率达96.3%，处于生态环境部发布的《中国生物多样性保护战略与行动计划（2023—2030年）》中35个生物多样性优先区域；是大熊猫岷山A种群的重要栖息地，属于大熊猫等野生动物的重要迁徙通道；是北京大学自然保护与社会发展中心分析得出的23个大熊猫重要生态走廊带其中的一个重要区域。为进一步促进生态产品价值转化，该村自2018年开始探索以社区为主导的熊猫蜂蜜和自然教育，推动生态产业发展，助力乡村振兴，并成功申报为四川省森林自然教育基地。

一 基本做法

（一）发现：生物多样性调查

保护的前提是了解，为更充分地了解关坝保护小区的野生动物基本情况，关坝保护小区与北京山水自然保护中心合作进行了生物多样性调查。按照一定的规则对平武县地形图上关坝沟区域范围内每平方公里网格进行编号，即调查样线号，共计17条调查样线，其中PWX0535调查样线分布在"坡度大于70°的区域"，故去除本样线。通过GPS导航，在样线行进过程中，填写样线基本信息表、大熊猫信息表以及伴生动物信息表等。在

16条样线中,发现有大熊猫活动痕迹的样线有6条,占样线总数的37.5%,其主要活动痕迹是食迹和粪便。大熊猫活动痕迹点出现的海拔范围为1955~2850米,主要集中在海拔2000~2500米的针阔叶混交林内。但是,此海拔范围内有一定的干扰,尤其是放牧和采矿。大熊猫伴生动物共发现有野猪、扭角羚、岩羊等9种。其中,野猪、扭角羚和岩羊的活动痕迹出现率最高。伴生动物活动痕迹点主要出现在海拔1500~2500米的范围内。

(二)制止：野外监测与巡护

为了更好地保护关坝保护小区的野生动植物资源,关坝保护小区建立了一支25人的巡护队(23位村民,2位林发员工),对关坝沟内40.3平方公里范围内的林地和水源进行巡护监测,每年巡护次数不低于12次,选择1名村民专门管理水资源,并制订《平武县关坝沟流域自然保护小区巡护与网格化监测方案》。同时关坝保护小区通过前期的野生动物调查,结合已有的集体林巡护工作经验,制定了4条野外监测线路：发展区的河道监测、寨子沟核心区域叁字号和月亮岩、中沟核心区域黑堡-中沟沟口、红岩背核心区域沟口-索道尾子。按照公里网格布设20台红外相机,用于野生动物的监测和震慑盗猎、挖药、毒电鱼的不法分子,建立举报奖励机制,发动全村对沟内毒电鱼、挖药、打猎等行为进行监督,并严格执行平武县制定的《严厉打击非法狩猎违法犯罪专项行动实施方案》。

(三)引入：冷水鱼保护

关坝沟流域共有3条支沟,最终汇集流入夺布河(火溪河),关坝沟流域历史上经历过比较严重的滥捕现象,通过电捕、投毒、下网等方式不分季节不分大小进行捕鱼,至淡水鱼保护项目开始前,河道中的鱼类已经殆尽。关坝保护小区分两次增殖放流冷水鱼,包括青石爬鮡、黄石爬鮡、齐口裂腹鱼,放流个体大小不一,主要为50克左右的幼鱼。石爬鮡头大体扁,长宽比接近4∶1，为典型的底栖鱼类，齐口裂腹鱼体态修长，为中等体型溪流性鱼类。与此同时，在巡护的过程中对进沟非法电鱼的外来人员也进行拦截，并协助抓捕。此后的关坝沟流域鱼类调查结果显示，19个样点中，除12号点只发现青石爬鮡、17号点只发现黄石爬鮡外，所有点位均能发现青石爬鮡与黄石爬鮡。青石爬鮡与黄石爬鮡体态特征正常、健康程度良好，两种鱼均很好地适应了关坝沟的栖息地环境。关坝沟内的鱼类明显增多，从原来几乎绝迹到现在随处一个水塘都能捕到石爬鮡和雅鱼，随时可以看到冷水鱼。

（四）转化：熊猫蜂蜜的生态补偿实践

熊猫蜂蜜是一个"生态公平"的公益产品。关坝保护小区在平武水基金和北京山水自然保护中心的支持下，尝试了一种新的生态补偿实践，即借助市场来保护生物多样性。着力构建关坝沟流域大熊猫蜂蜜伙伴，产品收益回馈于社区和当地居民，支持社区的大熊猫保护工作。最终形成生态、经济、社会三方共赢的局面。此外，其销售净利润还将支持1194名在地守护者，他们守护着与大熊猫共生的4175种植物、248种鸟类、92种兽类。

（五）转型：自然教育的生态补偿实践

自然教育在社区发展中作为一种产业类型，能够形成集餐饮、住宿、导赏、体验于一体的第三产业链，由于第三产业往往具有较大的乘数效益，能够产生较大的经济效益。因此关坝社区开展自然教育活动，涉及层面广泛、参与性强，能够带动更多社区多层次、多环节收益，有效促进了生计转型发展，是一种长期可持续可循环的新的生态补偿实践模式，真正实现了经济增长和环境保护的协同推进，实现保护与发展共生，探索出了生态产品价值转化路径，推动了乡村产业发展。

二 主要成效

(一)"熊猫家园"存量殷实"绿色家底"

关坝自然栖息地盗猎现象大幅减少,野生动物种群逐渐复壮,生态系统得到有效保护,得益于关坝保护小区的建立,从而实现了保护生物多样性的目标。2016年9月,关坝沟野外调查结果显示:大熊猫和同域动物点位较2012年第四次大熊猫调查明显增加,干扰点位从12处减少到2处,红外相机拍摄到的野生动物达20余种,包括大熊猫、金丝猴、羚牛、红腹角雉等珍稀物种。沟内鱼类和两爬动物明显增多,从原来几乎绝迹到随处一个水塘都能捕到石爬鮡和雅鱼,随时可以看到两爬动物,沟内山羊数量从500只减少到100只,水源保护成果得到县水务局认可,并建立了一级水源保护区,恢复大熊猫栖息地67亩。

(二)"绿色存量"释放"生态经济增量"

生态环境保护和绿色发展是时代的要求,大熊猫保护工作也带动了经济社会发展,同时保护大熊猫带来的生态红利,则是能够持续唤起人们保护环境的根本动力,从而实现大熊猫保护与群众生活水平改善的双赢局面。截至2024年,关坝沟内建立8个养蜂场,约600群中蜂,每年蜂蜜产量在10000斤左右,村民累计分红10万元。每个蜂农收入提高3000~4000元,最大的养蜂户每年蜂蜜收入可达4.5万元。增殖放养的本土冷水鱼石爬鮡和雅鱼保守估值在20万元以上,100余户村民在房前屋后种植重楼等中药材1~2分地,栽植经济果木1000株,紫皮核桃苗圃基地落户关坝村,林业局投入60余万元支持其成为平武县紫皮核桃种苗基地,作为集体经济也是未来的重要经济收入之一。2018年以来,共开展自然教育活动约34次,累计到关坝村参与自然教育活动的人数达1300余人次,收入约40万元,全村60

余名村民直接或间接参与到自然教育活动中，间接带动当地价值20余万元的蜂蜜、核桃、山野菜等农产品收益。同时关坝村通过提供食宿等接待方式，进一步发展了村里的生态农家乐、乡村旅游等项目。关坝村党支部书记乔良说："关坝村村民收益中，25%以上来自生态效益，未来老百姓从生态保护中受益的速度将会更快。"

（三）"熊猫家园"生态产业化产业生态化

2018年3月，阿里巴巴将平武县作为阿里扶贫模式首个试点县。5月，关坝自然保护小区在支付宝客户端的"蚂蚁森林"平台上线。关坝保护中心在蚂蚁森林上线了关坝村18.23平方公里的保护地，公众可以通过能量兑换的形式支持关坝保护工作的开展，这为公众参与生态保护提供了有益经验，同时也提高了保护成效。在互联网企业的支持下，网友不仅可以在线支持巡护等生态保护行为，还能购买如蜂蜜等当地优质农产品，帮助农民吃上"生态饭"，走出致富路。

三 经验与启示

（一）"熊猫家园"生态平衡"保护伞"支撑生态振兴

2021年10月，大熊猫国家公园正式设立，"天下大熊猫第一县"平武担负起守护"熊猫家园"的使命。保护好大熊猫不仅是为了保护这一个物种，更是保护一个完整的生态系统，意味着要保护好整个栖息地以及栖息地中大熊猫的伴生生物。关坝村在保护大熊猫的过程中，区域内的其他野生动物也得到了有效保护。关坝通过"人退猫进"，从源头打造生态监督闭环，打造地方特色公益诉讼检察品牌等方式，使大熊猫在平武"伞护"了4100多种植物和1900多种动物，使平武生态环境加速向好，仅国家一级保护动物牛羚数量就增加了10%左右。因此大熊猫作为"伞护"物种，撑起了"熊猫家园"生态平衡"保护伞",让同一片水土有更多生灵共生共荣。2022年平武《"功夫"熊猫倒立撒尿只为圈地"谈恋爱"》等新闻多次在央视播放,平武上百只川金丝猴在退耕还林的阔叶林中觅食等画面也频频出现在公众视野,都折射出平武优渥的自然生态环境不仅孕育出大熊猫天然的生存空间,而且"伞护"了良好的生态环境。

(二)"熊猫家园"生物多样性保护机制践行"两山"理念

关坝村通过建立以社区为主导的关坝自然保护小区、创建生物多样性保护模式等体制机制守护"熊猫家园",探索绿色转型发展"熊猫经济"。一是创建村级治理新模式,创新保护管理机制,引入自然保护小区新模式,实现自然资源可持续管理和恢复,改变固化保护模式,树立"绿水青山就是金山银山"的绿色发展理念。二是联防联保,做好大熊猫等珍稀野生动植物及其自然生态保护工作,平武县与北京大学、山水自然保护中心、中国科学院等合作,共同建立生物饮用水源、空气质量、土壤环境等6类监测网络,积极开展大熊猫栖息地生物多样性监测及社区集体林调查,有效促进生物物种、基因和生态系统多样性保护。三是建立第三方评估制度,对大熊猫国家公园建设和管理进行科学评估,将评估结果与区域绩效考核和资金奖补挂钩。四是"生态+发展",壮大村级合作经济,立足本土资源优势,选择合适的生态产业,以合作社的方式发展集体经济,既保护了珍贵的自然资源,也让当地的"自然资本"总量在经济发展与环境保护的良性互动中获得较为显著的增长,实现了村民保护好生态是永续收益、"绿水青山就是金山银山"的目标。关坝不仅使自然资源和自然环境得到较好保护,生态系统得到维护、生态功能得到发挥,而且产生了良好的生态效益、社会效益和经济效益,让村民得到了实惠,走出了一条生态振兴之路。

(三)"熊猫家园"生态产业化实现绿色发展

关坝村通过生物多样性调查、野外监测与巡护、冷水鱼保护等具体生态保护手段，尝试新的生态转化——熊猫蜂蜜、自然教育等，不仅实现了生态功能区生态保护目标，而且实现了经济增长与环境保护协同发展，探索出了保护与发展的共生模式，交出了平武践行"绿水青山就是金山银山"理念的满意答卷。2021年在联合国举行的《生物多样性公约》第十五次缔约方大会非政府组织平行论坛上，关坝成功入选"生物多样性100＋全球典型案例"，以及19个"特别推荐案例"之一，成为全球范本；同时关坝成为2023年四川省第三届"自然教育周"分会场，熊猫蜂蜜、自然教育、民宿＋农家乐、乡村研学＋旅游等生态产业使关坝实现了绿色发展之路。

（四）"熊猫家园""熊猫经济"助力乡村振兴

关坝村一方面争取国家生态补偿资金，另一方面积极发展生态产业，开发生态产品，建立社区内部的资金反馈机制。关坝内化双动力，积极开展生态综合补偿试点，保护小区以合作社和生态补偿机制双动力促进熊猫蜂蜜、自然教育、培训、野外调查等生态产业的发展，以此来加大保护小区自我承载力，保证小区生态保护资金的可持续性，同时良好的"熊猫"生态产业不仅为老百姓创收，也进一步保护了绿水青山，让经济增长和环境保护良性循环、协同推进，最终形成生态、经济、社会三方共赢的局面，实现"绿水青山就是金山银山""金山银山保护绿水青山"的"生态循环"，展现出人与自然和谐共生的乡村振兴新景象。

案例来源：平武县木皮藏族乡关坝村
执笔人：中共平武县委党校　何春兰

专题研究编

理论是实践的先导,思想是行动的指南。深入研究乡村振兴面临的理论前沿问题,准确回答好农业农村农民现代化进程中的时代之问,为全面推进高质量乡村振兴促进共同富裕提供理论支撑,对于做好乡村振兴这篇大文章,具有基础性、战略性和现实性意义。

绵阳村级组织负责人"一肩挑"政策推进机制与运行效果

全面推进村级组织负责人"一肩挑"制度与我国基层权力结构、村（社）两委关系，以及村（社）民自治、基层治理等问题密切相关，是我国加强基层政权建设的重要制度创新，是推进基层治理体系和治理能力现代化的重要一环。作为一项创新性制度，"一肩挑"在实际运行中还存在一些需要破解的难题。本研究旨在结合"一肩挑"新要求，从政策层面对绵阳村级组织负责人"一肩挑"推进机制进行定性分析，通过对涪城、游仙、安州三区203名村级组织负责人进行问卷调查，对绵阳村级组织负责人"一肩挑"运行效果进行定量分析，在观察微观主体主观行为如何影响政策落实的基础上把握"一肩挑"的现实困境并提出针对性对策，从而更加充分地发挥"一肩挑"的制度效能和优势，加快绵阳乡村全面振兴和社区治理现代化的进程。

一 村级组织负责人"一肩挑"政策变迁与历史回顾

村级组织负责人"一肩挑"与我国农村的权力结构、村两委关系，以及农村村民自治、基层治理等问题密切相关。20世纪80年代，伴随着村民委员会的普遍成立，乡村领导权的归属问题接踵而至：在乡村治理体系中，村党支部书记与村委会主任谁是一把手？隶属关系如何？怎样解决因领导权不清造成班子内耗、相互推责的问题？[①]特别是随着村民自治的蓬勃开展，不少村两委关系呈紧张趋势，化解两委矛盾成为农村基层组织面临的重要问题。于是，一些地方便开始初步尝试村级党政"一肩挑"。

1988年底，湖北谷城县冷集镇在村级组织换届选举时进行了党政两职"一肩挑"制度尝试。组织全镇13个人口千人以下的村推行"一肩挑"，并建立了双向任期目标责任制和监督机制，以克服村级党政"一肩挑"领导体制的弊端。经过多年实践，此制度被认为既能适应当时的国情需要，又能避免互相推诿扯皮、内耗冲突等问题。因此，该镇于1993年3月村级组织换届选举时将党政两职"一肩挑"的模式全面推广到全镇的29个村。此后，山东、广东等省份也借鉴国企等领域的党政关系模式——厂长、书记"一肩挑"，开始探索村两委"一肩挑"模式并推行试点，形成了较为成熟的"威海模式"与"顺德模式"。

2002年7月，中共中央办公厅、国务院办公厅发布的《关于进一步做好村民委员会换届选举工作的通知》中提出的"四个提倡"之一便是：提倡拟推荐的村党支部书记人选，先参加村委会的选举，获得群众认可后，再推荐为党支部书记人选；如果选不上村委会主任，就不再推荐为党支部书记人选。中央的肯定与采纳掀起了各地第一次村级组织"一肩挑"的高潮。数据显示，2016年底，比例较高的省份分别为海南89.46%、湖北84.39%、山东75.25%、广东68.93%；比例较低的省份分别为四川6.98%、浙江5%、重庆3%；全国平均为33.33%。[②]

党的十八大以来，"一肩挑"制度作为加强党对农村基层的坚强领导、推进乡村振兴战略顺利实施的有力举措逐步得到推广。2018年9月，中共中央、国务院印发《乡村振兴战略规划（2018—2022年）》，提出要大力推进村党组织书记通过法定程序担任村民委员会主任和村级集体经济组织、

---

① 陶周颖：《村级党政"一肩挑"的发展逻辑及实践路径》，《理论研究》2020年第4期。
② 数据来源：《中国民政统计年鉴（2017）》。

农民合作组织负责人[①];并第一次明确提出了2020年全国村党组织书记、主任"一肩挑"比例要达到35%、2022年要达到50%的"一肩挑"指标要求。2019年1月,中共中央、国务院发布的一号文件《关于坚持农业农村优先发展做好"三农"工作的若干意见》,中共中央印发的《中国共产党农村基层组织工作条例》和同年8月起施行的《中国共产党农村工作条例》也有类似的表述和规定。在此基础上,2021年中央一号文件《中共中央 国务院关于全面推进乡村振兴加快农业农村现代化的意见》再次提出:"在有条件的地方积极推行村党组织书记通过法定程序担任村民委员会主任,因地制宜、不搞'一刀切'。与换届同步选优配强村务监督委员会成员。"自此,全国各省在村级组织换届选举中全面推行"一肩挑"。2021年4月,四川全省农村"一肩挑"比例由2016年底的6.98%升至97.5%,83.1%的村(社)党组织书记担任集体经济组织负责人[②]。绵阳全市1582个村、487个社区全面完成两委换届。换届后,村党组织书记"一肩挑"比例达95.4%,社区党组织书记"一肩挑"比例达98.6%。

二 村级组织负责人"一肩挑"研究述评

(一)村级组织负责人"一肩挑"研究现状

2002年7月之前,由于企业实行"一肩挑"模式引起过一定的争议,学术界对于是否要推行村级党政"一肩挑"态度不一。党国英认为,村级实现"一肩挑"意义极其重大[③],可以有效解决村两委矛盾[④];张英红认为,

---

① 《中共中央国务院印发〈乡村振兴战略规划(2018—2022年)〉》,《人民日报》2018年9月27日。

② 共产党员网:《四川高质量完成村(社区)"两委"换届 书记更强班子更优活力更足》,https://www.12371.cn/2021/05/11/ARTI1620702625877761.shtml,2021年5月11日。

③ 党国英:《村级党"政"合一意义十分重大》,《乡镇论坛》2001年第3期。

④ 党国英:《"两委合一"乡村民主政治的重要发展》,《中国改革(农村版)》2001年第5期。

在农村尝试"一肩挑"不是理性的选择，容易造成以党代政、党政不分的现象[①]；苗佳、邹希元认为，村级党政"一肩挑"具备多方面优越性[②]；程同顺认为，"一肩挑"只能掩盖村两委之间的矛盾，不可硬性推广[③]；徐增阳、任宝玉认为，国家行政权与自治权的冲突无法在村内部解决，因此"一肩挑"并不能真正解决村两委矛盾[④]。知网检索，这段时间学术界对村级组织负责人"一肩挑"的相关讨论并不多，仅有10篇文献围绕相关话题展开讨论。

2002年7月，伴随着《进一步做好村民委员会换届选举工作的通知》的下发，中央和国家层面对于村级党政"一肩挑"的肯定态度得以明朗。这份具有转折性意义的文件明确提出"四个提倡"，中心是提倡村两委交叉任职，特别是书记、主任"一肩挑"。这在理论界掀起了一个研究高潮。根据知网检索，这段时间学术界有62篇文献围绕村级组织负责人"一肩挑"相关话题展开讨论。景跃进（2004）、白钢（2001）、王金红（2002）、徐勇（2007）、仝志辉（2004）、詹成付（2008）、史为民（2009）、肖立辉（2009）等学者关于乡村治理的著作中，也着重探讨了村两委"一肩挑"问题。这一阶段，学术界关于推行"一肩挑"制度的相关研究主要集中于从学理上解释"为何要推进"，从制度设计上分析"有何利弊得失"，从实现路径上探讨"如何推进"的三个角度和议题。

随着党和国家全面推进村级组织负责人"一肩挑"制度的政策演进，关于"一肩挑"制度的相关讨论持续升温，自2012年起，"一肩挑"的比例大幅度上升，又引起广泛关注，成为研究热点。从年份分布上看，2012—2017年有12篇文章，2018—2024年有127篇文章围绕相关话题展开讨论。这一阶段，相关研究任务已经不再是要不要推进"一肩挑"制度的问题，而是如何推进"一肩挑"制度的问题，以及"一肩挑"制度会产生什么样

---

① 张英红：《"两委合一"岂能推广》，《中国改革（农村版）》2001年第8期。
② 苗佳、邹希元：《"一肩挑"的六点优越性》，《乡镇论坛》2001年第3期。
③ 程同顺：《"一肩挑"不宜硬性推广》，《乡镇论坛》2000年第12期。
④ 徐增阳、任宝玉：《"一肩挑"真能解决"两委"冲突吗：村支部与村委会冲突的三种类型及解决思路》，《中国农村观察》2002年第1期。

的制度效应的问题。

（二）村级组织负责人"一肩挑"研究述评

程同顺和史猛认为，此次在全国范围内普遍推进"一肩挑"是在农村地区为加强党的全面领导而进行的体制机制调整。[①]李淇和秦海燕认为，"一肩挑"模式的出现和推广有其深厚的现实基础，其中一个重要体现是贯彻落实群众路线的要求。[②]陈军亚认为，"一肩挑"具有强化党组织领导权威、促进村民自治有效实现、确保农村发展战略落实的制度优势。[③]曹海军和曹志立认为，新时代村级党建引领下的乡村治理，主要是通过推进村两委"一肩挑"与班子成员交叉任职来破解村党组织领导面临的合法性不足问题。[④]陶周颖认为，"一肩挑"的全面推行是推进基层治理现代化的现实考量，是适应时代发展的客观要求。[⑤]易新涛认为，党的十九大以来，党中央提出并大力推进"一肩挑"的目的在于确保村级党组织的领导核心地位，为乡村振兴和乡村治理提供坚强的组织保证。[⑥]李淇和李斌认为，推进乡村治理现代化是推进我国国家治理体系和治理能力现代化的重要举措，村两委"一肩挑"模式是乡村治理领域正大力推广的治理模式。[⑦]王久高认为，"一肩挑"的本质内涵在于将人民直选的一些原则和做法引入村级党组织建设中，是村级党组织不脱离群众的根本要求。[⑧]总体看来，学术界对于为何

[①] 程同顺、史猛：《推进村级组织负责人"一肩挑"的条件与挑战——基于P镇的实地调研》，《南开学报（哲学社会科学版）》2019年第4期。

[②] 李淇、秦海燕：《乡村治理现代化视域下"村两委一肩挑"模式研究》，《河南科技大学学报（社会科学版）》2019年第4期。

[③] 陈军亚：《农村基层组织"一肩挑"的制度优势与现实障碍》，《人民论坛》2019年第11期。

[④] 曹海军、曹志立：《新时代村级党建引领乡村治理的实践逻辑》，《探索》2020年第1期。

[⑤] 陶周颖：《村级党政"一肩挑"的发展逻辑及实践路径》，《理论研究》2020年第4期。

[⑥] 易新涛：《村党组织书记"一肩挑"的生成逻辑、内涵解析和实施指向》，《探索》2020年第4期。

[⑦] 李淇、李斌：《争论中的村两委"一肩挑"模式与乡村治理的发展》，《黑龙江工业学院学报（综合版）》2020年第6期。

[⑧] 王久高：《"两票制""一肩挑"和"一制三化"模式探讨》，《云南行政学院学报》2007年第4期。

推进村级组织负责人"一肩挑"制度可以归结为三种观点：一是认为，"一肩挑"是推进国家治理体系和治理能力现代化的重要举措；二是认为，"一肩挑"是新时代加强党领导基层治理的制度保障；三是认为，"一肩挑"是贯彻落实党的群众路线的必然要求。虽然三种观点的侧重点和理由各不相同，但是目前的研究趋势和成果越来越多地提出了推进"一肩挑"制度的政治逻辑，即加强党对农村社会的领导能力。

党国英认为，"一肩挑"可以解决两委矛盾，有利于改善党对乡村社会的领导，是乡村民主政治的重要发展[1]；村级党政合一意义十分重大，不仅能更好地实现农民的民主权利，也有利于加强和改善共产党对乡村社会的领导，更为中国民主制度改革的深化探索了一条新路子[2]。董江爱认为，"一肩挑"是解决两委矛盾的机制再创新，有利于把农村精英能人吸引到党组织中来，提升乡村治理效能。[3]陈涛、吴思红指出，"一肩挑"不仅可以降低开支，而且可以减少村干部间的摩擦。虽不能消除派系斗争，但可以起到降低开支，减少村干部摩擦的作用。[4]余彪认为，"一肩挑"的做法还提高了村干部的工作效率和工作能力。[5]陈军亚认为，"一肩挑"可以避免内耗，强化责任意识，确保国家农村发展战略的实施。[6]李鑫诚认为，"一肩挑"将党的领导切实嵌入村民自治的实践中，增强了党的基层组织的合法性。[7]

尽管学术界主基调是肯定"一肩挑"制度，认为推行村级组织负责人"一肩挑"利大于弊，但对其利弊得失意见不一。白钢认为，"一肩挑"是

---

[1] 党国英：《"两委合一"是一种过渡性制度安排——与张英红先生讨论村民自治问题》，《中国改革》2001年第9期。

[2] 党国英：《"两委"合一是个好办法》，《中国改革（农村版）》2004年第2期。

[3] 董江爱：《"两票制"、"两推一选"与"一肩挑"的创新性——农村基层党组织执政能力建设的机制创新》，《社会主义研究》2007年第6期。

[4] 陈涛、吴思红：《村支书与村主任冲突实质：村庄派系斗争——兼论支书主任"一肩挑"的意义》，《中国农村观察》2007年第6期。

[5] 余彪：《"村两委一肩挑"中存在的问题、对策及其思考》，《改革与开放》2011年第6期。

[6] 陈军亚：《农村基层组织"一肩挑"的制度优势与现实障碍》，《人民论坛》2019年第11期。

[7] 李鑫诚：《乡村权力下沉治理模式的运行策略及其反思》，《湖北社会科学》2017年第4期。

一元化领导体制的回归，容易导致党政不分，权力高度集中，不仅不利于加强党的领导，还不利于村民自治的推进。[1]任旭东、舒军认为，这种模式表面上化解了村两委矛盾，但二十多年来国家与政府还政于民的努力也付诸东流，又回到党政不分的计划经济年代，使村民自治名存实亡，其实质就是取消村民自治，结果必然是对村民民主权利的一种制度性的侵犯。同时，也存在着"一肩挑"的人有可能独断专行，在当前农村政治格局中难以实施有效监督等问题[2]。罗欣也认为，"一肩挑"后，可能会出现行政权力侵蚀基层民主等问题。徐增阳、任宝玉认为，"一肩挑"对于解决个人间冲突是有效的，但对于解决组织间和权力间冲突作用有限。[3]李淇、秦海燕认为，"一肩挑"干部的负担会加重。[4]姚锐敏认为，党员队伍的现状不能很好地适应"一肩挑"所带来的竞争压力、现行选举规则与"一肩挑"所设定的选举目标不协调。李永彩认为，"一肩挑"干部很大程度上掌握着村庄的政治、经济等方面的控制权和话语权，甚至集党、政大权于一身，大小事务由其说了算。[5]长子中认为，"一肩挑"改革后，书记在一定程度上失去了制衡监督，助长了腐败现象的滋生。[6]因此，程同顺认为，"一肩挑"不宜硬推广。显然，在评估推进"一肩挑"制度的利弊得失时，学术界还缺乏共识性的分析框架。

目前，学术界的相关讨论还比较宏观，缺乏具体经验的涉及。尤其是对于"一肩挑"推行过程中存在的问题，学者们更多的是给出宏观层面的

---

[1] 白钢：《走出解决"两委"关系失衡问题的理论误区》，《中国民政》2001年第10期。
[2] 任旭东、舒军：《村民自治背景下村"两委"班子矛盾问题的研究》，人民网，http://www.people.com.cn.2003-08-19。
[3] 徐增阳、任宝玉：《"一肩挑"真能解决"两委"冲突吗——村支部与村委会冲突的三种类型及解决思路》，《中国农村观察》2002年第1期。
[4] 李淇、秦海燕：《乡村治理现代化视域下"村两委一肩挑"模式研究》，《河南科技大学学报（社会科学版）》2019年第4期。
[5] 李永彩：《从"问题村官"看村级民主的困境与出路》，《中共云南省委党校学报》2013年第2期。
[6] 长子中：《当前部分地区农村实行两委"一肩挑"的隐忧——以中西部五县100村为例》，《北方经济》2007年第13期。

解答。比如程同顺、史猛提出，推进"一肩挑"需要完善村级组织选举办法、借助于中央权威重塑村民认知、建立利益补偿机制保障选举平稳。[1] 姚锐敏认为，全面推行"一肩挑"会助长乡村治理体系中的绝对权力，因此，要健全相应的权力监督制约体系。[2] 万雪芬提出，推进"一肩挑"需要优化"一肩挑"干部选举制度、健全与"一肩挑"相匹配的权力运行机制、健全符合"一肩挑"要求的人才队伍培养制度、完善"一肩挑"干部的监督机制、完善"一肩挑"干部的激励保障机制。[3] 由此可见，现有相关研究对于微观层面的实现路径的研究存在不足，尤其是对于怎样具体操作"一肩挑"的选人、如何安置落选人员，以及实施"一肩挑"后对村干部的激励与监督等方面的研究还比较欠缺。

三 村级组织负责人"一肩挑"的绵阳实践

村（社）两委换届是人民群众政治生活中的一件大事，也是基层党建和基层治理的重要工作，事关党的执政根基和社会大局稳定。换届过程中，绵阳坚持把做好村（社）两委换届作为检验乡镇行政区划和村级建制调整改革成效的试金石，作为两项改革"后半篇"文章综合试点的重要政治任务。

（一）健全"三大机制"，抓好村级组织换届责任落实

切实增强做好换届工作的责任感、使命感，把换届工作与全区中心工作紧密结合起来，一是健全"书记抓、抓书记"机制。市委主要领导在审

---

[1] 程同顺、史猛：《推进村级组织负责人"一肩挑"的条件与挑战——基于P镇的实地调研》，《南开学报（哲学社会科学版）》2019年第4期。

[2] 姚锐敏：《全面推行村"两委"负责人"一肩挑"面临的潜在风险及其防范》，《中州学刊》2021年第5期。

[3] 万雪芬：《村级组织负责人"一肩挑"制度效能发挥的制约因素与有效路径》，《中州学刊》2022年第1期。

议换届方案时，明确提出"乡镇（街道）党（工）委书记抓不好换届不得继续担任"等3点要求。建立市级领导联系县（市、区）、延伸到乡镇（街道），指导重难点村制度；建立县（市、区）、乡镇（街道）党（工）委书记任组长制度，分别明确6项、15项清单任务。二是健全牵头部门齐抓共管机制。市委组织部明确9名班子成员"一对一"包联负责1个县（市、区），市民政局6名班子成员分组分片负责，加强具体指导。三是健全"周报告、旬研判、月推进"机制。每周向市委常委、组织部部长汇报面上情况、各县（市、区）推进情况。在党组织、村（居）民委员会换届前的关键节点，先后召开2次推进会、6次研判会，全覆盖开展3轮督导，做到全过程高质高效。

（二）坚持"五个先行"，确保村级组织换届有序进行

坚持早安排、早部署、早准备、早落实，坚持"五个先行"，全力推动全县村（社）两委换届工作稳步有序开展。一是新村（社）融合先行。打破原有建制隐性壁垒，在1464个涉改村（社）全面推行班子成员"交叉包组到户"责任制，切实解决部分群众"只选原村（社区）人"问题。二是试点示范先行。在游仙区、梓潼县开展换届全域试点。游仙区分别于2020年11月19日、2021年1月底，梓潼县分别于2020年11月15日、12月29日率先全面完成换届。三是班子研判先行。全覆盖开展班子研判，重点对班子结构、整体功能、运行状况进行评价，逐一明确全市1.1万余名"两委"班子成员进退留转意见。四是培养人选先行。大力实施优秀农民工定向回引、精准培养、动态管理、分类使用、持续激励"五大计划"，培养储备优秀农民工后备力量4135名。五是集中整治先行。排查软弱涣散村党组织81个，"一村一策"实现整顿提升。

（三）拓宽"四种渠道"，激发村级组织能人头雁效应

强化用人导向，拓宽"四种渠道"，把讲政治、党性强、懂规矩、顾大

局、守纪律的明白人发现出来、任用起来。一是鼓励从单位选派优秀人才。在县乡机关、企事业单位遴选82名优秀人才，到中心村、集镇村、乡村治理试点村和难点村任职。二是鼓励跨区域统筹选人。以乡镇为单位，把202名政治品格好、群众威望高、带富能力强的优秀人才，交流到其他村任职。三是鼓励公开统筹选任。对有产业发展基础、群众发展愿望强烈，本村没有合适人选的，面向社会公开选任51名村主要干部。四是探索突破户籍限制选人。在依法依规前提下，把388名非户籍常住优秀党员和居民选拔进村（社）两委班子。

（四）紧盯"四大风险"，确保村级组织换届风清气正

坚持教育在先、警示在先、预防在先，强化换届纪律约束，紧盯"三大风险"，把"十严禁""十不准"的纪律要求贯穿换届全过程，以铁的纪律护航村级组织换届选举。一是紧盯离任干部安置风险。对这次集中换届和村级建制调整改革过渡安置期满后拟离任的5700余名村（社）常职干部，采取推荐到企业安置一批、设置乡镇振兴专干消化一批、开发公益性岗位转任一批、授予"荣誉村干部"退出一批等方式，全部妥善安置。二是紧盯信访矛盾风险。逐村（社）建立高、中、低三类风险管理台账，落实专人"一对一"包联负责，针对性抓好防范化解。全市共处置98件信访、上访件，较上届减少29%。三是紧盯纪律红线风险。严格落实候选人、两委成员、换届工作人员选前谈话制度，逐人签订纪律承诺书，以"零容忍"态度正风肃纪。全市未出现1例违反"十严禁"事件。

（五）构建"三三机制"，规范村级组织小微权力运行

紧盯村级小微权力运行，着力构建"三三机制"持续整治群众身边腐败和不正之风，有效解决村干部用权随意性、失范性问题，为乡村振兴提供坚强纪律保障。一是"三定"制好权力运行"明细表"。定职责任务，对标《中国共产党农村基层组织工作条例》等党内法规，明确党的建设、基

层治理等7项基本职责。定基本底线，划定7条红线、高压线，强调不得消极应对上级党委决策部署、不得擅离职守、不得侵害群众利益等负面情形，全面完成23个软弱涣散村党组织整治。定议事规则，重大事项决策严格实行"四议两公开"，日常事项决策坚持党组织书记末位表态发言、集体研究决定。二是"三管"织好齐抓共管"监督网"。注重发挥县级主导作用，明确"一肩挑"村（社）党组织书记调整应提请县级党委常委会会议研究确定，每年对党组织书记开展全覆盖培训、抽取10%的村（社）进行审计。注重发挥乡镇主管作用，督促指导村（社）党组织书记制定目标任务清单、作出公开承诺，对照时间节点进行全过程监督。注重发挥村级主体作用，健全"三务"公开制度，规范公开指导目录，梳理32项公开事项，强化村（社）纪检组织和村（居）务监督委员会建设。三是"三评"立好事业为上"风向标"。干部自评，村（社）党组织书记每季度开展自查、每年度开展自评，自评得分占年度考核总分10%。群众测评，乡镇（街道）党（工）委每年组织党员群众代表围绕目标任务清单和公开承诺事项，对村（社）党组织书记履职情况进行满意度测评，测评得分占年度考核总分20%。上级考评，乡镇（街道）党（工）委建立"月盘点、季分析、年评价"考核体系，考评得分占年度考核总分70%。对年度考核"优秀"的村（社）党组织书记给予一定奖励，对"不称职"的扣减当年考核奖励，并由乡镇（街道）党（工）委书记联系整改。

四　绵阳村级组织负责人运行效果分析

2022年4月，课题组对涪城、游仙、安州三区村级组织负责人进行了问卷调查。参与问卷调查的村级组织负责人203人，其中164人来自农村社区，占总数的80.79%；39人来自城镇社区，占总数的19.21%。回收有效问卷203份，使用SPSS17.0进行数据分析后得出以下情况。

（一）受访村级组织负责人的基本情况

1.性别结构

村（社）很多工作都得直接面对基层群众，需要细心、耐心地做好解释说明工作。从性别特征和优势来看，女性干部的细心、耐心程度一般比男性高。但从此次问卷调查来看，涪城、游仙、安州三区村级组织负责人男性182人，占受访总人数比例为89.66%；女性21人，占受访总人数比例为10.34%。男女干部比例为8.7∶1，一定程度上存在女性干部占比偏低，性别结构不合理的问题。

2.年龄结构

理论上讲，村（社）两委干部是村级自治组织干部，不是国家编制内的干部，他们只要能正常完成工作，能履职尽责就行，在国家法律层面上对村干部的最高年龄并没有什么严格限制，只要满足条件，60岁以后也是能担任村干部的。现实操作上，各地关于村干部年龄要求也各不相同：有些地区村干部满55岁退休，有些地区村干部满65岁退休。参与此次调研的绵阳三区村级组织负责人45岁及以下59人，占受访总人数比例为29.07%；46~55岁125人，占受访总人数比例为61.58%；55岁以上19人，占受访总人数比例为9.36%，其中60岁以上1人，占受访总人数比例为0.49%。可见，绵阳三区村级组织负责人年龄结构比较合理，但也需要进一步推进村级组织干部队伍走向年轻化，加大大学生村官、三支一扶等各类人才引进的工作力度。

3.工作背景

从当选村级组织负责人前的职业看，专业合作组织负责人29人、企业法人23人、个体工商户52人、退休人员（机关、事业单位、企业）8人、退役军人50人、回乡大学生8人、其他职业33人。随着干部来源渠道不断拓宽，绵阳村级组织干部队伍建设不断推进，村级治理知识化专业化水平也不断提升。203名村级组织负责人中，村（社）党组织书记、村（社）委员会主任、村级集体经济组织、合作经济组织负责人"一肩挑"的有135人，占受访总人数比例为66.50%。

4. 收入来源

从村（社）两委干部收入来源看，84%的来源是"财政拨款"，13%的来源是"其他方式"，3%的来源是"集体资产收益"。对于自己的主要收入来源，135人选择"财政拨款"，占受访总人数比例为66.50%；58人选择"自己经营所得"，占受访总人数比例为28.57%；10人选择"其他"，占受访总人数比例为4.93%。对于自己的年收入状况，203名村级组织负责人中，20人年收入在3万元以下，占受访总人数比例为9.85%；144人年收入为3万~5万元，占受访总人数比例为70.94%；17人年收入为5万~7万元，占受访总人数比例为8.37%；22人年收入在7万元以上，占受访总人数比例为10.84%。调研发现，参与问卷调查的村级组织负责人所在村（社）中，集体经济资产规模在10万元以下的有124人，占总数的61.08%；10万~50万元的有32人，占总数的15.76%；50万~100万元的有19人，占总数的9.36%；100万元以上的有28人，占总数的13.79%。上述种种，说明三个地区集体经济发展不充分，急需促进村（社）干部充分认识发展和壮大集体经济的重要性、必要性，切实增强发展和壮大集体经济的信心和干劲，全面激活集体经济发展和壮大的新动能。

（二）受访村级组织负责人的所在村级组织情况

1. 调整合并情况

作为全省"合村并镇"试点城市，绵阳2020年对村（社）进行了调整合并。参与问卷调查的203名村级组织负责人中，71个村级组织负责人所在村（社）未经调整合并，占受访村（社）总数的34.98%。132个村级组织负责人所在村（社）经过调整合并，占受访村（社）总数的65.02%；其中，110个为两村（社）合一，21个为三村（社）合一，1个为四村（社）合一。村（社）人口最多的高达3.6万人，最低为751人。

2.干部人数及来源

所在村（社）两委干部人数不一，最少为3人，最多为9人；4人以下的村（社）18个，占受访村（社）总数的8.87%；5~6人的村（社）113个，占受访村（社）总数的55.66%；7人以上的村（社）69个，占受访村（社）总数的33.99%；其他情况村（社）3个，占受访村（社）总数的1.48%。两委干部中，182个村（社）存在公招选聘人员，占受访村（社）总数的89.66%；185个村（社）存在其他村（社区）交流轮换干部，占受访村（社）总数的91.13%；仅有29个村（社）存在上级委派第一书记，占受访村（社）总数的14.29%。

3.干部队伍年龄结构

所在村（社）两委干部中，31~35岁6人，占受访总人数比例为2.96%；36~40岁40人，占受访总人数比例为19.70%；41~45岁99人，占受访人数比例为48.77%；46~50岁50人，占受访总人数比例为24.63%；50~55岁8人，占受访总人数比例为3.94%。但值得注意的是，涪城、游仙、安州三区村级组织负责人所在村（社）两委干部一定程度上存在年龄结构不合理、30岁以下干部缺乏的问题。具体表现为，113个村（社）无90后干部，占受访村（社）总数的55.67%；68个村（社）仅有1名90后干部，占受访村（社）总数的33.50%；仅有22个村（社）90后干部在2名及以上，占受访村（社）总数的10.83%。

（三）受访村级组织负责人对"一肩挑"的看法与评价

1."一肩挑"班子的产生方式、结构与职权

村（社）党支部是党的最基层组织，是村（社）各种组织和各项工作的领导核心。80.79%的受访者认为"一肩挑"两委选举方式"合理"，18.23%的受访者认为"一肩挑"两委选举方式"比较合理"或"基本合理"，仅0.99%的受访者认为"一肩挑"两委选举方式"不合理"。50.74%（103名）的受访者认为"一肩挑"后村（社）两委班子结构"合理"，47.79%的

受访者认为"一肩挑"后村（社）两委班子结构"比较合理"或"基本合理"，仅1.48%的受访者认为"一肩挑"后村（社）两委班子结构"不合理"。87.68%的受访者认为"一肩挑"后村（社）两委班子成员权职"清晰"，9.85%的受访者认为"一肩挑"后村（社）两委班子成员权职"比较清晰"，2.46%的受访者认为"一肩挑"后村（社）两委班子成员权职"基本清晰"，无人认为"不清晰"。高达98.03%的受访者认为除村（社）党组织书记外的其他干部分工"有明确的制度规定"；仅1.97%的受访者认为除村（社）党组织书记外的其他干部分工"无明确的制度规定"。

2."一肩挑"后班子成员的工作状态

志不求易者成，事不避难者进。担当作为体现着干部的胸怀、勇气和品格。203名村级组织负责人中，50.74%的受访者认为，身边干部"工作状态很好，积极主动、担当作为"；45.32%的受访者认为，身边干部"工作虽然努力，但有牢骚，内心有不安和困惑"；3.45%的受访者认为，身边干部"工作状态一般，在部分领域和工作中出现不担当不作为现象"；0.49%的受访者认为，身边干部"工作得过且过，不担当不作为问题已较严重地影响工作落实"。对于部分干部"不担当不作为"的原因，53.20%的受访者认为"被误读了，干部在工作讲法律、按流程、放开不该管的手脚，是适应新时代的正常变化"；35.47%的受访者认为"被夸大了，现在与过去一样，都会有少数干部不担当不作为"；11.33%的受访者认为"有蔓延趋势，影响干事创业、决策部署落地和干群关系"。由此可见，有必要将作风建设作为一种常态，引导干部群众正确认识、主动适应"新常态"，巩固支持积极变化，坚决纠正消极现象，努力在全社会营造风清气正干事创业的良好氛围。

3."一肩挑"后个人担当作为与能力提升情况

村（社）强不强，关键看头羊。推行"一肩挑"，对村（社）两委班子的能力提出了更高标准、更严要求。从受访者对"一肩挑"后自己村（社）治理机制与思路来看，180人认为"更加清晰"，占受访总人数比例为

88.67%；22人认为"与以往一样"，占受访总人数比例为10.84%；1人认为"更加混乱"，占受访总人数比例为0.49%。从受访者对"一肩挑"后自己工作效率的评价来看，193人认为"提高"，占受访总人数比例为95.07%；认为"与以往一样"或"降低"的各有5人，均占受访总人数比例为2.46%。从受访者每年外出参加培训学习的机会来看，8人认为"较多"，占受访总人数比例为3.94%；147人认为"一般"，占受访总人数比例为72.41%；43人认为"较少"，占受访总人数比例为21.18%；5人认为"很少"，占受访总人数比例为2.46%。

4."一肩挑"政策推行的接受度与影响力

推行"一肩挑"，可以加强党对村（社）工作全面领导，更好地激发干部群众的内生动力，更好地推动乡村美、社区美宏伟目标的实现。高达89.16%的受访者认为推行"一肩挑""利大于弊"，仅10.84%的受访者认为推行"一肩挑""弊大于利"或"区别不大"。高达92.61%的受访者认为基层党委政府对"一肩挑"政策"非常支持"，仅有7.39%的受访者认为基层党委政府对"一肩挑"政策"表面支持"。高达91.63%的受访者认为"村（社）党组织在群众中的影响力提高"，7.39%的受访者认为"村（社）党组织在群众中的影响力与以往一样"，仅0.99%的受访者认为"村（社）党组织在群众中的影响力降低"。73.40%的受访者认为群众对"一肩挑"政策"很支持"，26.11%的受访者认为群众对"一肩挑"政策"支持一般"，仅0.49%的受访者认为群众对"一肩挑"政策"不支持"。

5."一肩挑"政策推行中存在的问题

虽然有利于避免组织内耗，提高村干部办事效率，增强村级组织的凝聚力，但与此同时，也容易引发一系列新的矛盾和问题：党的建设、乡村振兴、基层治理、集体经济等工作任务，都由村（社）党组织书记"挑大梁"，其他干部容易产生"有事找书记"的心理，出现"摸鱼度日"的现象，这在一定程度上增加了书记协调动员其他班子成员的工作。74.88%的受访者认为"一肩挑"后班子成员的协调动员"更加容易"，17.73%的受访者认为"与以往一样",7.39%的受访者认为"更加困难"。尽管37.93%的受访者认为"一肩挑"后"思想更统一、步调更一致""责任更明确、工作更高效";但25.62%的受访者认为"一肩挑"后"任务更多、责任更大、担子更重";11.82%的受访者对"一肩挑"变成"一言堂"表示担忧,认为"一肩挑"后"人手显得更少",认为"所有事权集中在一人手上,有利有弊""书记的事情更多了,影响其他干部的积极性,其他干部意见大""决策上有一言堂现象,手中权力在局外人看来比较大";3.94%的受访者认为"一肩挑"后"人手显得更少";2.96%的受访者认为"一肩挑"后"能力经验显得不足"。

6. 推行"一肩挑"政策的建议

对于基层党委政府应该从哪些方面激励村(社)更好地开展工作,65.52%的受访者认为应"增加村(社)班子成员人数",88.18%的受访者认为应"增加村(社)班子成员报酬",62.56%的受访者认为应"进一步拓展村(社)班子成员发展空间",32.51%的受访者认为应"在评优方面给予村(社)班子成员倾斜"。

五 对策建议：优化运行的路径思考

全面推行"一肩挑"是贯彻落实党的二十大精神,加强基层组织建设,全面推进乡村振兴,确保党的路线方针政策和决策部署贯彻落实的具体体现。课题组以绵阳两委换届为例,以203名新近当选的村级组织负责人为样本,通过实证调研、访谈和问卷调查,对绵阳村(社)"一肩挑"政策推进机制与运行效果进行分析评估,在观察微观主体主观行为如何影响政策落实的基础上把握"一肩挑"的现实困境并提出针对性对策,使这一制度优势更好地转化为治理效能。

（一）创新用人机制，奠定"一肩挑"人才基础

为解决村级组织负责人"一肩挑"人才不足的问题,需要不断提升村

（社）基层党员的能力素质，积极引进和培养"一肩挑"的后备人才。一要注重人事布局。在发展党员优化村（社）党员队伍结构的基础上，切实建立人才常态引进机制，积极搭建各类人才引进平台，大力推动实现人才振兴的"能人回乡（社）"工程，着力从返乡农民工、本村（社）致富能手、离退休回乡人员等群体中择优推荐选任村（社）两委干部。二要明确选人标准。把政治觉悟放在第一位，选配群众支持度高、能力强、综合素质好、办事公道、廉洁担当、甘于奉献的党员担任"一肩挑"干部。三要加强人才培养培训。重视源头培养、跟踪培养、全程培养，通过党校理论培训、现场教学、书记比武等多种方式进行业务培训和实践提升，开辟"一肩挑"干部轮流到乡镇（街道）挂职锻炼渠道，提升干部处理村（社）事务的综合素养和整体能力，满足村（社）治理现代化的人才需求，引导"一肩挑"干部熟悉业务、开阔眼界、提升能力。四要强化人才考核。采取自评与督评相结合的方式，每月报送，不定期抽查，年终统一考核，从而全方位考评"一肩挑"人才的政治素质、思想水平和工作能力，并且建立人才考评档案，引导人才融入乡村振兴、社区发展。

（二）规范权力运行，扎紧"一肩挑"制度笼子

"一肩挑"改变了过去的"二元"权力结构，一定程度上导致了权力的高度集中，因而也增加了权力滥用和腐败的风险。因此，要筑牢思想堤坝、扎紧制度笼子、夯实监督篱笆，进一步强化对"一肩挑"权力的制约和监督，让"一肩挑"书记不想不敢不能搞"一言堂"。一要强化警示教育。抓实任前谈话和岗前培训，教育"一肩挑"书记身边人、枕边人，多吹风、常提醒，常态开展"以案四说、以案四改"警示教育，使"一肩挑"书记从中吸取教训，知敬畏、存戒惧、守底线，自觉拧紧思想上的螺丝。二要规范村级组织运行机制。要形成以村（社）党组织决策权为核心，村（社）民代表会议议定权、村（社）委会执行权、群众监督权有机统一的村级组织运行机制。三要规范议事和执行程序。村级重大事项都应在村（社）党

组织领导下，严格按照"四议两公开"程序决策实施，凡是涉及"三重一大""一事一议"的事项，需提交村党员大会审议和村（社）民代表决议。四要完善监督机制。在加强上级党委政府监督、做实村务监督委员会的基础上，以数字化手段加强村（社）务公开，扩大群众监督数智监督路径，把科技这个"变量"转化为社会治理的"增量"。

（三）健全保障机制，用好"一肩挑"激励杠杆

"要让马儿跑，就得让马儿吃上草。"良好的财务报酬和畅通的上升渠道，是留住村（社）人才的关键。问卷调查发现，88.18%受访者希望在报酬方面给予激励；62.56%的受访者期待进一步拓展村（社）班子成员发展空间。一要强化物质激励。落实"一肩挑"岗位待遇、养老保险和定期体检等关怀措施，并根据岗位、职责、任务的变化，按照报酬水平与承担职责相匹配的原则，适当提高"一肩挑"干部报酬。二要加大政治激励力度。打通任职10年以上或优秀年轻村（社）书记的绿色晋升渠道，力争每年为每个乡镇、街道解决一批村（社）书记主任的事业身份编制，让村（社）书记在尽职尽责努力建设村（社）、服务党群的同时没有后顾之忧，从而有效地留住基层经验丰富、敢想敢干敢担的优秀人才，让村（社）干部队伍能够健康、持续壮大，进一步助推村（社）又快又好发展，形成良好循环。三要落实减负保障制度。严格执行村级工作事项准入制度，各级政府职能部门、乡镇（街道）自身职责范围内的事项不能转嫁给村（社），确保村（社）干部能集中精力抓党建、抓服务、抓治理。四是严格奖惩制度。上级组织部门和民政部门要制定村（社）干部目标考核方案，细化、量化考核评价指标，并建立健全配套的奖罚机制和权力问责机制。

执笔人：中共绵阳市委党校　王仕军

绵阳农村集体经济发展调查研究

农村集体经济是我国社会主义基本经济制度的重要组成部分，是我国社会主义制度在农村的经济基础，是继脱贫攻坚后进一步解决农村相对贫困问题和实现乡村共同富裕的重要举措，是中国共产党在农村执政的物质基础，是提高农民组织化程度的重要载体，是坚持和完善统分结合的双层经营体制的制度基础。进入新时代，农村集体经济改革的方向就是实现农村集体经济的"第二次飞跃"。党的二十届三中全会提出，要发展新型农村集体经济，构建产权明晰、分配合理的运行机制，赋予农民更加充分的财产权益。新出台的《中华人民共和国农村集体经济组织法》明确，促进新型农村集体经济高质量发展。绵阳以全面消除集体经济年收入3万元以下的薄弱村为主线，以增强村级集体经济造血功能为主攻方向，以集体产权制度改革为动力，以盘活用好管好集体资产资源为着力点，推进村级集体经济提质增效，不断夯实党在农村的执政基础，为全面建设中国科技城和社会主义现代化绵阳提供坚强保障。

一 农村集体经济发展的理论背景

农村集体经济是我国社会主义公有制经济的重要组成部分，为经济发展做出了重要贡献。我国历来重视集体经济发展问题，学术界对农村集体经济进行了大量研究，提出了农村集体经济是共同富裕的根本保障，农村集体经济的多种有效实现形式是发展壮大农村集体经济的必由之路等重要思想，取得了丰硕成果。

（一）农村集体经济的内涵演变

我国农村集体经济起源于20世纪50年代的农业集体化，大体上经历了土地改革—人民公社化—家庭联产承包责任制—再集体化的过程。其间，"分与统"相交错，分中有统，统中有分，分分合合，各有其道，在不同的历史时期都发挥了各自不同的作用。通过文献梳理发现，国内学者对我国农村集体经济发展历程的划分存在"两阶段"论、"三阶段"论、"四阶段"论、"五阶段"论等主要观点。

农村集体经济的内涵是一个动态演变的过程，经历了不同的发展阶段，大致分为传统集体经济和新型集体经济。对于传统集体经济的内涵，学界认识基本是一致的。传统集体经济是在土地集体公有的基础上，在集体组织的管理下实行集体劳动，与集体所有的生产资料相结合所进行的投入产出的经济活动，并对经济活动成果在完成国家税收和征购任务后，留取集体积累，再向成员按劳分配。[1]关于新型集体经济，学术界对其内涵界定则是共识和分歧并存。共识有以下几点：一是新型农村集体经济的关键要素是集体所有权；二是新型农村集体经济的产权结构是清晰的；三是新型农村集体经济不仅是劳动者的劳动联合，还包括资本联合，且是基于自愿基础上的联合，收入分配实行按劳分配和按生产要素分配相结合；四是新型农村集体经济以家庭经营为基础，经营方式多元化。分歧在于：基于集体所有权的个体经济是不是新型集体经济[2]。课题组认为，农村集体经济既是一种所有制概念，在发展过程中又结合了中国农村的实际情况，在"三农"发展中发挥出了巨大的作用；又是一种经营方式，可以通过资产经营、土地出让等途径获得收益；还是一种公有制形式，可采取灵活多样的形式激发和调动起农民的生产积极性和创造性。

---

[1] 韩松：《论农村集体经济内涵的法律界定》，《暨南学报（哲学社会科学版）》2011年第5期。
[2] 周延飞：《农村集体经济研究若干问题探讨》，《区域经济评论》2018年第6期。

（二）农村集体经济的价值意蕴

1. 从制度功能维度看，这是顺应集体所有制演进规律、坚持和完善农村基本经营制度的时代之义

农村集体经济发展一直都是我国探索农村发展问题的一项重要内容。1990年3月，邓小平同志提出了关于中国农业的"两个飞跃"思想，即"中国社会主义农业的改革和发展，从长远的观点看，要有两个飞跃。第一个飞跃，是废除人民公社，实行家庭联产承包为主的责任制。这是一个很大的前进，要长期坚持不变。第二个飞跃，是适应科学种田和生产社会化的需要，发展适度规模经营，发展集体经济。这是又一个很大的前进，当然这是很长的过程"[①]。《中华人民共和国宪法》第八条规定，农村集体经济组织实行家庭承包经营为基础、统分结合的双层经营体制。农村中的生产、供销、信用、消费等各种形式的合作经济，是社会主义劳动群众集体所有制经济。党的十三届八中全会、十七届三中全会通过的决定都强调，要使双层经营体制长期稳定下来，毫不动摇地坚持与完善。家庭联产承包责任制的设计初衷是建立统分结合的双层经营体制，集体统一经营是主导，家庭分散经营是基础，二者有机结合、共同发展。实践证明，双层经营体制既发挥了集体的优越性，又调动了家庭的积极性，促进了农业和农村经济的快速发展，是一个伟大的创造。农村集体经济组织内部按照民主决策原则管理公共事务，外部按照市场规则运行，充分发挥市场在资源配置中的决定性作用，使其得以保持经济活力和市场竞争力。从这点上看，发展农村集体经济，就是对农村基本经营制度的坚持和发展，就是乡村振兴、农业农村优先发展等方面重要制度安排的内在要求，也是顺应集体所有制演进规律、适应要素市场化配置的必然要求。[②]

---

① 中共中央文献研究室：《邓小平年谱（1975—1997）》（下），中央文献出版社2004年版，第1310—1349页。

② 高强：《农村集体经济发展的历史方位、典型模式与路径辨析》，《经济纵横》2020年第7期。

2. 从价值功能维度看，这是推进乡村治理现代化、巩固党在农村的执政基础的时代之需

发展壮大农村集体经济，应着眼于时代发展大势、党的执政安全大局、中国特色社会主义大事，全面认知发展农村集体经济的政治、经济、社会等多重功能，把握壮大村集体经济的价值作用。

从政治功能上看，发展壮大农村集体经济是发挥农村基层党组织核心战斗堡垒作用，巩固党在农村的执政基础的重要举措。全国各地通过建强班子、引领方向，集合党员、示范带动，组织群众、共建共享，建章立制、规范运行，市县统筹、整体推进等举措发展壮大新型农村集体经济。生动实践和成功经验表明，建立和完善以党的基层组织为核心的农村组织体系，使各类组织、党员干部在集体经济发展中各司其职、大显身手、大展才华，不仅能为新型农村集体经济的发展壮大提供组织保障，而且有助于密切联系群众，夯实农村基层党组织的经济基础，增强发展凝聚力和组织动员力，为党建工作赋能。

从经济功能上看，发展壮大新型农村集体经济是消除绝对贫困，推进城乡融合，夯实乡村共同富裕经济基础的重要路径。邓小平同志曾指出，"仅是一家一户的耕作，不向集体化集约化发展，农业现代化的实现是不可能的"[1]。实践表明，农村新型集体经济的发展壮大，不仅能拓展产业发展，推进农业结构调整和转型升级，助推农业现代化建设，而且能为农民提供增收渠道，拓宽脱贫致富道路。"集体经济是农民共同富裕的根基，是农民走共同富裕道路的物质保障。"[2]依托集体经济，让集体经济与其他所有制经济共同发展，对内可增强地方经济社会发展的凝聚力，对外可提高招商引资的吸引力，从而极大地改善本地的农村经济发展环境和条件。

从社会功能上看，发展壮大新型农村集体经济是完善基层社会治理，

---

[1] 中共中央文献研究室：《邓小平年谱（1975—1997）》（下），中央文献出版社2004年版，第1310—1349页。

[2] 习近平：《摆脱贫困》，福建人民出版社1992年版，第19页。

推进乡村善治，实现社会公平正义的重要载体。发展壮大新型农村集体经济不仅可以增强农村发展自我造血功能，激活农村社会建设的内生动力，解决农村公共服务和公益事业中的"无钱办事、有心无力"难题，而且通过引入新型农业经营主体和各界社会力量，可壮大农村社会治理主体力量，让更多的主体协同治理乡村社会，创新农村社区治理，助推乡村民主和法治建设，推进乡村治理体系和治理能力现代化。

3. 从实践观照维度看，这是破解当前发展壮大农村集体经济过程中矛盾和问题的时代之策

发展壮大农村集体经济始终是我们党和国家的一贯主张和重要历史任务。党的十八大以来，中央和国家出台了一揽子利好政策，采取了一系列得力举措来发展壮大农村集体经济实力。一是在巩固完善强农惠农政策的同时，利用倾斜性政策支持农村集体经济发展壮大。2015年，财政部印发了《扶持村级集体经济发展的试点指导意见》，2016年中央一号文件强调，"探索将财政资金投入农业农村形成的经营性资产，通过股权量化到户，让集体组织成员长期分享资产收益"[①]。二是通过解决集体经济与市场经济之间的相容性问题，扎实开展农村土地承包经营权确权登记颁证等基础性工作，改革完善农村宅基地制度，对宅基地实行自愿有偿的退出、转让机制，建立农村集体经营性建设用地入市机制，允许农村集体经营性建设用地出让、租赁、入股，开展农村集体非土地经营性资产改革，着力推进农村产权制度改革。三是积极探索多种类型的农村集体经济实现形式，建立规范的农村集体经济资产管理制度，规范集体经济组织管理机制。正是这样，农村集体经济发展总体的宏观政策环境正在形成且日趋向好，实现形式呈现出了多样化特征。

---

① 《中共中央国务院关于落实发展新理念加快农业现代化实现全面小康目标的若干意见》，《光明日报》2016年1月28日。

4. 从国际比较维度看，集体经济发展在世界范围内贡献中国智慧与中国方案，拓宽发展中国家农业农村现代化的道路选择

从现代化来看，"三农"问题始终是关乎发展中国家实现现代化的重大问题。在世界各国现代化的进程中，随着工业化和城市化的推进，必然导致人口、资源等要素从农村自发地向城市集中，乡村不可避免地走向了衰落。乡村衰落和城市贫民窟的交织呈现，成为发展中国家实现现代化的梦魇。我国作为世界上最大的发展中国家，乡村发展所取得的许多成就对发展中国家都具有较强的借鉴意义。如"赤脚医生"被国际组织誉为"发展中国家群体解决卫生保障的唯一范例"，乡镇企业曾经是广大发展中国家学习的经典样板，精准扶贫和精准脱贫也被世界银行称为"世界反贫困事业最好的教科书"等。

二 绵阳集体经济提质增效的基本情况

（一）薄弱村集体经济发展概况

在农业农村部印发的《关于进一步做好贫困地区集体经济薄弱村发展提升工作的通知》中，对集体经济薄弱村的解释是集体经济年经营性收入持续较低、经营管理水平不高、服务成员能力不足的村级集体经济组织。同时也指出各地可综合考虑本地经济发展水平、集体资源禀赋和经营管理能力等因素确定集体经济薄弱村的具体标准。《2022年绵阳市政府工作报告》中指出，加快实施村级集体经济"消薄"行动，力争全面消除村级集体经济年收入3万元以下的薄弱村。①从实地调研情况来看，绵阳集体经济薄弱村的基本特征有以下三点。

---

① 绵阳市"薄弱村"界定标准：涪城区村级集体经济年收入10万元以下的村，其他县（市、区）、园区的村级集体经济年收入3万元以下的村。

1. 地域分布高度聚集

绵阳集体经济"薄弱村"大多位于山区和偏远地区，主要分布在三台、梓潼、盐亭3个丘区县和北川、平武2个山区县，占薄弱村总数的84.85%，其他县（市、区）也有部分薄弱村因地理位置不优而"薄弱"，比如位于场镇周边的本分村没有集体"三资"而变得"薄弱"。从调研情况来看，因位于山区和偏远地区，交通不便，信息不灵，呈现出城郊、平坝地区的村集体经济发展水平总体好于丘区、山区。

2. 共性特征显著

调研发现，相对"薄弱村"有着明显的共性特征：集体资产、资源、资金不清不明或被分光的村；城市化力度大、农村停止发展又未消失的村；位于地质灾害发生地的村；位于涪江、平通河、龙门山、岷山等区域承担生态保护重任的村；位于土地被征用发展受限的现代农业区的村；位于资源严控的生态保护区的村；位于有地、有钱不能用、不知如何用的开发区的村。这为准确找到相对薄弱村薄弱的机理、原因提供了参考，也反映了这些薄弱村集体经济发展壮大的任务艰巨。

3. 收入支出结构失衡

薄弱村的短板主要是集体经营性收入占比偏低。从收入总量来看，村级集体经济收入逐年增加，但各村之间发展不平衡问题依然突出。据统计，2019—2021年，全市村级集体经济总收入分别为106874.53万元、85242.88万元[1]、115019.59万元，总体发展趋势向好。但从收入构成来看，2019—2021年，在村级集体经济总收入构成中，经营性收入总量分别为5587.1万元、12780.28万元、18768万元，分别占当年各村经济总收入的5.23%、14.99%、16.32%；而补助收入分别为68501.33万元、39735.19万元、51818.51万元，分别占当年各村经济总收入的64.09%、46.61%、45.05%，

---

[1] 2019年初，绵阳启动乡镇行政区划和村级建制调整改革（简称"两项改革"），通过改革，2020年绵阳全市乡镇（街道）从292个减为166个，减少126个，建制村从3284个减少到1582个，减少1702个，导致2020年集体经济总收入下降。

补助收入占比较高，反映了村集体经营发展路径窄，对财政补助依赖性强，村级集体经济自身造血功能依然不足。发包收入分别为4586.29万元、3842.64万元、7166.21万元，分别占当年全市各村经济总收入的4.29%、4.51%、6.23%，土地、山林、水库塘堰、河滩等集体资源发包依然是村集体经济收入的重要来源，集体经济发展对资源依赖性较强。从支出方向来看，经营支出分别占当年全市各村经济总支出的3.42%、2.42%、4.28%，管理费用分别占当年全市各村经济总支出的42.34%、35.55%、27.53%，其他支出分别占当年全市各村经济总支出的54.24%、65.03%、68%，经营性支出占比偏低，其他支出占比较高，说明管理费用和其他支出即事务性支出成为村集体支出的主要方面，反映了用于村级基础设施、民生事业、环境整治的资金的比重明显增大。而经营支出比重小反映出各村在发展增收项目、开拓经营收入方面存在不足，自主发展能力仍需提高。

（二）薄弱村集体经济提质增效工作的推进情况

农村集体经济是农村基层组织当家的"家底"，薄弱村集体经济发展壮大是巩固农村基层组织建设、巩固拓展脱贫攻坚成果同乡村振兴有效衔接的重大举措。一是高位谋划"定方向"。全市将薄弱村集体经济提质增效作为一项政治任务和民生工程强力推进，市委主要领导亲自管、亲自抓。按照"先易后难、逐步推进、全面消除"原则，研究出台《绵阳市实施村级集体经济"消薄"行动工作方案》，审定《绵阳市村级集体经济"消薄"三年行动计划（2021—2023年）》进行目标任务分解，明确实施"六大行动"21条攻坚举措；市委分管领导加快实施村集体经济提质增效行动，安排相关部门开展2次专题调查摸底和1次蹲点调研，力求摸实情、出实招、求实效，为决胜薄弱村集体经济提质增效攻坚战指明方向。二是压实责任"强动力"。市、县均开展薄弱村级集体经济提质增效联席会议，研究审定各类推进方案和实施意见，会商解决集体经济发展壮大过程中的难点和堵点。2021年，在乡村振兴先进县、乡、村的考核中，把村级集体经济发展壮大作为一项重要指标进行考核。市委办、市政府办印发的《关于培育壮大村集体经济的工作方案》中，明确将经营管理绩效与经营者收入挂钩，按照当年村集体经济经营纯收益新增部分的5%～25%提取资金，用于集体经济组织管理人员工作考核激励，激发村干部发展集体经济的积极性主动性。一些县（区）将乡镇党委书记抓村集体经济发展成效纳入县委双月点评重要内容，强力推动集体经济发展壮大工作。三是精准施策"见实效"。县级相关部门深入薄弱村，把脉、诊断、开处方，指导村集体经济组织对现有集体经济发展壮大方案进行修改完善，打造"一村一策"升级版，推动村级集体经济向多类型、多渠道、多元化发展。从调研情况来看，各县（市、区）、园区薄弱村集体经济增收进展情况良好，除少部分村有待拓宽收入渠道外，大部分村在2022年底基本能提前实现村集体经济年收入3万元以上的目标。

三 薄弱村集体经济发展的典型模式

（一）一般模式

绵阳薄弱村结合本地农业产业规划、资源禀赋、交通位置等因素，积极探索集体经济发展模式，本研究梳理总结了比较典型的六种发展类型。

1. 产业发展型

村级集体经济组织采取"土地股份合作＋农户"的形式，对农户入股土地进行统一经营或流转给其他农业经营主体，发展特色种养业、培育特色农产品；村级集体经济组织利用积累资金、政府帮扶资金等入股农民合作社、农业产业化龙头企业；以"村企联手共建"的方式，引进有技术、有实力、有意愿的投资者创办现代农业项目。比如，江油市战旗镇白沙村村级建制调整改革后，由原白沙、三清、海棠村合并而成，村集体经济组织出资控股，建立土地经营专合社，土地合作社吸纳853户农户的土地入股,实现土地经营权入股生钱,并对原海棠村1500余亩小规模种植户的土地进行连片整合,另投入资金75万余元,全面整治撂荒土地600余亩,成功打造出"连片"产业3000余亩,较改革前增长2100余亩。优质水稻种植成功为白沙村村集体经济增收15万元以上。

2. 乡村旅游型

挖掘乡村休闲旅游资源,由村级集体经济组织领办或创办农家乐、采摘园、农村民宿、休闲农庄等乡村旅游项目,或在农户自愿的基础上,由村级集体经济组织流转闲置农房,采取租赁、参股等形式与乡村旅游企业合作开发旅游项目。比如,安州区桑枣镇齐心村依托"枣皮走廊·蝴蝶谷"旅游景区,探索"乡村文创+田园旅居+生态康养"模式,引进社会资本建成"翎谷·濯缨""遇见栖心"等乡村特色民宿27家,解决当地300余名农民的就业问题。2021年全村接待游客10余万人次,民宿、餐饮、娱乐等实现收入1000余万元,村集体收益16万元。北川羌族自治县桃龙藏族乡九成村与全国知名乡宿旅游企业四川花驿乡村规划设计有限公司合作,探索"党组织+合作社+专业运营团队+农户"的"1+2+N"村企联建模式,对闲置农房使用权进行为期20年的流转租用并改造提升,配套观光园、游步道等基础设施,打造完成"花间·桃龙"精品民宿基地,按照3∶4∶3的比例进行收益分配,实现合作社、群众、企业多方共赢。

3. 为农服务型

村级集体经济组织领办或创办专业合作社、农业服务队、村级电商网站等各类服务实体,统一提供信息咨询、农资供应、农机作业、订单收购、代购代销、代种代收、育种育苗、加工运输等有偿生产经营服务。比如,盐亭县西陵镇龙泉村集体经济组织利用国家扶持资金购买沃得尊享版收割机、农友谷物烘干机、粮食精选机、货车、旋耕机等中大型农机具7台,在耕种和经营好集体土地的同时,向种植大户、村民提供产前耕地翻耕、产中防病防虫施肥、产后收割一条龙的社会化服务,先后服务217户农户,完成逾5000亩土地的翻耕、播种和收割,实现农机服务收入29000元。同时，利用闲置的龙泉小学建设300多平方米的粮食烘干房，对外开展粮食烘干服务；将原教室改建为300立方米的粮仓，开展仓储服务，收取烘干服务费4000元。

4. 资源开发型

村级集体经济组织将未承包到户的"四荒地"、果园、养殖水面等资源型资产，闲置的厂房、仓库、门面等经营性资产以及办公用房、学校、晒谷坪等非经营性资产进行整理，通过租赁经营、托管经营等方式，实现集体资产保值增值。比如，安州区高川乡天池村充分利用集体林地多、矿产资源丰富、气候适宜等资源优势，以资源和基础设施为依托，积极为村域内3家矿山企业提供生产服务，年均获得支农补农资金10万元，集体资产所有权权益得以实现；村集体领办中药材种植专业合作社，流转农户和整理闲置土地2.2万亩从事中药材种植，年均实现收入37.2万元。

5. 资本运营型

将村集体积累的资金通过参股经营等方式转为经营资本，获取股金、利息和资产增值等资本运营收入。比如，安州区河清镇同心村多途径用好用活中央、省财政扶持壮大村集体经济项目资金120万元，村集体经济组织股东大会代表讨论同意，将其中30万元入股新民农业科技有限公司，50万元入股柒达生猪养殖场，40万元用于村内基础设施建设垫资及自主经营其他项目。养殖场保障集体经济保底收益4.2万元，并按照利润进行二次分红；成立项目承接施工队，承接本村及周边地区的基础设施建设项目。

6."飞地"抱团发展型

对一些本地资源较少、区位条件较差的村，整合相关项目资金，打破行政区域界限，采取村村抱团发展，共同建设集体经济"飞地"项目，实现不同村之间资源共享、利益共有、共同富裕。比如，盐亭县西陵镇石道场村、高凤村区位条件相对较差，同属深丘地势，山高沟窄，地块窄小。为了避开不利条件，两村决定在联盟村抱团发展，利用集体经济中央、省扶持资金200万元和农产品仓储保鲜冷链设施建设项目财政补贴60万元，于2021年底在交通便利的联盟村建成冷链物流基地。冷链物流基地位于盐蓬路产业带，周边有大型蔬菜、水果生产基地，盐蓬路沿线有2000余亩杂柑、藤椒产业，冷链市场需求极大。气调库建成后，服务范围覆盖西陵镇、玉龙镇、九龙镇、金孔镇及周边西充县、射洪市部分镇村，能做到满负荷运行，年净收入达30万元。

（二）创新模式

一些村在自身努力和政策加持下，整合各种资源、探索创新发展模式，集体经济发展由薄弱变得强大，涌现出一批集体经济发展先进村。虽然这些先进村取得了很好的成效，但要客观辩证地对待，不能一味地复制、模仿。

1.游仙区忠兴镇探索农村土地撂荒托管新模式

游仙区忠兴镇太平场土地托管中心以土地托管为载体，按照"农户出土地、集体出管理、平台出资金"思路，着力引入社会资本盘活闲置土地，发展成集仓储、加工、农机、植保和烘干于一体的大型农业社会化综合服务体，辐射游仙区、梓潼县和江油市10个乡镇，服务农户8750户，托管土地面积32846亩。其主要做法：一是联合成立镇集体经济联合总社作为实施主体，打造土地托管中心，指导各村清资产、定成员、量股权，将在耕地、撂荒地确权确股到人。二是积极探索政府与社会资本合作模式，以镇村两级集体经济组织为载体，在全省首创引入区级国有平台公司作为托管服务主体，通过平台公司与农发行等金融机构开展资本合作，构建起"农民＋集体经济组织＋平台公司＋金融机构"的利益链条，进一步增强资金保障。通过国有平台公司向省农发行进行项目融资贷款3.3亿元，其中900万元专项用于撂荒地整治。优化利益分配，坚持让利于民原则，按照农户70%、平台公司和镇级经济合作联合总社共30%的比例，对保底收益之外、增加的土地溢价、粮油销售收入等进行二次分配，最大限度保障群众和集体经济组织利益。三是制定作物统一机械收种、生产资料统一购买配送、种植技术统一指导、生产标准统一规范、种植产品统一外销的"五个统一"标准，聘请5名专业农技专家、80多名种田能手组建4支专业化服务队伍，主动吸纳农技服务组织、村两委干部、本地能人、返乡年轻人等群体进入托管服务队伍，可调度支配大型旋耕机等农业机械192台（套），提供从种到收的全程社会化服务。四是实施土地整理，配套新建沟渠、产业道路、水肥一体化设施等基础设施，通过改造、整理撂荒地，新增耕地64亩，再改造托管土地43000余亩，预计可新增耕地2000余亩。

2. 梓潼县黎雅镇西安村探索"1＋N"社会化服务新模式

西安村大力探索"1＋N"社会化服务模式，"1"即一个联合社，"N"即提供多种服务，村级集体经济由薄弱走向发展壮大，先后被评为绵阳市实施乡村振兴战略示范村、四川省实施乡村振兴战略示范村。其主要做法：一是强化组织保障，探索N种社会化服务。坚持党建引领，充分发挥各方力量，建立健全"村委＋联合社＋合作社"组织机构，形成产业发展合力。本着党员带动、群众自愿的原则，部分村民和大户以现金和土地两种方式入股成立西安村集体经济股份联合社，由合作社统一提供土地流转和耕、种、管、收、售等多种农业经营社会化服务。二是突出统防统治，实现"链状式"服务。通过"反租倒包"，由合作社流转264户1063亩土地，经土地调形后转包给12个职业经理（种植大户），由合作社职业经理提供优选农资、配方施肥、病虫害防控、农技作业等统防统治服务内容，由农户自主选择服务项目，实行统一耕种、统一用药、统一施肥、统一管理和统一销售。三是创新入股方式，完善利益分配机制。西安村多方筹措资金，扩大产业规模，助推集体经济增收。积极争取中央、省扶持集体经济发展资金，村集体资金入股109万元、水稻制种公司入股30万元、黎雅供销社入股10万元、种植大户入股29万元，县残联入股5万元作为残疾人股本金；除通过现金、管理、技术等入股外，将流转的1063亩土地按照每亩100元标准作为农户的股本金，村集体以45%的股权占主导地位；合作社分红比例为纯利润的70%，职业经理人为30%，村集体组织分红将预留下一年度运行经费、村集体基础设施建设和拓展村集体经济发展经费后，再对全体村民进行二次分红。

3.梓潼县观义镇探索"1＋4＋N"经济联合体新模式

观义镇大胆探索、勇于创新，集聚农村生态空间资源，强力推进农村"三变"改革，在培育壮大村集体经济方面做了一些有益探索，并取得了一定成效。2021年实现农业总产值1.73亿元，农村居民人均可支配收入突破2万元，银行存款达3.46亿元。其主要做法：一是率先成立全市首家集体经济企业。在镇党委的领导下，组织8个村1个社区农村集体经济组织共同出资抱团发展，率先筹建全市首个集体经济组织公司——梓潼县观仓农业开发有限公司，并成立公司党支部，由党委班子成员兼任集体公司党支部书记，设董事长1名、董事8名、监事1名，公司下设产业发展、农资销售、社会服务、工程劳务、乡村物流、风险防控6个部门。通过股权量化、抱团发展、联合经营，整合农村集体"三资"，实行项目化合作，最大限度盘活农村生态空间资源，形成"1＋4＋N"集体经济抱团发展新格局，推动农业红利由企业独享向集体和群众共享的方式转变，达到村集体、群众、社会资本多方共赢。二是率先开展乡镇规模化农业社会化服务。面对农村劳动力"70后"不愿种地、"80后"不会种地、"90后"不提种地的窘境，观义镇引进社会资本共同成立农业社会化服务公司——梓潼县观农富农业有限公司，统一组织农业机械、农技队伍、劳务队伍，分类制定土地托管服务套餐，开展以耕、种、防、收为主的农业产业社会化服务，同时拓展农产品初加工、烘干、仓储、冷链、机械租赁特色业务。

（三）案例总结

上述案例中，各村在资源禀赋、产业结构和经济基础等方面均存在一定差异性，但都通过积极探索薄弱村集体经济的不同实现形式，取得了发展乡村产业、实现共同富裕实质性进展。

1. 充分发挥了党支部引领示范作用

"村子富不富关键看支部,支部强不强全靠领头羊。"村集体经济发展好的村的共同点就是有一个好的支部、一个好的带头人。上述案例在集体经济发展壮大过程中,始终将党建作为引领集体经济发展的重要引擎。一方面,村级党组织在薄弱村集体经济发展壮大过程中积极参与区、乡镇组织的各类培训会议,学习政策精神,对接资源,努力摆脱薄弱村帽子。采取党组织引领党员、党员带动群众的方式在全村范围内开展村集体经济提质增效行动,清理回收被侵占的集体资源、腾退低效使用的产业用地、平整复垦荒山、旱塘等,实现村社内部资源的充分整合。另一方面,以党组织为载体实施"三联三促"行动,推动资源互享、产业互动,积极吸纳联建企业先进的运营体系、科技手段和产业资源,促进村企融合发展。此外,基层党组织对农村集体经济的引领和助推,离不开作为组织个体的能人的带动和支持。强有力的基层党组织和"领头雁"有助于实现乡村内外资源的最大整合,强化集体经济发展的物质支撑,是引领乡村振兴和农民农村共同富裕的内在驱动力。[①]

2. 统筹用好了中央、省、市一系列扶持政策

上述几个实践模式都是在一系列扶持政策的基础上,较好地破解了资金、土地、人才等各种瓶颈制约,从而较好完成了集体经济发展壮大。近年来,党中央、国务院高度重视新型集体经济的发展,出台了财税、金融、土地、奖励等一系列扶持政策,省、市两级也相继出台了配套实施意见。比如:财税政策,不少区县安排了财政扶持专项资金,对发展村级集体经济有成效的村进行奖补;对村级集体经济组织的贷款进行贴息补助;对村经济合作社或村股份经济合作社实行税收优惠。毫无疑问,这些优惠政策是新型农村集体经济发展的有力支撑。因此,各地农村要统筹利用各项扶持政策,抓住发展新型集体经济的机遇。

---

① 张新文、杜永康:《集体经济引领乡村共同富裕的实践样态、经验透视与创新路径——基于江苏"共同富裕百村实践"的乡村建设经验》,《经济学家》2022年第6期。

3.适时建构了"村社合一"的经济管理模式

以上几个案例在起步阶段大多实行了支部领办、股份合作的"村社合一"集体经济管理模式。具体而言，以行政村为单位，成立农村股份经济合作社。作为一个特殊的独立法人，村级股份经济合作社有效地实现村集体资产、资源、资金的整合，既可以将村级集体资产全部入社，也可以承接省、市、县各级产业扶持、扶贫、以奖代补等各类政策性财政资金，还可以向金融部门抵押贷款以及吸纳民间资金入股。在集体经济发展初期，组织能力、启动资金和社会资源往往不足，"村社合一"的管理模式恰恰能最大程度地避开这些限制因素，符合现阶段大部分农村的生产力发展水平。加之，全面推行村党组织书记兼任集体经济组织负责人，村党组织、自治组织和经济组织"三位一体"的综合性组织架构也具备一定的社会适应性和逻辑必然性，有助于节约治理成本、强化村民自治。

4.形成了共享共富的集体收益分配机制

上述几个案例在分配机制上兼顾了村集体和集体成员的利益，基本实现了集体收入与农民收入同步增长。这种分配机制的关键是在村集体和集体成员之间按照一定的比例来分配集体经济增量收益，各村普遍将集体经济置于共同富裕的远景目标下协同推进，既不能"富了集体、穷了老乡"，也不能"分光吃光"，要坚持发展与共享的有机统一，推动发展成果更多更公平惠及全体村民。具体来看，各村普遍遵循两种路径展开：一种是以股份合作的形式重塑利益共同体，共享集体经济发展红利；一种是坚持联农带农，推动"大主体"与"小农户"互利共赢。集体收益部分主要用于公共基础设施和基本公共服务，包括改善水、电、路、网、气等基础设施和完善养老、医疗、教育、"三留守""五老"服务、扶危助残脱困等村级社会保障。

中共绵阳市委党校课题组：党海燕　杨富兰　郧亚宁　杨　艳　林劲松　刘　光

执笔人：杨富兰

绵阳乡村教育与乡村振兴双向赋能、融合发展研究

关于乡村教育与乡村振兴的研究，学界既有主体还是客体的身份之惑，也有手段与目的的不同见解，归结起来主要呈现出两种观点：一部分专家认为乡村教育是乡村振兴的重要支撑，要通过乡村教育的振兴带动和引领乡村振兴；另一部分学者认为乡村振兴为乡村教育带来发展新机遇，要通过制度赋能和机制创新等，引导乡村教育实施融入故土乡村、服务乡村振兴。应该说，这两种观点都有其合理根基，但乡村教育与乡村振兴双向赋能的现实阻碍还有很多值得深入探讨的空间，探讨乡村教育与乡村振兴双向赋能、良性互动的改革仍有着重要现实意义。

一 乡村教育与乡村振兴双向赋能、融合发展的价值意蕴

乡村的振兴离不开教育的努力，乡村教育的振兴也不能脱离乡村振兴的现实背景，乡村教育与乡村振兴是共生关系，通过乡村教育"为乡民而教"的价值本位，来实现乡村教育与乡村振兴发展。

（一）乡村教育振兴是乡村振兴的内容

故土乡村镌刻着每个人宝贵的成长记忆，饱含每个人深厚的情感联结。温馨祥和、亲近自然，干净整洁、风光宜人的美丽乡村不仅是每个人内心深处田园牧歌式的精神家园，更是乡村教育彰显社会经济文化功能的重要

舞台。国家乡村振兴战略为推动乡村教育高质量发展提供了良好的契机，身处乡村的人们只有对于脚下土地的深度感知与研究，知乡史、懂乡情、记乡愁，重拾渐行渐远的乡土记忆，走进乡村寻找精神家园，他们才可能将个人理想与脚下泥土相结合，主动融入乡村发展大局，用自己的足迹去认识乡村风土人情，用自己的眼睛发现乡村美丽风景，用自己的内心去感受悠远温润的美丽乡愁，用自己的行为去践行淳朴清朗的乡风民俗。乡村教育扎根鲜活实践，点亮乡土文明之光，呵护乡村孩子成长，促进乡村教育发展和乡村社会进步。乡村教育有助于复兴与重建新的合理的文明秩序和乡村文化，以提升乡村精神风貌与社会文明程度，乡村教育通过加强与当地乡村文化对话，可以在传统文化的保存、传递与创新以及现代化文化的引入、传播与融合等方面发挥重要的引领作用。

乡村教育肩负着乡村振兴长远发展的重任，乡村教育高质量发展对乡土文化传承、乡村有效治理、提供乡村人力资本、打好乡村人力资本底色同样具有关键作用。目前在乡村振兴中，教育既承担着传播知识、塑造文明的功能，也肩负提供智力支撑、人才保障的作用，乡村教育可以从提高乡村人口素质，传承优秀乡土文化、中华文脉，助力乡村经济社会发展等维度推动乡村振兴。因此，参与乡村振兴的广大干部和教师必须站稳人民立场，自觉强化参与意识和责任意识，滋养人民情感，人到心到、静心沉气，将信念重塑与能力提升相结合，将诉求表达与精神培育相结合，结合实际需要思考服务乡村的新理念、新思路、新举措，尊重民风民俗、突出重点特色，走进村舍农宅、走进田间地头，以自身嘉言懿行成为乡村新风的示范者、践行者，担负彰显乡村之美、培育乡村之魂、激励乡村之爱的文明使命。乡村教师作为乡村教育的承担者，应从乡村发展的旁观者成为乡村建设的实施者，只有时刻关注身边的大事小情，感知乡村的人间烟火、良好家风、淳朴民风、文明乡风，感受普通农民百姓的喜怒哀乐，与乡村现状调研和乡村未来发展深入互动，才能完成对乡土文化的理解与融合。

(二)乡村振兴为乡村教育带来发展机遇

乡村振兴战略为乡村教育提供坚实的物质基础,铺平发展道路,指引乡村教育朝着高质量发展,为乡村教育带来了前所未有的发展机遇。乡村教育必须适应时代的节奏,对接地方社会经济发展的要求,激发乡村内生动力的基础。要出台一系列优惠政策促进乡村振兴的发展,为乡村教育提供方向上、政策上的指引,更要通过投入大量资金、加强相关教育基础设施建设、普及农村互联网等措施,为乡村教育的发展提供坚实的物质基础。新时代乡村发展已经不再靠"面朝黄土背朝天"的人力耕种,科技农业、生态农业、观光农业等已经成为现代化乡村的重要特征,这需要大量的人才设计产品、运营市场、管理成本,而教育是培养这些人才的关键。

因此,乡村振兴不仅是乡村和乡村产业的振兴,也包括乡村教育的振兴,推动乡村教育高质量发展既是乡村振兴的重要支点,也是乡村高质量发展的重要组成部分。随着乡村的振兴,乡村学校自然会有大量的生源、优秀的师资、优良的文化、美丽的校园以及先进的管理组织,乡村教育也必然会得到较大发展。当前,乡村社会的变迁不断为乡村教育发展提供新的动力,乡村教育通过搬乡土文化于课堂,延乡土文化于课外,让师生在鲜活的乡村教育实践中感受并传承闲逸舒适、聚族而居的乡村生活,凿井而饮、耕田而食的乡村起居,父慈子孝、长幼有序的乡村伦常,善良谦让、守望相助的乡村德性,让历久弥新的乡土文化绽放新的时代光芒。

二 乡村教育赋能乡村振兴的绵阳成效

(一)全面创新乡村教育服务模式

面对新时代乡村振兴的新使命、新要求,绵阳教育界广大干部教师因地制宜、精准施策，形成了百花齐放、特色多元的服务乡村振兴的绵阳模式。2023年绵阳将农村特殊儿童教育关爱、乡村产业人才引领作为推进乡村振兴工作的重点工程。近年来，涪城区委派大批教师参与川西北民族乡村教育援建工作，他们用真情守护童真，用坚守浇灌希望，让川西北的孩子感受到有温度的教育。游仙区共设立了6个义务教育优质发展共同体，促进城乡教育均衡发展。三台县成立绵阳市第一所乡村振兴学校，打造全市乡村振兴人才培养的新引擎，培养高素质、新型、实用型人才。平武县推进自然教育事业体系化，发展自然教育与文旅产业融合，推出7大类18个自然教育路线，促进乡村教育与乡村振兴的共同发展。安州区职教中心打造的"一主多元"新型职业农民教育培训体系，培养一大批懂技术、善经营的新型职业农民。北川、江油、盐亭志愿支教等采用多元形式，创新教育服务为乡村教育赋能乡村振兴贡献了可供选择的实践样例和行动方案。

（二）全面提升乡村自我发展能力

绵阳教育界广大干部教师在赋能乡村振兴的社会实践中，不但做乡村儿童发展的摆渡人、文明乡风的促进者，同时兼作乡村经济发展的促进者、乡村科学技术的传播者、乡村方针政策的通讯员，聚智科学决策、促进人才链、教育链与产业链的融合，全面服务乡村振兴。绵阳市域优质学校聚焦区域内北部山区教育的实际情况，构建城乡教育发展共同体，加强乡村教师的培训与学习，优化乡村学校的管理模式，开展乡村学校发展诊断与文化建设，帮助乡村学校提升教学质量。绵阳教育界广大干部教师在传承乡土文化、提升乡村人口素质、乡村基本公共服务、乡民生活条件改善等方面同时发力，将乡村发展多元需求与乡村生活方式变革紧密结合，培育新经济增长点，确保切实增加当地群众收入，实现受扶乡民民生显著改善。绵阳教育界广大干部教师大力参与农村综合改革，统筹发展教育、卫生、文化等公共事业，健全完善社会保障体系，促进城乡功能和空间融合发展，促进城乡融合、质量兴农、绿色发展、文化兴盛、乡村善治，全面增进人民福祉，乡村面貌焕然一新，书写了绵阳乡村教育赋能乡村振兴的优异答卷。

（三）全面促进校地融合发展

绵阳乡村教育以新发展目标、新发展格局为导向，攻克自身短板，增强办学能力，将服务乡村振兴鲜活社会实践转化为立德树人大课堂，完成其在乡村振兴中的重要使命，在赋能乡村振兴实践中促进广大师生了解社会对人才素质、知识结构的需求，了解绵阳市情，尤其是绵阳北部山区的真实现状，立足地方资源禀赋，深入分析绵阳乡村的自然、人文环境特征及其变化对生活的影响，充分考量乡村元素和乡村优势，创新教育培训方式，制定更加灵活有效的校地合作机制，开展成果推广转化行动，促进教育科研直接服务于发展之需、百姓之急。身处乡村的各类教师不断密切教育振兴与产业振兴、文化振兴、组织振兴的关系，着力构建覆盖补短板、提质量、增活力的乡村教育发展新格局，实现乡村教育与乡村振兴同频共振，努力促进乡村学校和乡村的经济社会共同发展。

三 绵阳市乡村教育与乡村振兴双向赋能的现实困境

（一）乡村教育中乡土元素的缺位

乡土、乡音、乡情是每个人成长经历的美好记忆，也是每个人一生很难抹除的情感联系，但在现实中乡村教育并没有呈现与乡村共生共融的美好图景。伴随城镇化的深入推进，城乡教育、卫生等各类资源供给还存在较大的差异，乡村为城市输送了大量人才和劳动力，越来越多的人感受到乡村农民生活的困窘与无奈，农村成为贫困落后的象征，乡村从物质层面到精神层面越来越成为一个被边缘化的所在。乡村的加速凋敝，导致乡村文化虚化与失守，传统记忆中关于故乡的美好记忆消逝与社会价值的蜕变让不少人对祖先世代居住生存的乡村感到遥远而陌生，不少乡村的孩子逐渐缺乏对乡土社会的情感寄托和精神向往，无法感受乡土带来的深层滋养，导致乡情也逐渐被漠视和遗忘。当前乡土知识、乡土资源尚未真正引入课堂，教育内容主要面向城市工业社会，与乡土文化场域相剥离，乡土知识长期没有被承认和利用，功利化的价值偏差和城市的诱惑催化了学生加入都市"乌托邦"的向往，离开农村成为判断孩子是否成功的主要标准，"脱离农村"是孩子的父母或长辈对农村孩子读书寄予的最大希望。乡村孩子离土、出村、不愿意回村，乡村人才"离农倾向"明显，得不到人才支撑的乡村发展愈加困难，加剧了农村的衰落。

（二）乡村教育自身服务能力有限

乡村振兴战略自实施以来，以优质教育培养建设乡村的时代新人成为乡村建设的重要举措，本应该是乡村经济崛起、社会转型及文明发展最坚实的支撑。然而，当前不少地方乡村教育并没有呈现与乡村共生共融的美好图景，而是在乡村振兴的背景下"悬浮"于乡村之外。必须承认，由于城乡发展的不均衡、不充分，农村教育投入与城市相比仍有不小差距，乡村教育依然是教育事业最大的短板。当前乡村教育正在失去乡村文化的滋养和乡村经济发展的支撑，不同程度存在忽视乡村民众的教育需求，忽视乡村社会的文化社会变迁，忽视乡村教育的实际处境，忽视乡村教育独有的内涵和特征等问题。陶行知曾深刻地指出："中国的乡村教育严重脱离乡村社会实际，完全以城市为价值取向，使乡村教育迷失了方向，走错了路，结果造成种种怪现象。"新时代的乡村教育改革虽然也取得显著成效，面临的环境也与陶行知当时的乡村教育运动不可同日而语，但当前乡村教育的整体发展状况确实值得全社会的共同关注。乡村教育原本的独特价值和功能正在被异化，以城市文化和标准为导向的城市教育"范式强加"仍然明显，乡村教育正迷失在以城市优质教育为标准的无望追赶中，乡村学校成了贫困家庭孩子生活窘迫下的无奈选择。随着优秀师资的流失，富裕家庭和成绩较好的学生涌向城市教育，乡村教育正在经历生源流失、学校撤并的阵痛，一所所学校人去楼空，门可罗雀，"城挤、乡弱、村空"现象较为严重，乡村教育质量的下降似乎是不可避免的。

（三）乡村教师与乡土社会的隔离

乡村教师是农村教育活动的主体，为乡村学校发展注入新的活力，给乡村社会带来新观念、新思想，是提高乡村人口素质、赋能乡村振兴的核心力量。从中国几千年的文明史来看，在受教育程度普遍较低的乡村社会，教师一直被视为美德与智慧的化身，扮演着乡村社会文化人的角色形象。在社会主义新时代，伴随乡村社会文明程度和发展程度日益提升，人们获取信息的渠道日益多元，乡村教师的信息优势、文化优势逐渐消失，早已没有以往那般受人尊崇的地位。身处乡村场域的乡村教育深受城市文化的影响，乡村社会现实状况与他们对美好生活的向往追求还有较大差距，乡村教育对社会优秀人才的吸引力还非常有限，为教师提供的展示才华的舞台相对有限，部分教师身在乡心在城市，很多乡村教师白天在乡村工作，晚上回城市生活，"候鸟型"的生活状态让乡村教师缺乏充分的乡土知识教育和文化认同，很难真正融入乡村社会，不能安心开展乡村教育工作，对这片工作的土地产生心理上的隔膜感，逐渐成为乡村社会的"陌路人"。同时，在乡村振兴的大背景下，乡村教师在完成自己立德树人的根本任务外，还被赋予了移风易俗、教化村民、传承乡土文化等"新乡贤"的职责，这种厚望与薄待会让教师形成较大的心理落差，影响乡村教育参与乡村振兴的热情。试想，如果乡村教师并非主动选择而是被逼无奈到乡村任教，内心充满对乡村社会的"排斥"，那么教师必然在情感和心理上对乡村产生疏离和陌生感，导致责任与使命感不足，服务乡村自然也就成为镜花水月了。

四 乡村教育与乡村振兴双向赋能、融合发展对策建议

（一）建设高水平乡村教育体系

在全面推进乡村振兴战略阶段，教育振兴作为服务乡村振兴战略的重要组成部分，要回答好人的现代化对乡村教育提出的新要求，强化"人才+教育"的发展模式，从顶层设计到具体实施都具有系统性和科学性，为打赢服务乡村振兴战发挥积极推动作用。准确把握新形势下乡村教育的时代要求，做好同乡村振兴的有效衔接，切实发挥乡村教育在乡村振兴战略中的基础性、先导性作用。乡村与城市不是寒门与龙门的简单对比，乡村更不是城市的"背面"，乡村并不等于贫穷落后、封建愚昧，乡村可能不如都市繁华，但绝不是堕落不堪到人人都必须逃离的地方。教育不是城市化的奴隶，乡村教育不能简单异化为引导孩子向往城市、背井离乡、融入城市为荣的教育。如果乡村教育存在城市比农村优越，高人一等的意识，沉浸在城市教育的幻象里不能自拔，培养的孩子嫌弃自己的出生地，憎恨自己的故乡，那必然是教育的悲哀。

因此，乡村教育在实践微观层面必须汇入乡村建设行动的宏观大背景下，超越"离农"与"留农"的现实迷思，重新审视乡村教育的根本目标，增强对乡村教育本质的叩问，树立正确的乡村教育观，深入考察乡村社会需求，将对传统文化的深刻认知和乡土身份的认同，作为助力乡村振兴的逻辑起点。乡村教师要将乡村教育和乡村社会真正联系起来，要立足乡村来谈乡村教育，树立认同乡村、服务乡村教育的信念，赋予乡村孩子更多的选择自由，关心乡村学生健康成长。把握乡村发展方向，激活乡村教育发展的内在动力，心有桑梓故土，以传承文明为己任，促进乡土和家国彼此相互嵌套，为乡土伦理注入时代气息，留住乡土文化的根脉，形成热爱乡土、改善环境和创造生活的意愿、能力和责任。

（二）完善双向赋能机制

乡村振兴作为一项系统工程，涉及基础设施建设、产业转型升级、社会文化发展等诸多方面，政策、资源、机制等不同程度地束缚着乡村教育对乡村振兴的贡献与作为。乡村振兴始终确保乡村教育发展的政策扶持和资源配置，提升乡村教育发展潜能，激发乡村教育发展活力，提升乡村教育现代化水平，用良好的教育公共资源与服务为乡村振兴保驾护航。乡村振兴的不同利益相关者应树立"一盘棋""一张图"的理念，要继续遵循"政府主导、社会参与"的原则，扮演好"思想库""智囊团"的角色，保持与各级地方政府的密切联动，协调社会各方力量共享资源、密切联动，各司其职、各扬其长，实现强强联合、优势互补，充分体现以及彰显乡村教育对乡村振兴的贡献及价值，才能唱好乡村振兴这场"大合唱"。各级党委政府要始终坚持将完善保障措施与建立长效机制相结合，坚持多措并举与精准发力相结合，坚持行政推动与社会参与相结合，合理把握进度与力度，多元统筹立体推进。

在高质量发展的大视野下，乡村社会的自然风物、人情风土、规约风俗凝结了先人的生存智慧，反映了村民们的精神信仰与心理诉求，是乡村教育坚实而丰厚的精神食粮和教育资源。服务乡村需要深刻把握乡村教育特点、遵循乡村教育规律，深耕乡土文化，利用好乡村社会的广阔教育空间，自觉加强对乡土知识的学习，以独特的"慧眼"、深刻的洞见和创新的行动从容面对乡村教育的复杂性与艰巨性，让教师与学生的每一次交流都能绽放灵动之美，绽放智慧的火花。加强现有乡村教育的培训也是迫切的问题，这里不仅仅是简单输入现代教育教学理念，更重要的是引导他们如何认识乡村教育的独特性与乡村教育的文化责任。乡村教育要在教育活动中渗透更多"乡村元素"，以多姿多彩的乡土生活丰富乡村教育内容，让能工巧匠、民间艺人等乡土人才进课堂，自觉主动融入乡村教育之中，加强乡村文化挖掘、乡风民俗特色呈现、乡村特色资源利用、乡村发展指导、乡民教育服务。乡村教育必须立足乡村场域，重视乡村体验活动，理直气壮地讲授区域风貌、优良传统、乡土民俗、民间文艺、传统技艺等，挖掘自发的、原生的、本土的教育智慧，重构乡村教育对教育情怀的社会认知，建立乡村教育历史和当下"时空"有效的联结。

（三）促进传统乡土文化的现代性转化

乡村是中华优秀文化的重要承载地和发源地，孕育了忠孝仁厚的家庭伦理道德和乡风民俗的乡土文化，是中华文化历久弥新的重要篇章。村民日常生活的人生礼仪、岁时节令、民间信仰以及街谈巷议、饮食习惯等都是乡土文化，承载着田园牧歌式精神家园的向往，凝聚着当地村民历代积累沉淀所形成的特有的道德精神与审美创造，潜藏着现代社会所需要的生存与生活智慧，值得乡村教育用实际行动去内化和传承。每一种薪火相传的乡情民俗都是一首无声的歌，一张张文化名片的背后凝聚的是对乡土价值的肯定性体认。

乡村教育是农耕文明实现革故鼎新"超越"的重要力量，更是承载传统文明、衔接现代文明的"接棒者"。广大乡村教师要强化新时代乡贤身份构建，明确自己的文化身份和文化需求，重拾与时俱进的乡土文化根脉，挖掘日常乡村生活的文化印迹，促进传统乡土文化的现代性转化，用悠久醇厚的乡土文化温润美丽乡村。乡村教育要在淳朴的乡风民俗中获得文化滋养，从乡土文化中寻求精神支持与价值依托，在立德树人的鲜活教育实践中增强乡土文化自信，尊重乡土文化的差异，正视农村的发展差距和遗存的各种封建社会遗留的糟粕，还乡村文化以清明，文以载道、以文化人，让乡土文化成为每位孩子追寻精神家园的路引和明灯，让文明之光照遍乡村的每一个角落，激发对故土乡村的热爱之情，引导乡村孩子发现乡土中关于生命、关于亲情幸福的美好，帮助孩子留住内心深处的美丽乡愁。

（四）重建"村""校"共通精神场域

乡村教育不仅是"在乡村"的教育，也是"为乡村"的教育，更是与乡村振兴共命运、同发展的教育。陶行知先生早在80年前就深刻地指出："乡村学校应当做改造乡村生活的中心；乡村教育应当做改造乡村生活的灵魂。"与教育共生的乡村是乡村儿童和少年成长的文化家园，与乡村共融的教育是富有生命力的"有根"的教育。乡村振兴不仅要求教师要打破传统乡村社会结构与阶层之间的"孤立"与"隔膜"状态，强化对自然山水的眷念和向往，走出乡村学校，走进乡村生活世界，撷拾乡土遗迹，解读乡风民俗，凭吊古代先贤，增加与乡土、乡情、乡亲的互动，享受新鲜空气、有机蔬菜、旅游休闲、度假养生等绿色慢生活，主动融入广阔的乡村社会空间。

乡村振兴还要求乡村教育工作者坚守专业伦理，强化对乡村教育与社会发展的赤子之心，寻求乡村社会传统价值与时代价值的平衡，夯实追求乡村教育梦想，明确乡村教育目标，认同乡村教育价值和奉献乡村教育的情感基础。乡村教育要增强教育与社区的良性互动，强化教化乡民，奉献乡梓，助力国家乡村振兴的职责和担当，回归乡村发展引领者的角色，主动扮演好"新乡贤"的示范与引领作用，用自己的智慧和才能惠及邻里，用自己的嘉言懿行垂范乡里，引领乡村精神风貌、提升村民道德素养。乡村振兴不是简单的"资本下乡""产业下乡"，更需要"人才下乡""治理下乡"。乡村教育自身应精准把握自身在乡村的角色定位，界定好自身权责边界，探索建立规范化制度体系和强化多维度服务能力建设，唯有将乡村教育的具体任务和方向纳入乡村建设的整体规划中，才能将有形的乡村教育化为无形的发展动力，为乡村产业、文化、生态、治理各个领域输送更多专业人才、新型农民及真正愿意扎根土地的"爱乡人"。

（五）促进教师新乡贤角色的回归

在乡村振兴战略下，作为乡村社会的主体力量，乡村教师不仅是乡村教育的承担者，还是乡村社会的建设者、乡村文化的传承和创新者。伴随新时代"均等＋补偿"的乡村教育拨款，职称评聘向乡村教育重点倾斜，乡村教育定向培养等教师队伍建设系列政策措施的落地落实，为乡村教育发展注入了强心剂，为乡村教育服务乡村提供了重要保障。然而，乡村教育服务乡村尚需建立多元教师关爱机制，只有全社会形成尊重乡村教育劳动的良好风尚，才能增强乡村教育岗位的吸引力。

各级党委、政府要研究并尊重优秀教师成长规律，建立完善"越往基层、越是艰苦、地位越高"的教师荣誉表彰制度，给予乡村教育辛勤付出应有的肯定和必要的经济补偿，使乡村教育的待遇和发展得到明显的改善，为乡村教育创造出山清水秀、天蓝地绿、村美人和的居住环境和工作环境，让乡村教育能安心从教、舒心从教。各级教育行政部门和学校领导班子要成为乡村教育的知心人和"娘家人"，当好"服务员"，增加人情味，建立乡村教育定期探望教师及谈心制度，倾听教师心声，深入了解并尽量满足乡村教育的真正需求，着力解决住有所居、老有所养、幼有所教等教师所关心的急事、愁事、难事，打通服务教师的"最后一公里"。乡村学校必须健全乡村教育发展体系，建立教师常态化的读书学习制度，汇聚多种资源、搭建多种平台、优化多种途径，提升乡村教师综合素质、增强专业发展能力，为乡村教育服务乡村固本培元。

总之，乡村教育在乡村振兴中已经展现了新贡献、新作为，但也需要新格局、新气魄。在全面推进乡村振兴战略阶段，身处乡村发展时代洪流的广大干部教师，必须立足乡村教育发展实际，坚持振兴乡村教育和教育服务乡村"双轮驱动"，夯实乡村教育基础，共建良好乡村教育生态，不断满足农民群众对高质量教育的需求，以教育振兴带动乡村全面振兴，让广大乡民在乡村振兴中获得感成色更足、幸福感更可持续、安全感更有保障。

参考文献

[1]王丽燕.学校要在振兴乡村中担负起新的文化使命.浙江教育报，2018-8-22.

[2]刘铁芳.探寻乡村教育的基本精神.探索与争鸣，2021（4），15-18.

[3]李清华.陶行知与乡村教育[M].福州：海风出版社，2007：2.

[4]王树槐.农村教育的致命伤[N].益世报，1936-09-28.

[5]邓和平.从民族位育之道看现代乡土教育重建[J].武汉大学学报（哲学社会科学版），2010（2）：301-306.

[6]刘铁芳.重新确立乡村教育的根本目标[J].探索与争鸣，2008（5）：56-60.

[7]纪德奎，赵晓丹.文化认同视域下乡土文化教育的失落与重建[J].教育发展研究，2018（2）：22-27.

[8]陶行知.试验乡村师范学校答客问[M]//董宝良.陶行知教育论著选.北京：人民教育出版社，2011：194.

执笔人：中共绵阳师范学院高教所　黄正夫

后 记

党校是党的哲学社会科学研究机构。加强对中国特色社会主义重大现实问题的研究，为党委和政府决策服务，是党校人职责所在和使命担当。为更好助推乡村振兴，中共中央党校（国家行政学院）组建"全面实施乡村振兴战略研究"课题组，在全国11个典型区域开展社会调查和课题研究。2021年7月，中共中央党校（国家行政学院）课题组赴绵阳市三台县开展专题调研。

中共绵阳市委党校（绵阳市行政学院）全面配合中共中央党校（国家行政学院）课题组在绵开展调研工作，并在课题组专家指导下，联合市县乡村振兴局，联动市县党校，于2021年7月至10月在市域9个县（市、区）延伸开展全覆盖"乡村振兴专题调研"。通过进村入户完成了1028份村（居）民问卷调查，面向115名乡镇、村（社区）党组织负责人进行访谈。中共绵阳市委党校（绵阳市行政学院）巧借"东风"，全覆盖延伸开展全市"乡村振兴专题调研"的做法被中共中央党校（国家行政学院）"全面实施乡村振兴战略研究"课题组编发《工作简报》予以推广。

为全面归纳总结绵阳乡村振兴实践成果，充分展示乡村振兴"绵阳智慧"和"绵阳路径"，中共绵阳市委党校（绵阳市行政学院）坚持稳中求进、循序渐进、久久为功工作基调，"分两步走"推出系列研究成果。前期，在全面梳理、翔实分析、深入研究、组织评选基础上形成《乡村振兴大家谈Ⅰ：乡镇负责人访谈选编》《乡村振兴大家谈Ⅱ：村（社区）党组织书记访谈选编》，在2021年12月召开的全国党校（行政学院）系统"全面实施乡村振兴战略研究"研讨会上进行了成果展示。会后，中共绵阳市委党校（绵阳市行政学院）又在持续深化、集中攻关基础上完成《"1+9"绵阳乡村振兴专题调研报告》，在集思广益、凝聚共识的基础上完成《绵阳乡村振兴咨政建议汇编》。

2023年5月，中共绵阳市委党校（绵阳市行政学院）与绵阳市乡村振兴局联合决定成立《乡村振兴的绵阳实践》编写组。中共绵阳市委党校常务副校长何华君同志为组长，分管科研工作的副校长王仕军同志和市乡村振兴局分管副局长周正英同志为副组长，绵阳市各县（市、区）委党校为成员。2024年11月，编写组完成书稿第五次修改，并将书稿交付国家行政学院出版社出版。

本书编撰过程中，绵阳市委党校、绵阳师范学院高教所、涪城区委党校、游仙区委党校、安州区委党校、江油市委党校、三台县委党校、梓潼县委党校、盐亭县委党校、北川县委党校、平武县委党校部分教师全程参与各案例的资料收集、走访调研和编撰修改；中共中央党校（国家行政学院）社会和生态文明教研部教授赖德胜，社会治理教研室主任、教授马福云，社会学教研室教授张林江，教学秘书、教授王道勇等课题组专家对绵阳调研成果进行专题研讨并给予指导；绵阳市、县乡村振兴局及案例来源乡镇党委、政府和村（社）两委为本书撰写提供了大力支持和密切配合，特此表示感谢。

由于时间较紧、编著水平有限，本书还存在诸多不足，敬请读者批评指正。